北京市社会科学基金重点项目最终成果

# 北京国际形象的现代嬗变

沈庆利　周增光　黄翠华　王炳欣　著

巴蜀书社

**图书在版编目（CIP）数据**

北京国际形象的现代嬗变 / 沈庆利等著. — 成都 : 巴蜀书社，2022. 4

ISBN 978-7-5531-1664-8

Ⅰ. ①北… Ⅱ. ①沈… Ⅲ. ①国家—形象—研究—北京 Ⅳ. ①D6

中国版本图书馆 CIP 数据核字（2022）第 017653 号

**北京国际形象的现代嬗变**

沈庆利　周增光　黄翠华　王炳欣　著

| | |
|---|---|
| 责任编辑 | 李　蓓 |
| 出　　版 | 巴蜀书社<br>四川省成都市锦江区三色路 266 号新华之星 A 座 36 楼<br>邮编 610023　总编室电话：(028)86361843 |
| 网　　址 | www. bsbook. com |
| 发　　行 | 巴蜀书社<br>发行科电话：(028)86361856 |
| 经　　销 | 新华书店 |
| 照　　排 | 四川胜翔数码印务设计有限公司 |
| 印　　刷 | 四川五洲彩印有限责任公司<br>电话：(028) 85011398 |
| 版　　次 | 2022 年 4 月第 1 版 |
| 印　　次 | 2022 年 4 月第 1 次印刷 |
| 成品尺寸 | 148mm×210mm |
| 印　　张 | 11 |
| 字　　数 | 300 千 |
| 书　　号 | ISBN 978-7-5531-1664-8 |
| 定　　价 | 45. 00 元 |

# 目 录

# 第一章

# 北京国际形象研究与『全球北京学』

## 第一节 北京国际形象研究：命题与思路

古老的北京位于东经116°20′、北纬39°56′，具有得天独厚的地理位置。北纬40°左右是全球公认的“黄金位置”之一。世界上许多文明发源地，包括曾孕育出古希腊文明的希腊北部、造就了古罗马帝国的意大利南部等，都处于这一维度附近。北京曾诞生而且正在延续着世界上最辉煌灿烂的文明——华夏文明。历史上的北京曾经历了从边境重镇到帝国“大都”，从历史上的“夷夏边界”到今天的“华夏中心”和共和国首都的漫长历史。北京从“边缘”变为“中心”的发展历程，以今天的眼光观之，绝不仅仅是农耕文明的产物与汉文化内部发展演化的结果，而更应视为北方游牧部落与中原汉族文明之间相互角力、彼此融汇的复杂历史结晶。在某种程度上，可以说是游牧部落率先“发现”了北京，并开发、建造了这座城市。公元1153年，海陵王完颜亮将金国国都迁到中都大兴府，正式揭开了北京“千年古都”的历史序幕。此后的元朝和明、清两朝都先后在此定都。北京遂成为华夏中国不折不扣的社会政治和文化历史中心。

另一方面，或许正得益于北京地理位置“边缘—中心”之间的特殊张力，以及中原汉族文明与边地游牧民族之间既争斗又融汇的复杂关系，才造就了历史上的北京那兼容与大气（霸气）的文化特质。作为中华民族多元融汇的历史产物，北京见证了中原中心地区与周边“蛮夷”之间的一次次纷争和通融，经历了无数次“胡”、“汉”之间的复杂矛盾及其杂糅，形成了不可替代的既“边缘（境）”又“中心”的独特地位。自宋、元以降，中华大地反复上演的多民族纷争“大戏”，不同地域和文化之间人们的迁徙流动所形成的复杂的“地缘政治”，均凸显出北京的关键意义——与其说“得中原者得天下”，不如说“得北京者得天下”。正如著名历史学家阎崇年先生所说，“中国自秦始皇到清宣统的两千多年皇朝历史，大体可以分为前后两段。前一段的一千年，中国的政治中心主要是在西安。其政治中心经常在南北摆动——秦在咸阳，西汉在西安，东汉在洛阳，唐在西安，北宋在汴梁（今开封）。后一段的一千年，中国的政治中心主要是在北京，其间政治中心经常南北摆动——辽上京在临潢（今内蒙古巴林左旗菠萝城），金都先在上京（今哈尔滨市阿城区）、后在北京。从上述可以看出一个有意思的历史现象：中国两千年皇朝历史政治中心的摆动，先是东西摆动，后是南北摆动，从而呈现出大‘十’字形变动的特点”①。即使在今天，恐怕没有哪座城市能像北京这样，将古老与现代、传统与时尚、汉族与（蒙、回等）少数民族、（中国）本土与西化、地域性与世界化奇特地融为一体。

在历史学者眼中，“北京城是地球表面上一项最伟大的文化工程，也是世界文明史上一个最壮丽的文化奇观”②。这或许是不无溢美的赞叹，但北京城所蕴含的悠久历史意蕴、所展现出的壮丽辉煌之城市面貌，在世界历史上堪称独一无二的奇迹，却是一个不争的事实。自公元 11 世纪以来，北京曾先后 12 次为都，即蓟、燕、前燕、大燕、刘燕、辽、金、元、明、清、中华民国（1912—1928）以及现今的中华人民共和国。“自西周以来，北京先为方国的都邑。秦和两汉时期，北

①阎崇年著：《古都北京》，中华书局 2007 年版，第 4 页。

②阎崇年著：《古都北京》，中华书局 2007 年版，第 1 页。

京发展为统一中原王朝的北方重镇。南北朝至五代，北京‘三为燕都’，这是它将正式成为都城的历史信号。辽代的陪都南京（燕京），则拉开了北京作为都城历史的序幕。至金代的中都，北京才第一次成为皇都——北中国的政治中心。尔后，在元、明、清三代，北京发展成为中国统一的多民族国家的政治中心。”①

作为中国社会政治与文化中心的北京还一度被誉为“世界大都”。人类历史上最庞大的帝国——成吉思汗及其子孙建立起的蒙古帝国，就把国都建在了今天的北京（尽管是名义上的）。北京这座都市的形成与发展，得益于不同国家和民族之间的文化融合与交流。“海外”与“国际”始终是北京学的核心理论支点之一，而这也是本课题研究得以展开的文化历史基础所在。

## 一、跨文化形象学与北京国际形象研究

所谓“北京国际形象”，是指来自世界上其他国家和地区的人们通过对北京的观察、记忆、描述和历史考察等等，以文字、影像等媒介所构建的北京城市形象。本书的研究对象是：外国人及海外华人在历史文献中对北京的记述，以及在小说、散文和游记中对北京的记忆和想象。这就离不开在具体研究过程中，对相关文献资料的查找、回顾、钩沉与分类整理。此种史料的搜集和考证工作首先需要的是历史学的涵养与功力。值得注意的是，目前史学界尤其是北京史学界，已在这一领域进行了大量深入细致的研究，积累了较为扎实雄厚的史料储备。其中，一些学者主要从北京对外文化和政治、经济交流的角度，对作

①阎崇年著：《古都北京》，中华书局2007年版，第3页。

为中国首都的北京与外国政府、民间的各种往来，以及外国人在北京的相关活动等等加以梳理和探讨。这方面的代表性成果包括吴建庸的北京对外关系史论、左芙蓉的北京对外文化交流史论等。张承友的《明末清初中外科技交流研究》（2000）则系统考察了明末清初中西之间科技文化交流的历史脉络；郑珺的《当代北京的对外交往研究》（2013）对新中国近70年的对外交往事件，进行了较为全面客观的回顾和梳理。而早在20世纪末，包括北京大学历史系担纲主编的《北京史》（1985年初版，2012年出版增订本），北京社科院曹子西主编的《北京历史纲要》（1988）和多卷本《北京通史》（1994），谭新生与倪洁合著的《北京通史简编》（2004）、李建波《北京市志稿》（1998）等历史著作中，也有相当篇幅涉及北京对外的文化与政治、经济交流活动。而赵晓阳编译的《北京研究外文文献题录》（2007）等，则对浩如烟海、难以计数的关于北京的外文文献，做了初步的搜集和整理。

近年来，随着中国经济实力的整体提升和对外开放交流的不断深化，北京作为中国国家首都的国际地位也进一步得到提升，外国人尤其是西方人笔下的北京记述，及其眼中的北京印象、北京（国际）形象等课题，则日益被国内学界所关注。这也使晚近“北京学”的国际视野得到了前所未有的开拓。首先是相关历史文献资料的整理、翻译和出版。自20世纪90年代至今，已有众多出版社翻译并整理出版了大量外国人尤其是西方人写下的国外“汉学”著作，包括中国社会科学出版社出版的《中国近代史研究译丛》、青海人民出版社出版的《国外中国学研究译丛》、江苏人民出版社出版的《海外中国研究丛书》、上海古籍出版社出版的《海外汉学丛书》、中华书局出版的《中外关系史名著译丛》、商务印书馆出版的《海外汉学书系》、辽宁教育出版社出版的《当代汉学家论著译丛》、时事出版社出版的《西方视野里的中国形象》系列丛书、光明日报出版社出版的《“西方人眼中的中国”名著译丛》、国际文化出版公司出版的《认识中国系列丛书》、大象出版社出版的《国际汉学研究书系》等等。关于北京的大量记载和记忆、想象则包含在这些丛书系列之中。正如当代历史学者欧阳哲生所说，“国际北京学”早已是国际汉学的一个亮点，“在国际汉学中，中国城市研究是其中的一个重要分支。汉唐长安、元明清直到民国的北京、晚清以降的上海无疑是三大重点”[①]。目前，国内翻译出版的大量“国际北京学”文献著作，往往集中于“元明清直到民国的北京”。如英国马戛尔尼的《乾隆英使觐见记》、俄国叶·科瓦列夫斯基的《窥视紫禁城》、英国瑞妮的《北京与北京人》、英国阿奇德尔德·立德夫人的《我的北京花园》、法国维克多·谢阁兰的《谢阁兰中国书简》等等，都已在国内出版甚至一版再版，并被中国学人所熟知。

其次，一些学者对部分外国人眼中的北京记述、北京记忆和有关想象文本，进行了深入细致的解读和分析，并探讨了这些外国人尤其是西方人眼中的北京印象、北京形象之特征。其中最值得一提的是，青年学者吕超从比较文学和比较文化的角度，对老北京这一西方语境下的“异托邦”形象进行了全方位的梳理和分析。他的《东方帝都——西方文化视野中的北京形象》一书，将从欧洲中世纪到2008年奥运会近千年历史间的新旧北京形象在西方人笔下的演变轨迹一一加以描述，完整地勾勒出了北京国际形象的历史流变过程。北京大学教授欧阳哲生则从历史学角度翔实地考察了马可·波罗眼中的元大都形象和英国马戛尔尼使团的“北京经验”，强调这些西方人的北京记述和回

①欧阳哲生：《〈京华往事〉丛书总序》，见 Reginald F. Johnston：《紫禁城的黄昏》，外语教学与研究出版社2008年版，第Ⅳ－Ⅴ页。

忆具有重要的“文献史料价值”。在他看来，马可波罗的《行记》中对汗八里的夸张描写，不仅“唤起欧洲读者对东方帝都的向往”，也点燃了这些西方人“向东方寻找财富的欲火”①；英国马戛尔尼使团成员对于北京的实地观感和考察，更为英国后来发动两次鸦片战争提供了丰富的情报资源和动力因素，成为英国政府抉择中英关系的重要依据②。另一位青年学者王升远则对日本明治以来文人作家的北京体验和描述进行了深入分析。他不仅认为日本文化人对于北京这座城市的描述，煽动了日本从官方到民间对中国的征服欲望，更注意到日本文人个体化的北京体验“极易在意识形态中被转换、放大为以北京为接点/舞台的，作为整体的民族与国家间的摩擦、对立甚或冲突”③，从而进一步坐实了北京形象与整个中国国家形象之间的同构关系。

但从整体而言，对跨文化与跨国界交流中的北京国际形象之研究，目前在学术界尚处较“冷门”的阶段。笔者针对“北京国际形象”这一术语，在国家图书馆和国际互联网都未发现相同或类似题目的研究课题与专著。不同于学术界对“北京国际形象”的“漠然”，笔者发现这一术语却频频出现在新闻传媒与商业广告中。这似乎是学术批评总是落后于社会生活快速变迁的又一佐证？而且学者们普遍关注的，大多是那些“写实”或“纪实性”的西方游记、回忆录等散文文体，至于外国作家尤其是西方文人通过小说、戏剧、影视等艺术形式有意“虚构”和想象的北京形象，除了极少数作品如法国作家谢阁兰的著名

①欧阳哲生：《马可波罗眼中的元大都》，《中国高校社会科学》2016 年第 1 期。

②欧阳哲生：《英国马戛尔尼使团的“北京经验”》，《北京社会科学》2010 年第 6 期。

③王升远：《明治时期日本文化人的北京体验及其政治、文化心态》，《上海师范大学学报（哲社版）》2013 年第 5 期。

小说《勒内·莱斯》颇受关注以外，其他大量的作家、作品依然是一片尚待开垦的处女地。

在笔者看来，对“北京国际形象”的研究，除了传统意义的城市学、地域和空间地理学视野之外，更需要一种跨地域、跨文化、跨国界和跨民族的人文主义视角，因此，“跨文化形象学”相关理论的借鉴是必不可少的。跨文化形象学来自比较文学、比较文化研究领域的“形象学”概念，主要是对一个国家、民族的文化和文学中涉及的“异国形象”进行考察。在此借用为对北京这样一座城市形象的探讨，背后依然离不开整个中国国家形象的依托。北京曾担当古代中国的国都800余年，而且至今仍是中华人民共和国的首都，其城市形象在全球范围内的历史演变，既与中国的对外开放、中外（西）之间的沟通交流息息相关，又直观生动地体现了华夏中国的整体形象。在这一意义上，国际视野中的北京城市形象自然可视为中国国家形象的典型呈现。根据比较文学和比较文化学的形象学理论，出现在一个国家或民族的“异域形象”绝非是异国现实的简单复制品，而更多是一种“幻影”，一种“意识形态”，一个“乌托邦的迹象”，一种“整体想象物”①。因而它所折射出的与其说是异国形象和社会现实，不如说是观察者（当然也是描述者和想象者）对自我文化立场和自我形象的表露与建构。

按照来自不同国家与地区的不同“立场”，当代比较文化学者周宁等曾将“世界的中国形象”划分为“西方的中国形象”、“阿拉伯世界的中国形象”、“东南亚的中国形象”等不同类型。沿着这一思路，笔者认为“国际视野下的北京形象”也大致可分为三种不同的“类型”：

①孟华：《比较文学形象学论文翻译、研究札记》，见孟华主编《比较文学形象学》，北京大学出版社2001年版，第24页。

其一是“西方”视角观照下的北京；其二是东方或“亚洲”视角下的北京，其中主要是来自日本、韩国等周边国家的文人学者、观光游客所观察和塑造的北京形象，也即“东亚”视角；其三则是中国台港澳同胞暨海外华人华侨对新旧北京的观察、记忆和想象。如果说在“世界的中国形象”中，“西方的中国形象”最为重要，也最值得关注，那么北京国际形象历史建构中的“西方视角”，同样也是最值得关注的。吕超的《东方帝都》一书所探讨的也主要是西方文化视野中的北京形象。来自日本、韩国等周边国家官方使节和民间人士观察北京的“东亚视角”，同样不可忽视。清朝初年，乾隆皇帝在圆明园召见各国来华使节，朝鲜使者金正中被召至乾隆御座前问询了几句，金正中就感到荣宠备至，“不胜喜幸”①。这样一种心态恐怕是西方使节所没有的。将日本、朝鲜及西方不同国家对北京这一相同“客体”的不同观照加以比较分析，一定会有很多有意思的发现，可惜由于资料、时间及研究者的学力所限，本课题在这一领域未能产生实质性的突破。此外，学界还有一个堪称视野“盲区”的领域，那就是基本上“无视”或忽视广大中国台港澳同胞暨海外华人对北京的书写、记忆和想象。

对中国台港澳同胞及流散到世界各地的华人同胞来说，北京往往就是他们心中不可或缺的精神原乡。他们对故国故土的怀念和依恋，往往表现在对北京的特殊情感之中。事实上，中国台港澳文人暨海外华人作家关于北京的书写、记忆和想象同样“汗牛充栋”，且“五彩纷纭”。台湾作家中，从 20 世纪 30 年代日据时期的张我军、张深切、洪炎秋、钟理和等来到北京、定居北京后对北京生活的多重情感纠结，

---

①［朝鲜］金正中：《燕行录》，汉城大学《燕行录选集》（上）第二卷，汉城成均馆大学，1960—1962 年，第 584 页。

到素有“台湾文学祖母”之称的林海音念念不忘的“城南旧事”，乃至梁实秋、唐鲁孙、郭立诚、夏元瑜、白铁铮、小民、喜乐、侯榕生、齐如山等在1949年前后由大陆迁往台湾的“老北平”们，更对当年老北京的生活频频回首，留下了大量关于老北京的“故往记述”。香港作家也同样如此。不论是一代又一代“南迁”作家的无数次“北望”，还是香港本土作家对“北上”经验的描述和回味；不论是香港早期的“绿背文学”，还是反美反蒋的左翼文学，短期的意识形态对立怎么也掩藏不住对祖国大陆的不舍之情。而对“故都”北京的回想与怀念，也就成为这种不舍之情的重要寄托方式之一。从曹聚仁、李辉英、徐讦到陶然、杨明显、金兆等当代香港作家，都反复诉说着自己的“北京往事”和北京观感。而流散到世界各地的海外华人作家，如林语堂、聂华苓、陈若曦、赵叔侠、曹桂林、哈金、张北海、严歌苓、查建英等，对北京这座辉煌之城的品味流连，更称得上“不计其数”。至于那些虽不以北京为作品主题和叙事重点，却在作品中屡屡“绕不开”北京这个叙事背景的武侠小说和通俗历史演义，可谓浩如烟海。但关于这一文学现象和文化现象的相关研究却少而又少。

2003年，北京大学中文系曾召开过一次题为“北京：都市想象与文化记忆”的国际学术会议。来自美国的王德威、奚密、宋伟杰等学者在会上发表了《北京人到台湾》、《台湾人在北京》等论文，分别涉及台湾作家在京台之间的往来、大陆迁台作家对老北京的“故都春梦”等议题，提出了一些颇具启发性的研究视角和观点。此后，融汇了两岸三地之比较视野的跨地域、跨文化的人文主义“北京学”开始崭露头角。然而，学界关注的依然只是林语堂、林海音、梁实秋等少数作家个案。而在中国台港澳暨海外华文文学研究领域，虽然华人作家的流散经验和故国情怀向来是学者们关注的核心问题，而近年来台湾作家对祖国大陆不同地域的书写和想象，如台湾作家对东北地区、江浙地区或西南地区的书写研究，也已进入研究者的视野，但以中国台港澳暨海外华人作家对北京的想象或北京书写为研究对象的论著却依然少见。

中国台港澳暨海外华人与外国人对于北京的观照和观感，自然也有诸多可比较之处。来自英国的阿奇博尔德·立德夫人在《我的北京花园》一书中，曾别具慧眼地谈到她对于紫禁城的观感："中国皇宫的伟大设计者靠面积和比例，让人们在还没靠近他们的统治者之前就将自己的灵魂降到极为卑微的地步。就是现在，步行走过这些漫长的路程，人们也很难不意识到自己是多么渺小。对于一个正在逐渐靠近他的皇帝的中国人来说，这种渺小感一定是刻骨铭心的。"① 我们不能不承认，立德夫人的看法自有其独特的道理，也不无启发性。与早年的马可·波罗一样，立德夫人对"东方帝都"北京的热爱和陶醉是跃然于纸上的，对西方入侵者破坏北京城的做法更是痛心疾首和一再谴责。从这一意义上讲，她与那些为西方侵略行径张目、甚至鼓吹"中国人需要教训，而摧毁他们的宫殿和庙宇就是最好的手段"② 的西方"汉学家"们有天壤之别。但客观而言，她对紫禁城以及北京城的观感，依然没有脱离"东方主义"的文化无意识。相反，中国台港澳暨海外华人作家对北京的记忆和想象则是另一番景象。笔者可信手拈来一个例子：台湾学者陈宏年在《故都风物》中反复提及他早年参观故宫的体验和感悟："逛故宫，能叫你不由的昂首挺胸，不由的感到自己国家

①［英］阿奇博尔德·立德夫人：《我的北京花园》，李国庆、陆谨译，北京图书馆出版社2004年版，第10页。

②［英］阿奇博尔德·立德夫人：《我的北京花园》，李国庆、陆谨译，北京图书馆出版社2004年版，第17页。

伟大，你决定不再妄自菲薄，决不再自己渺小”；故宫“处处显示着中华民族的历史悠久”，体现着“我们同胞有无穷的智慧，和非凡的创造才能”；参观完故宫之后，每一个中华儿女都“不由的而有一种自豪心”①。东方人和西方人、华人和“洋人”的分野，在此可谓“昭然若揭”。然而，做这样跨文化、跨地域和跨种族的宏观考察，同样是一种困难的挑战。

今天的北京要从过去走向未来，自然离不开以历史昭示现实的文化思维。北京是传统中国的“肉身原型”，又是现代中国国家形象的直观体现，还是外国人暨海外侨胞了解中国、观察中国的“关键视窗”。那些“异乡人”抑或“西方人”不无傲慢的偏见，常常也不乏令人深思的现实启示意义。另一方面，我们更要对他们“观看”北京的独特文化心理视角进行深入分析。正所谓“你站在桥上看风景，看风景的人以你为风景”，这些外国人及海外华人对北京的观察、描述与想象，早已成为世界文化史上一道独特的文化风景线，值得细细品味、考察与挖掘。而这又从另一侧面折射出文化北京的多重魅力。在当今的全球化时代，对北京的研究已经无法脱离国际思维，正如北京在国际舞台上的形象建构，早已是中国国家形象建构最为重要的核心环节之一一样。北京未来的文化建设，离不开地方（域）与世界、国家首都与区域城市、西方与非西方、华人与非华人、海内与海外等诸多视角的融汇。关于北京国际形象的研究，目前只能算是刚刚起步的阶段。笔者相信，随着更多学术力量的介入，该领域会有更多学术精品产生。

北京目前正着力于“世界城市”的打造，努力从“中国中心”走向新兴的“世界中心”，同时也在积极进行“北京精神”的倡导。“北

①陈鸿年：《故都风物》，台湾中正书局2007年版，第143、151页。

京精神”的实质，就是要在传承“中国精神”的同时，又表现出燕京地域文化的独特性；要在与“世界精神”接轨的同时，又彰显出别具特色的城市个性。本课题的一个预期应用价值，是希望通过对北京国际形象的梳理与研究，进一步丰富“北京精神”的文化心理内涵，并在以后的文化建设和文化方针上，为决策者和领导者提供一定的借鉴和启示。

## 二、中国城市学与作为方法的“北京学”

对近现代中国城市和城市文化的整体考察，离不开北京和上海这两道基础性“门坎”。有着悠久历史并发展至今的中国城市群落，可简单划分为两大系列：其一是以政治文化为主体而形成的地区行政中心和权力中心——“城”；其二是以商业文明和通商口岸为基础而形成的“市”。前者以北京为中心，包括更早的“古城”西安，几经变迁并已走向衰落的洛阳、开封等；后者以上海为代表，包括更加“南方”的广州、香港、深圳和北方的天津、青岛、大连等港口城市。而长江流域的武汉、南京、杭州，西南地区的重庆以及台湾岛上的台北等城市，则处在了两大序列的中间地带。它们的“棱角”虽不怎么分明，却同样将传统的地域中心与现代商业文明恰到好处地融为了一体。尽管位于海峡两岸之“两端”的台北和杭州这两座城市看似“不起眼”，或许更多代表了中国未来城市发展的方向：台北不仅因天时、地利和国际间的风云变幻乃至“阴差阳错”，一度成为引领时代风骚的繁华时尚之都，如今更在城市文化体系的创新、人文精神的“深耕细作”等诸多方面，远远走在了中国城市之链的前列；杭州则因其深厚的文化历史底蕴和在现代商业经济中展示出的创新活力与雍容气象，同样不可小觑。但整体而言，上海与北京仍然牢牢位于现代中国城市体系的中心位置，它们背后则是既相区别又不可分割的两大城市系列，以及我国城市文化中既互相竞争又彼此互补的“京派”与“海派”。两“派”之间的文化心理纷争背后，其实是大陆文明与海洋文明之间的博弈和融汇。

一种普遍而笼统的说法是，中华文明乃大陆文明的典型。论者常常以孕育了现代西方文明的古希腊文明为参照系，以达到一种中西对比的直观效应：以海洋为主导的古希腊文明发展了自由贸易和民主政治，迥异于传统中华文明的封闭保守和中央集权。这种观点还强调了文明属性与地理环境的关联的重要性：希腊半岛多山而少平原，不适合农作物的种植，但它拥有的优良海港却为远洋贸易奠定了基础；中华文明则以黄河、长江两大流域为摇篮，形成了以中原地区为主的农耕文化云云。不能否认，此类观点有一定的合理性，但其以偏概全的简单化倾向也显而易见。且不说传统中华文明更多是一种胡（少数民族）汉杂糅、南北融汇的多元文化结晶，就其具体形态而言，至少包括了以汉人为主体的中原农耕文明、北方游牧部落的草原文明和以闽粤浙等东南沿海地区为核心的海商文明等几大板块。如果划分得再具体些，还包括西南地区的高原山地文明圈，巴蜀盆地的巴蜀文化圈，长江中下游的荆楚文化圈、吴文化圈，北方中原的齐鲁文化圈、燕赵文化圈等难以计数的“亚文化圈”。多元的文化源头和地域分布与多元的种族血统相辅相成，共同造就了中华文明的博大精深、和合包容精神。不仅如此，全球范围内的海洋文明也有着复杂多元的不同形态，例如以“岛国”著称的日本就发展出了既迥异于西方，也迥异于世界其他国家的独特海洋文明传统。日本不仅像希腊那样多山且少耕地，长期以来既倚赖于大海的庇护，以海为生，又饱受台风、地震、海啸等“海患”之苦，从而形成了一种既狭隘封闭又对外扩张、既保守自卑又自尊自大的“岛国心态”，一种与直面恶劣生存环境息息相关的团体忠诚意识和冒死、“敢死”精神，以及文化文学艺术领域里的唯美浪漫精神与“物哀”美学传统。

稍稍回顾一下历史便可见出，传统中国曾孕育并发展出一种怎样辉煌灿烂的东方海洋文明。这是建立在和合融汇、和平交往、“以和为贵”基础上的，以互利通商、合作共赢为宗旨的中国本土特色的海商文化传统。如果我们对大量相关史料和民间传说稍加了解，便不能不惊叹于东南沿海人民对海洋的热爱与向往是何其强烈。——与北方人常常把海洋视为“害”（与“海”谐音）不同，他们将其视为可以带来财富和好运的广袤新奇的“洋世界”（与“羊”谐音）。他们还把身边这个地球上最大的海洋命名为“太平洋”，寄托了心中多少美好的祝愿！而作为中国特色海神崇拜之重要表征的妈祖信俗，原本只是福建湄洲一带群众的“造神”结果，却很快发展为遍布中国南北的信仰风俗，并得到了官方的认可与“册封”，此后又随着华人华侨向中国台港澳暨东南亚等海外地区移民而流动，终致演变为遍布全球各地的信俗文化。妈祖文化的“南下北上”和四海流传，既是中华文明走向世界的生动例证，又显示出中华海洋文化的独特魅力与特色；既揭示出全球华人在流离远方中回望故乡、在异国他乡恪守自己文化传统的情怀，又表现了他们乐观坚定、追求和平、善于包容的博大心胸。可惜，由于皇朝统治者的专制闭塞和一度实行的“禁海”政策，使民间自发的中国本土海洋文化传统遭到残酷打压，也使中华民族自明中叶以后陷入闭关锁国的泥潭而无法自拔。这一时期又恰恰是西方海洋文明迅速崛起和全球性海外殖民运动蓬勃发展的时期。对待海洋和“全球化”贸易截然不同的态度，决定了中西方民族不同的发展道路和各自不同的命运。这也是近代中国转向国力衰弱、在现代化转型过程中遭受屈辱的重要缘由。已牢牢奠定国都地位的北京在这一历史转型中扮演的角色，却是尴尬而复杂的。

西方殖民者从“海上”而来，从沿海进入内地（陆）。这与古代中原地区频频遭受北方游牧部落的侵扰迥然不同，除了地缘方向的截然相反以外，他们带给古老中国的不仅是惨痛剧烈的民族屈辱，还有先进的科学技术和全新的观念。19世纪中叶以后的几十年里，传统中国人的世界观、地理观、历史观、社会政治观和整个价值观念体系都先后被颠覆，经历了所谓“数千年未有之变局”。古老“天朝上国”的文化心理幻梦，也逐渐被面临“开除球籍”危险的现实噩梦取代。而传统与现代、东方与西方、本土与西化的观念冲突，很大程度上是围绕着（现代）西方所带来的新型海洋文明展开的。如前所述，世界上不同国家和地区都曾孕育了不同特色、不同程度的海洋文化传统，但不可否认，只有现代西方人率先认识和掌握了海洋的“全球性”本质及其规律。西方列强先后由“海上霸主”跃变为“全球霸主”，在全球范围内拓展了自己的“海外”殖民地。正如一些西方历史学家反复提及的，哥伦布发现新大陆和麦哲伦的环球航行，彻底改变了世界历史的进程，人类社会由此开启了“全球化”时代。或许古希腊人的“地中海”观念，已蕴含着海洋是有明确边际的，“海的那边”还有一个美好的“黄金世界”的乐观期待；而古代中国的“海中地”（以中国为中心，四周环绕着“四海”）观念中，却包含着太多视茫茫无边的大海为畏途的恐惧和犹疑。

自1840年中英鸦片战争爆发，清朝统治者在现代西方的“步步紧逼”面前，除了被动的“步步退让”之外，根本无法实现实质性的自我反思与更新，直至陷入丧权辱国、“国将不国”的可悲境地。而作为中国心脏地带和"首善之区"的北京，其被迫向西方人开放的曲折历程，不仅蕴含了近代中国的辛酸屈辱，也折射出古老的中国社会艰难迈向现代世界的沧桑脉络。另一方面，尽管当时的北京是西方人设法闯入中国的最终目的地，尽管他们使用的"坚船利炮"无往而不入，但西方人要真正深入到这样一个帝国最核心也最"坚硬"封闭的"天朝上都"，却也颇费了一番周折。相关历史已有众多史著进行了详尽描述和回顾，笔者在此不再赘述。

晚清封建皇权的被迫松弛，以及作为国都的北京在现代化进程中的迟疑徘徊和相对保守，为沿海地区和通商城市的现代化进展，尤其是担负着拱卫京师重任的天津等港口城市的快速崛起，提供了难得的历史契机。这些与现代海洋文明息息相关的通商城市，不仅展现出"边缘地带"的巨大活力与潜力，也为现代中国开辟了一条"从边缘影响中心"、"从沿海影响内地"的必由路径。同时，大量从"乡下"家乡移居到上海、天津等现代化都市和港台地区乃至海外的"离散者"们也纷纷反馈于家乡乃至祖国——不仅是金钱和财富的馈赠，更主要的是现代观念的启蒙。早在13世纪，在蒙古征服中国内地之后，华夏子民从国内扩大到"海外"的迁徙流动就已出现。据史料记载，14世纪后期就有中国人在柬埔寨、爪哇、苏门答腊、新加坡等"南洋"地区定居。大规模的"下南洋"和"下西洋"运动，则井喷似的出现在19世纪。据不完全统计，这一时期从中国移民到国外的中国劳工约有1000万—1500万人[①]。颇为吊诡的是，19世纪华人的海外移民和流散几乎与近代中国遭受西方侵入和欺凌，并导致传统"朝贡体系"分崩

①[加] 杰布·布鲁格曼：《城变：城市如何改变世界》，董云峰译，中国人民大学出版社2011年版，第34页。

离析的历史同步。“中国人不在中国体系建立且强盛时散布于‘中国’境内，而在中国体系散离时才扩流出去。可能的解释，是早先中国等于世界，中国体系瓦解了，中国人才认识或发现世界。又或者是：中国体系的松动散离与中国人的散之四方，恰好是同构的。”①

孙中山领导的辛亥革命及其创建的中华民国政权，某种程度上可以说是海外华人华侨联合那些从乡村“流离”到城市的国内精英知识阶层，发动的一场“由外及内”、“自上而下”的激烈社会变革。辛亥革命的胜利极为典型地折射出“从边缘影响中心”、“从海外影响中原”、“从（东南）沿海影响内陆地区”的力量所在。孙中山的一句“华侨乃革命之母”，形象地道出了辛亥革命的实质性内涵。中山先生本人也是一位不折不扣的“华侨”，他所依恃的革命资源和革命力量主要来自海外及中国港台地区。历史上的“南洋”地区（今天的东南亚）曾经是国民党从事革命活动的最大“根据地”。武昌首义之后，革命党人对北京一度“拒斥”，袁世凯却一定要在北京就任中华民国大总统，由此轻而易举地“窃取了辛亥革命的胜利果实”，凸显出“南方”的革命进步与北京及北方中原地区对革命的排斥。1927 年的北伐战争，同样是从作为“革命根据地”的广州出发，很快就摧枯拉朽般地打倒了曾经雄踞中原内陆和北方地区的反动军阀，在形式上实现了中华民国的统一，也意味着经济发达的“南方（东南沿海）”对“北方（其实是广大的农村内陆地区）”的暂时胜利。中华民国政权的建立，无疑是全面借鉴和引入西方现代海洋文明的产物，但它始终未能实现与中国本土文化传统的有机衔接，尤其是实现几个现代化城市与广大农村地区、

---

①龚鹏程：《散居中国及其文学》，http：//www. fgu. edu. tw/～literary/wc－literature/drafts/taiwan/gong/gong－01. htm

经济富庶的东南沿海地区与贫困落后的内陆地区之间的良性互动。不能不说，这是它的一个致命缺陷。1945 年全面抗战胜利之后，蒋介石不顾全体人民渴望和平的共同心愿而悍然发动内战，却在短短两年多时间内一败涂地，个中原因虽然错综复杂，如毛泽东等中共领导人的雄才大略、用兵如神等，但国民党统治下的地区不平衡，未能在西方现代海洋文明与中华传统乡土文明之间建构起有机的结合，想必也是原因之一吧！

虽然最初“北京学”的提出比“上海学”还要早，但其“繁兴”不能不说是受到了“上海学”的启发和影响。1994 年，陈平原先生在《北京日报》上发表了一篇题为《“北京学”》的随感，在国内学界首倡“北京学”①。20 多年后的今天，不仅“北京学”已获得学术批评界的一定认可，而且围绕着北京地域文化、城市历史变革、城市形象建构乃至北京文化发展前景的相关研究，也已有序而高效地展开了。近年来，在京的一些高校还相继成立了“北京（文化）发展研究院”、“首都（经济）发展研究院”、“北京学研究基地”等科研机构，一批以“北京学”和“北京文化发展研究报告”为题的学术成果也陆续问世，不仅为当代北京学的创建打下了基础，也为北京未来的城市发展和城市规划提供了必要的参考。而“上海学”这一概念，最早由时任上海社会科学院历史所特约研究员的江闻道先生于 1980 年提出。他主张以上海史的研究为主体，建构一门相对独立的“上海学”（Shanghaiology)②。近年来，随着一些海外学者的引领倡导，20 世纪二三十年代的“摩登上海”成为人们长期关注的学术热点，与此相关的“上海学”更

①陈平原：《“北京学”》，《北京日报》1994 年 9 月 16 日。

②江闻道：《江闻道语》，《上海史研究通讯》1980 年第 1 辑。

频频进入人们的视野。虽然有学者对“上海学”提出质疑，认为“上海学”不过是将上海地方志、文化史、社会学和民俗学等拼凑在一起的“大杂烩”，而任何一门学科的建立，“必须有它特定的研究对象和特定的研究方法，否则它就不能成为独立自主的学科体系”①。但更多的学者却倾向于认同“上海学”存在的理由，即“以一个城市特别是以城市的历史、文化作为专门研究对象的学科，它实际上是存在的，这是由一个城市的历史、城市的文化内涵所决定的”②。2003 年，随着熊月之、周武主编的《海外上海学》一书的出版和产生的社会影响，“上海学”这一概念逐渐得到学术界的广泛认可。早在 1953 年，就有美国学者罗兹·墨菲完成了一部旨在探讨上海近代史的著作《上海——现代中国的钥匙》。该书于 1986 年被翻译成中文在国内出版，引起了强烈反响。“钥匙”一说应该就是“方法”之称的前身。近年更有学者认为，从江闻道提出的以历史研究为主体的“上海学”（Shanghai-ology），到熊月之等人借鉴西方区域研究理论而倡导的“上海学”（Shanghai Study）的转变，“上海”其实已经历了一个由“对象”到“方法”的角色转换过程③。

“方法”一词的强调和使用，在今天的人文学术研究中虽然已有过于宽泛乃至泛滥之嫌。从某一历史时期到某一地理区域，似乎都已演化为一种“方法”。但在笔者看来，“以某某作为方法”的背后往往隐含着一种双向或多向的参照体系，有利于导向一种多元化的立体文化

①王多：《慎提“上海学”》，《解放日报》2003 年 8 月 6 日。

②熊月之：《海外上海学研究透视》，见朱政惠主编《海外中国学评论》，上海古籍出版社 2005 年版，第 42 页。

③曾军等：《上海作为方法——探索一种“反思性上海学”的可能性》，上海大学出版社 2012 年版，第 10 页。

图景，从而为全景式、多角度的理性观照提供了一个难能可贵的契机，并有效地揭示出“自我”与“他者”、“主体”与“客体”、局部与整体、边缘与中心之间错综复杂、彼此映衬和互相转化的多重关系；至于蕴含其中的自我反思和自我批判意识，也往往能给人多层次、多角度的思想文化启示。仅仅从当今批评界备受青睐的两大“方法”——“民国机制”和“80年代”对文学和文化研究造成的冲击来看，已足可见出此种“方法论”的巨大威力。“以某某为方法”首先来自日本学者竹内好的“（以）亚洲作为方法”，后来日本学者沟口雄三进一步提出了“中国作为方法”，并引起了中国学界的深切共鸣。而在某种意义上，任何地域、城市和国家都可由研究对象转化为“研究方法”，因为它们都为我们提供了“重新认识世界的界面”，并进一步在这个新认识的世界中加深对自我的认识①。这亦可视为一种“水到渠成”、“自然而然”的结果。以上海作为方法，乃是要立足于上海并超越上海，“将上海置于中国、东亚、亚洲、西方、全球的多个维度中，从现实的、想象的层面展开其复杂的关系”②，并进而探讨上海文化的独特性，探讨上海之于中国、东亚乃至世界的意义，寻求一种“反思性上海学”的拓建。

作为“方法”的“上海学”被认为包含两种基本的研究范式。其一是从现代化理论背景出发，关注和强调城市化进程中“都市文化的各项量化指标及其要素资源配置”的“科学主义范式”；其二是基于“文学艺术和人文学术对上海城市化问题和都市文化的敏感”的“人文

①陈光兴：《去帝国——亚洲作为方法》，台湾行人出版社2006年版，第401页。

②曾军等：《上海作为方法——探索一种“反思性上海学”的可能性》，上海大学出版社2012年版，第10页。

主义范式”。后者关注的是“对上海的感官印象，关怀城市化过程中人的主观感受”，以及“‘上海想象’或者‘想象上海’的研究”①。尽管这两种范式之间不无交叉和借鉴，但彼此的学术趋向和旨趣分野还是很明显的。作为一名文学和文化研究者，笔者当然更关心“人文主义范式上海学”的研究动向。自20世纪90年代开始，随着地域文化研究热的兴起，针对“人文上海”的相关研究著作和论文已堪称“蔚为壮观”。20世纪末的一些学者大都侧重于从地域文化视角和“乡土”、“都市”等角度“重写文学史”，如吴福辉的《都市漩流中的海派小说》、李今的《海派小说与现代都市文化》等著作，分别以区域文化和都市文化的多样历史面貌切入海派作家作品，在拓宽现代文学研究视野的同时，也重构并凸现了20世纪三四十年代上海现代化都市的文化形象；而美籍学者李欧梵的《上海摩登——一种新都市文化在中国(1930—1945)》一书，则以学术随笔的行文方式深入到上海都市文化和海派作家作品的各个“角落”，刻意将出现于20世纪二三十年代上海的舞厅、咖啡馆、电影院和时尚杂志、商业广告等等“城市文本”，与都市作家的“怪诞”、“颓废”和“传奇”文学互为对应，并试图在两者之间建构起一种“互文”关系，从而将曾经声色喧嚣的“摩登上海”之奇幻特征演绎到了极致。进入21世纪，随着“上海学”作为一门“新兴学科”的提出和学术自觉，研究者的视角也进一步呈现出深化和细化之势。不仅上海文化与文学之间的关系重新得到了系统考察，上海作为“想象的城市”和“被书写的现代”也被刻意凸显，甚至近代上海的“租界文化”对中国现代文学和文化的深刻影响，民国时期上海小报的多重历史面貌和文化生态，以及日本近代文人对上海的

①曾军：《都市文化研究：范式及其问题》，《人文杂志》2006年第2期。

"现代化体验"等"细节"问题，也一一受到学界的关注并取得了可喜的成果。

而上海这一"方法"的有效性和局限性也被纳入反思之列。作为摩登都市的上海，一方面最能体现"现代中国"的特性或"中国现代性"之奥秘。长期以来，上海被认为既是一种新型的都市文化在中国崛起的标志，又是西方国家在中国的强权象征之一。冠以上海的各种称谓，如"东方明珠"、"十里洋场"、"魔都"、"造在地狱上的天堂"等等，最为直观地反映了人们对这座"模范都市"爱恨交织的复杂情感。另一方面，我们又不得不承认，"从上海研究中国，既可能深入中国的内核，以某种前瞻性的视角来反思中国的过去、现在和未来，又可能放大上海因素中的某些特质，进而偏离我们对中国问题的把握"①。毕竟，半殖民地半封建的中国社会，其庞大的主体依然是"幅员辽阔的以内陆为代表的'乡土中国'"，而不是靠近东南沿海、得风气之先的上海等港口城市。

正因如此，作为"方法"的"上海学"受到限制抑或"跌落"的地方，恰恰是同样可以作为"方法"的"北京学"得以立起的场域，或者说"地盘"所在。

相对上海而言，北京这座城市装载了更多过去的往事，承载了国人更深远的历史记忆。作为中国各派政治力量相互角逐、纵横捭阖的中心舞台，这里曾上演了一幕幕改变中国命运乃至世界进程的时代"大戏"。同样，没有哪座城市像北京这样，集中体现着中国社会在封闭与开放、传统与现代，以及各种政治力量和意识形态之间的复杂扭

①曾军等：《上海作为方法——探索一种"反思性上海学"的可能性》，上海大学出版社2012年版，第13页。

结。而海内外专家学者、文人雅士通过语言文字和审美想象建构起来的虚拟（或记忆）的北京形象，则不仅比“上海学”更为悠久深厚，甚至也比现实中的北京城更为宏大、庞杂。与“上海学”相似，“北京学”同样可划分为科学主义和人文主义两大范式。但与“上海学”颇为不同的是，“北京学”中的“科学主义研究范式”始终处于主流地位。正是在历史学界诸多中坚力量的积极参与下，有关北京城的历史变革、城市发展及社会人口变迁，甚至20世纪前期北京城的管道建设、城市照明等议题，都一一被深入细致地加以考察和考证。人文主义范式的“北京学”则主要表现在对京派作家和京味文学研究的持续热潮上。无论是对沈从文等经典“京派”作家的研究，以及他们与20世纪30年代北京城之间的特殊关联，还是对老舍等“京味”作家的地缘文化探析，迄今为止都已被诠释得“淋漓尽致”。而早在20世纪90年代，学者赵园就在《城与人》等著作中清晰而准确地概括了现代“京味文学”作家对北京的体验和想象特征，同时，对“人（现代文人抑或北京人）”与“（北京）城”之间的“文化同构”和共生共存关系，给予了深切细致的分析。赵园的这一颇具开创性的探索，可谓对人文主义范式的“北京学”起到了一种“规范化”的历史作用。值得一提的是，近年来，一批以“北京想象”或“京味文学”为研究对象的博士论文也相继问世，如丛治辰的《现代性与社会主义城市建构——1949年后文学中的北京想象》（北京大学中文系）、田流丽的《1950年中国文艺中的北京想象》（南京大学文学院）、王鹏的《当代京味小说的怀旧视野与北京记忆》（吉林大学文学院）、肖茜的《八十年代以来小说中的北京形象》（北京师范大学文学院）等等。这些出自“稚气未脱”的青年学者之手的论著，无疑体现了当代学术批评界的最新动向。

如果说上海是理解现代中国的一把钥匙，北京则像一个处在关键中枢位置的“锁头”，牢牢地将历史与未来、传统与现代、乡土与城市、南方与北方、梦想与现实，以及汉人为主导的农耕文明与北方游牧文明“锁”在了一起，“锁住”了中华民族的整合统一，“锁住”了现代中国的曲折转型。历史上的北京对于促进和维护中华民族的多元一体和完整统一，起到了无可估量的巨大作用。元朝时期的“（世界）大都”之地位自不必多言。明朝初年，朱棣如果不是把国都从南京迁到北京，大明王朝300余年的基业或许难以奠定。现代日本军国主义对中国的侵略和占领，其路线图也是从东北入关后直逼北京。得北京者得“天下”，失北京者失“天下”（至少会造成“天下大乱”或割据状态），似乎已成为一种历史的定律或“魔咒”。即使在今天，恐怕也没有任何其他城市像北京这样将过去与未来、想象与现实如此复杂又集中地融汇到一起：她既古老深厚又历久弥新，既有着巨大的历史包容又日新月异、生机勃勃；她凝结着国人太多的保守与变革、离散与聚合、中心与边缘、自尊自大与自卑自恋等既对立又统一的情感体验。——只有当北京这把处于关键中枢的“锁头”解开之后，那些关于古老和现代中国的伟大秘密才能真正破解。

如同“上海学”总是与“海外”有着难以切割的关联一样，“北京学”与“海外”也有着千丝万缕的联系，对北京的研究事实上同样离不开一种国际化乃至全球化的视角。而古老的北京已然成为外国人观察中国、研究中国的焦点所在，“围绕（北京）这座文明古城和享誉世界的大都市，国际上产生了数量众多的不同体裁的作品，形成了一门我们可称之为‘国际北京学’的学问”①。在欧阳哲生看来，“国际北

①欧阳哲生：《〈京华往事〉丛书总序》，见Reginald F. Johnston：《紫禁城的黄昏》，外语教学与研究出版社2008年版，第Ⅵ页。

京学”包含两方面的内容：其一是“外国人士来到北京游历的纪实作品”，包括来京外国人士的日记、书信、游记、回忆录及摄影、绘画等等；其二是“外国学者以北京为研究对象的著作”①。这两个部分共同构成了国际汉学的重要内容。笔者认为前者可视为人文主义范式“北京学”的一部分，后者则可划入科学主义范式的“北京学”。而它们都共同指向了“北京学”的国际面向，并建构了一个历史久远、立体多棱的“北京国际形象”。

## 三、全球化与“全球北京学”

“全球化”是一个内涵复杂且容易引发诸多争议的概念。“全球化”最早由以美国为首的西方国家发起并主导，以至于很多人将全球化简单地界定为“西方化”或“美国化”，以及全球资本主义化。但近年来，在美国、西欧等资本主义国家，却又率先兴起一种“逆全球化”或“反全球化”运动。“本土主义”、地方中心主义，以及由此导致的贸易保护主义似乎也再次“沉渣泛起”。英国的脱欧运动和美国总统特朗普的就任，在很多人眼中或许体现了西方资本主义列强的这一新“趋向”。不过，笔者完全赞同这样的观点：当今时代的全球化应当摆脱“西化”、“美国化”乃至“中国化”一类语境的束缚，为不同文明的相互学习和相互影响提供一种新的语境；全球化也绝不能被理解为一个单一的同质化过程，而应是一种多样性的统一。“全球化过程本质上是一个内在地充满矛盾的过程，它是一个矛盾的统一体：它包含有

①欧阳哲生：《〈京华往事〉丛书总序》，见 Reginald F. Johnston：《紫禁城的黄昏》，外语教学与研究出版社 2008 年版，第Ⅵ页。

一体化的趋势，同时又包含分裂化的倾向；既有单一化，又有多样化；既是集中化，又是分散化；既是国际化，又是本土化。”①

一般认为，全球化导致了“地球村”的形成。随着全球化和信息技术革命时代的到来，当今世界不仅正变得越来越小，也越来越走向一体化。全球化首先意味着经济贸易一体化的形成与加深，贸易一体化又不可避免地导致了全球政治和文化领域的一体化。尤其是随着全球性信息技术革命的到来，当今世界的不同地区和国家之间已越来越形成一种“你中有我，我中有你”的特殊关系，甚至是一个不可分割的整体。全球范围内的贸易规则、法律制度和价值理念，也正不断地走向趋同和统一。这当然可能会给包括中国在内的第三世界国家和民族造成某种严峻的挑战，但也有可能带来跨越式发展的难得历史机遇。而像北京、上海这样的超级大城市，对于当代中国乃至整个中华民族融入全球化进程，无疑具有不可替代的引领、示范作用。

全球化不仅意味着现代化，更意味着城市化。严格意义上的现代城市，本身就是现代资本主义的产物。据历史学家考证，在漫长的史前时代，小规模的农村一直是人类聚居区的主要形式，全世界最早的城市出现在6000多年前。大约在4000年前，地球上开始出现人口超过1万的城市②。传统意义的城市（准确地讲，应该是“城邑”）与农业文明的形成与发展息息相关，古老的城市曾经是迄今所知的诞生一切人类伟大文化的摇篮。而资本主义和现代商业文明的崛起，则对传统城市造成了巨大冲击，开始“制造”出一系列国际化、全球化的商业大都市。伴随着世界范围内轰轰烈烈的城市化趋势，现代城市文化

①俞可平：《全球化与政治发展》，社会科学文献出版社2005年版，第171页。

②[加] 杰布·布鲁格曼：《城变：城市如何改变世界》，董云峰译，中国人民大学出版社2011年版，第12页。

和城市文学的崛起也成为不可逆转的时代潮流。如今，全世界已有超过一半以上的人口居住在城市。随着城市化步伐越来越快，估计到2040年，全世界将有三分之二的人口居住在城市中。正如加拿大学者杰布·布鲁格曼所说，当今时代，城市正改变一切，“它们改变着生态、经济、政治和社会关系的方方面面，至于好坏与否，则取决于城市建设的不同方式”①。从这一意义上讲，“我们正在将地球本身打造成一座城市，一个单一、复杂、互联且仍不稳定的‘地球城’（Global City）”②。事实的确如此，全球化使得人类居住的这座星球，与其说正演变为“地球村”，不如说正日益演变为一个越来越方便、快捷的“地球城”。“全球北京学”的建构，首先需要一种全球化的开阔视野。

当今，上海与北京市政当局都明确提出了打造“世界城市”的目标与愿景。依照笔者的理解，“世界城市”的理念绝非古代中国“天下中心”、“世界大都”一类的传统观念，也不应是它们的当代延伸，而要与当今全球化时代的“地球城”理念息息相关。“世界城市”又名“全球城市”，它与“现代”、“资本主义”、“民族国家”等概念一样，虽然最初诞生于西方，影响力却迅速波及全球各地。目前，国内学界已对“世界城市”的经济贸易和社会政治功能，给予了集中关注和大力发挥；对于北京、上海这样的中国超级城市实现“世界城市”目标的具体发展策略，一些专家学者也提出了宝贵的建议。但笔者认为，国内学界普遍忽略或有意漠视了“世界城市”概念背后的特定文化历史和社会伦理价值方面的内涵。事实上，西方文人学者一再勾画和向

①[加] 杰布·布鲁格曼：《城变：城市如何改变世界》，董云峰译，中国人民大学出版社2011年版，第3页。

②[加] 杰布·布鲁格曼：《城变：城市如何改变世界》，董云峰译，中国人民大学出版社2011年版，第3页。

往的所谓“世界城市”，是在古希腊城邦国家和古罗马帝国基础上建构起来的一种乌托邦理想，几乎等同于人类社会的最高形态。在很多西方学者眼中，“世界城市”不仅包含了一个民族的社会文化精粹，也应荟萃世界各个民族，即整个世界的社会文化精粹。世界城市的出现和打造，离不开世界市场、世界交往及全球经济一体化等经济基础，同时还代表着一种更加先进、更加普世化的人类文明形态——世界文明与全球社会的到来。因此，它与一种世界主义的价值理念和生活方式密不可分，与一种自由、开放、包容和平等的普世观念密不可分。

在当今全球化时代，一座城市只有彻底融入全球城市体系，并在这一城市体系和经济、文化移动网络中占据一个核心的位置，才能成为名副其实的“世界城市”。正如海外学者郑永年先生所中肯指出的那样，在当前势不可当的全球化潮流中，一个城市如果不能进入到全球化链条之中，并在其中争取到“一个关键的位置”，就不可能在“全球性流动网络中”发挥自己的关键作用①。纽约、伦敦、巴黎、东京之所以能够成为人们心中公认的“世界城市”，恰恰也是因为它们在当今全球经济和文化体系、全球城市体系中难以动摇的关键地位。无论北京还是上海，以及中国内地的其他中心城市，都应朝着这个“更公正、稳定和有创造力”的方向坚实迈进。而要在全球城市体系中扮演一个关键性的核心角色，城市规模自然是必不可少的一项条件。某种程度上，现代化大都市就是人口、经济和文化聚集的产物。恰如杰布·布鲁克曼所说，“密度、规模和协同带来了成本效率，基础设施投资和技术应用拓展了城市之间的通信联系。航运港、电话和光导纤维网络有赖于城市中密度经济和协同经济的共同作用。没有这三种经济效应，

① 新加坡《联合早报》2013年3月26日。

上述城市基础设施的经济扩展能力将受到挑战。其结果是，一种名为‘扩展’经济的城市优势得以出现。扩展经济能将单个城市的特定优势与其他城市的优势汇集起来，使之成为一种世界性的优势战略”①。

现代化城市的发展虽然离不开经济与文化诸领域的“扩展”，但一座城市如果只是一味在低级规模上“扩展”，很可能适得其反。尤其是发展中国家的城市建设和城市化发展，如果全盘复制发达国家的城市发展路径，甚至会给全球经济带来巨大的负担。从日本、首尔到墨西哥城、加尔各答、孟买等特大城市，以及中国境内的北京、上海等，无一不患上了规模过大、人口过多、环境污染和交通拥挤一类的“城市病”。大型城市建设如果忽视生态问题、环境问题，就有可能由原来的“城市乌托邦”异化为“敌托邦”或“反面乌托邦”②。在杰布·布鲁克曼看来，许多超级大城市已成为“全球负担”或全球性“问题”，需要全球协同合作，才能加以彻底解决。“许多未完成的特定建筑与城市模式可以发展为城市体系，而世界上的各个城市将形成一个大一统的全球城市体系。为了确保能够走向最终的全球城市体系，我们首先需要奉行稳定、公正且环保的城市化。”③ 北京的城市规划和建设再也不应沿着“全能型”城市方向发展下去，必须坚决遏制人口的膨胀和城市面积的无限制扩张。因为大城市病不仅会降低北京的文化档次，影响北京市民的生活质量，还会严重影响北京的全球化进程。但在这一转型和治理中，如何保护城市贫民和外地“乡下人”进入首都北京

---

①［加］杰布·布鲁格曼：《城变：城市如何改变世界》，董云峰译，中国人民大学出版社 2011 年版，第 24 页。

②［加］杰布·布鲁格曼：《城变：城市如何改变世界》，董云峰译，中国人民大学出版社 2011 年版，第 155 页。

③［加］杰布·布鲁格曼：《城变：城市如何改变世界》，董云峰译，中国人民大学出版社 2011 年版，第 167 页。

等大城市的正当权利，又是一个需要认真思考的问题。杰布·布鲁格曼认为，作为社区产物的城市体系，必须让城市居民都积极参与进来，无论贫穷或富有、高贵或低贱；遗憾的是，目前很多以政府和企业为主导的城市规划，却严重缺乏对居民的重视。政府和企业可以发起大规模的造城运动，却难以为居民的城市生活提供稳定的推动力，难以给旧的或新的城市居民带来真正意义上的归属感。杰布·布鲁格曼强调，“在城市革命的最终阶段，城市的成功与全球城市体系的活力，要求我们快速推进城市体制的发展及其转型，使之变得更公正、环保、稳定和有创造力”①。

如果说“愈是民族的，才愈是世界的”，那么愈是地方的，才能愈是全球的。地方特色愈是鲜明的城市，在全球经贸文化体系中的个性角色也就更容易展示出来。“如果我们能在尊重地方文化的同时，妥善管理国民经济和跨国公司，发展地方经济，我们将迎来一个充满经济奇迹的世界。”② 而在地域文化特色与个性发扬方面，我国的许多城市无疑还有极大的改进空间。一个鲜明的例证是，不少城市都在努力打造并弘扬一种“城市精神”，城市精神作为一座城市的“精气神”，自然离不开其独有的精神品格和个性。所谓“精神”，往往就是“个性”的表现。如何让我们的城市“精神”起来，在今天的确是一个迫在眉睫的重大课题。但当一座又一座城市为自己打造的所谓“城市精神”越来越趋于相似和雷同的时候，实际上也就失去了真正意义的“精神”。同样，许多城市的文化规划和发展常常缺乏精神个性，忽略了地

①[加] 杰布·布鲁格曼：《城变：城市如何改变世界》，董云峰译，中国人民大学出版社2011年版，第232页。

②[加] 杰布·布鲁格曼：《城变：城市如何改变世界》，董云峰译，中国人民大学出版社2011年版，第214页。

域特色的发掘与弘扬，甚至有着不少雷同和互相攀比之处。不仅大同小异的“商业步行街”等基础设施的建设如此，许多形形色色的“旅游节”、文化娱乐项目也缺少应有的个性。这一点，甚至连北京、上海都未能“免俗”。上海早就有闻名遐迩的“上海国际电影节”，但北京近年又创建了一个“北京国际电影节”。那么，“北京国际电影节”与“上海国际电影节”之间又应该怎样发挥各自的特色专长，且做到优势互补呢？这应是主政者考量的问题之一。

历史上的北京和上海，曾共同构成了颇具中国特色的“双城记”，也共同体现了现代中国“都市想象”中最直观、最主要的“一体两面”：表面看起来，不仅文化艺术领域里的“京派”与“海派”一直争议不断，北京和上海所代表的“南方”与“北方”在社会历史和文化政治等领域也时有冲突，但两者正是在或明或暗的冲突竞争、相互映衬和比较中，各自发挥自己的独特优势，并“取长补短”地共同促进着中国社会的进步和发展。因而，笔者认为，“北京学”的建构是离不开“上海学”这一“先驱”和重要参照系的；而“上海学”的研究如果仅仅局限于上海这一“江南通商口岸”的地域视野，也难免会陷入偏颇或偏执的狭小境地。我们也就不奇怪，“京派”和“海派”的比较、“北京学”和“上海学”的贯通一直是学者们“惯用”的研究手法了。如果说，上海总能唤起国人对西方及其背后的“现代”爱恨交织的复杂情感，北京则会让人百感交集地体悟到对传统中国既留恋不舍又不无厌弃的矛盾心理；如果说，上海（以及后来的香港）让全世界看到了中华文明与西方现代文明从隔膜对立到相互“拥抱”、彼此融汇的现实可能，那么，北京这座城市则让世人充分领略到了我们这个古老民族的超常稳定性和生生不息的连续性。恰如有学者所说，“北京满足了中国人文化心理中稳定、连续、凝聚和向心的强烈要求”①。北京文化的这一特性，与魔都上海的求新求异、时尚摩登，一度构成了鲜明的对比。但随着城市面积“摊煎饼”式的无限扩张和不加节制的全能型城市理念之蔓延，“京”、“海”之间的角色分工和文化个性，似有难以彰显的困境。笔者认为，北京与上海不仅要避免陷入恶性竞争的怪圈，更要进一步加强协同合作。借用习近平主席提出的“京津冀一体化”协同发展这一创造性思路，笔者乐观估计，北京与上海等沿海城市的协同发展，在不远的未来将会成为一种“历史的必然”。至于“京”、“海”之间如何进一步加强文化互动，也是一片肥沃丰饶的“处女地”。

总之，“全球北京学”离不开跨区域、跨学科的思维方式和相关理论方法。将地域性、中国性和全球性加以融汇并实现有机统一，既是我们打造“世界城市”的基本文化战略，也是必将面临的严峻挑战。但无论如何，北京市政提出的“世界城市”的目标愿景和文化发展战略，为“北京学”的国际视野和全球性视界的开拓，提供了前所未有的历史契机和强劲的现实驱动力。笔者认为，“全球北京学”的提出正可谓恰逢其时。“全球北京学”的建构，除了传统意义的城市学、地域学、空间地理学等理论视野之外，更需要一种跨地域、跨文化、跨国界、跨民族的人文主义视角，这就需要一种沟通海内外、融汇中西的文化气魄和历史眼光。陈平原先生曾预言“北京学”将成为未来中国学界的一大“显学”，应当不仅仅着眼于“北京学”所隐含的历史与未来等维度，或许还包括了“海内”与“海外”的融会贯通之考虑吧！

---

①杨东平：《城市季风：北京和上海的文化精神》，新星出版社 2006 年版，第 41 页。

## 四、海内外共识与当代北京文化建设

当今的北京，在突飞猛进地向前发展的同时，似乎也日益演变成一个巨大的“问题”：环境污染尤其是大气雾霾造成的“京霾”常常挥之不去；过多的人口聚集不仅推高了北京的房价，也使其患上了交通拥堵、城市面积过大等“大城市病”。“北京问题”其实是“中国问题”的集中折射和体现，凸显出地域发展的不平衡。地方经济增长的强劲动力、资本扩张的原始冲动，以及全国人民对首都北京的“向往需求”等因素，都在无形中使北京城市空间向着更高、更大与更阔的方向无节制地延伸发展。人们为什么千方百计地涌向北京？原因其实非常简单：作为首都、代表“中央”的北京集中了全国太多的优质资源。人们聚集在这里，乃是出于对“首善之区”的无比向往和热爱，出于对自己美好生活的追求——如果只有在北京才能实现他们的人生梦想，那么，有什么理由阻止人们汇集到北京呢？

今天的北京已染上了难以治愈的“大城市病”，住房、交通和环境问题日益突出，甚至被网民戏谑为“首堵”，“京霾”也常挥之不去，迁都的“杂音”在民间及网络上不时涌现。“迁都”当然不现实，“分都”却已在所难免，甚至已到了迫在眉睫的时刻。近年来“京津冀一体化”战略的提出和北京“副中心”乃至“雄安新区”的规划建设，无疑是在朝着“分都”的方向尝试的初步结果。

在当前北京需要妥善处理的几个重要关系中，首先是首都功能与非首都职能之间的有效剥离与结合，而这必须对传统“大而全”的全能型城市理念进行深刻的检讨与反思。如何处理好“（北京）本地人”与“外地人”之间的关系，处理好北京“常住人员”与“流动人员”

之间的关系，也就成为北京文化建设的重中之重。著名历史学家葛剑雄曾一针见血地指出："没有移民，就没有中华民族，就没有中国疆域，就没有中国文化，就没有中国历史。"① 今天，我们同样可以说，没有"外来人口"，没有流动人员，就没有当今的北京。人口的流动无疑是城市的命门，流动带来了生机，流动也增强了活力，流动同时也促进了文化创新。北京应全方位激发和强化高质量、多层次的人员流动、人才流动，而不仅仅是限制和"封堵"。

其次，要积极改进北京与周边地区之间的关系，由以前的"区隔"乃至"隔离"逐步转变为良性的互动、共生共存和互助共进，打破首都与京郊农村、河北等地之间的隔阂。以习近平主席为核心的党中央所力倡的京津冀协同发展规划，对此已做了全面深入的探讨与部署，这是令人欣喜的。

再次，要处理好城市建设和发展中的历史与现实、传统与现代之间的关系。与之相应的问题是，在古都建筑的保护与现代化都市的进步、城市日新月异的变革与城市记忆的保存之间如何达成平衡？笔者注意到，对北京"古都"形貌和建筑保护发出最强烈呼吁的，除了那些利益直接相关的当地居民外，更多的是来自西方的游客和身居中国台港澳暨海外的华人。尤其是海外华人的主张，特别需要引起足够的重视。早在1972年，正值"文化大革命"进行得如火如荼之际，台湾作家侯榕生费尽周折来到朝思暮想的北京城，却惊愕地发现她再也找不到自己记忆中的老北京城了。侯榕生发出的一句感叹——"我的城楼呢"②，很快在海外华人社会及西方世界引起强烈的共鸣和反响。围

①葛剑雄：《山西移民史·序》，见安介生：《山西移民史》，山西人民出版社1999年版，第4页。

②侯榕生：《北京归来与自我检讨》，香港文艺书屋1973年版，第16页。

绕北京旧城的改造，海内外舆情几乎构成了针锋相对的冰火两重天。对历史性建筑的保护与维护意识，无疑是来自“现代西方”的一种观念。但正如耶鲁大学周质平教授指出，西方人和海外华人往往怀着一种“博物馆的心理”（a museum mentality）看待北京，他们希望能在北京找到“古老中国”的影子，这样一种将老北京城过于理想化并“化石化”（focalized）的心态并不完全可取。他质疑道：“我们现在回去以后，我们看到的依旧是老舍笔下的《骆驼祥子》，我们就觉得很好了吗?”如果今天的中国依旧是1945、1946年的中国，而没有一点进步，岂不“更值得痛哭”[①]？周教授的观点一语道破了西方人及海外华人观照北京之“异域”视角的独特性和局限性。当年的谢阁兰们往往怀揣一种古老的“北京梦”，将其视为东方异域情调的代表与古老中国历史文化的象征，但梦想与现实总有碰撞或断裂的时候，他们的“北京梦”也就很容易演化成“（历史的）失落之梦”。但在另一方面，笔者也绝不认可“旧貌换新颜”的城市发展模式。事实上，作为文化遗产的古城建筑、旧城空间之维护，与城市的现代化发展之间如何寻求平衡，是全世界各个历史名城共同面临的挑战。巴黎老城区的每一座建筑都有三四百年的历史。罗马旧城每一条狭窄的街道都由特定的“碎石”铺就，它们至少有数百年的历史。但巴黎人和罗马人都没有因为城市建设和经济发展的压力，而对这些老建筑和老街区进行所谓的改造和拆迁。经济发展和现代化建设不能以文化遗产的破坏为前提，已成为越来越多人们的共识。其中的关键问题乃是转换粗放型的发展模式，实现经济文化的转型。

---

①见《超越与前进——从林语堂研究看文化的相融/相涵国际学术研讨会论文集》，台北林语堂故居，2007年，第248—249页。

如果说今天的北京正变成一个越来越受关注的“重大问题”，这其实是当今诸多“中国问题”的集中折射。未来，这座古老的都市如何在现代化转型中不失其传统底蕴；在城市化进程中不失去自己的文化历史特色；在追求和扮演“世界城市”角色的同时，又变成环境优美、生活舒适的“宜居之城”；在城市发展中实现国际性与民族性、全球性与地域性的有机结合，依然是严峻的考验。正如北京的未来发展，最需要考虑的是如何进一步凝聚海内外文化共识，将这座集现代与传统于一身的都市塑造成一个全球华人心中的“华夏之都”形象，最大限度地实现现代中国的首都、世界现代化大都市与中华儿女乃至全球华人的“精神故乡”这三种角色的融汇合一。这同样是一个严峻的挑战。

在文化形态上，北京还要处理好大陆文化与海洋文化、“全球化”与“在（本）地化”之间的关系。21 世纪的中国比以往任何时代都意识到了“海洋立国”、“海洋强国”的重要性，尽管这样的“自觉”比西方晚了数百年，但亡羊补牢，尚不太晚。在新形势下的全球性海洋战略中，作为东方大国的中国绝不能、当然也不会缺席，作为国家首都的北京更不应“缺位”。北京要打造全国文化中心，那么，海洋文化的引入和融汇绝对是必不可少的。尽管不具备濒临海洋的“地利”因素，但北京可以依托天津等港口城市连接“海路”，同时大力发展现代海洋文明的翻版抑或进化版——全球范围内的航空线路。而在国家“一带一路”的战略规划中，北京应充分担当起将陆地与海洋连接起来的关键“支点”作用。

城市（化）变革是当代中国社会发展的大势所趋，城市化又在快速地改变整个中国的社会面貌和精神状态。城市化驱动进一步加剧了人们在故乡与远方、城市与乡村之间的流动与迁移。“除了劳役外，一切的人类迁移都有一个共同特征：即便是为了逃脱天灾人祸，从根本上讲还是出于人类的求生本能，为了谋求生计。”① 从“文化流动”的视角来反观社会的变迁和城市发展，无疑是很有启发性的。文化流动既不同于文化离散，也不同于传统意义上的文化传播。所谓“传播”，总离不开作为“他者”的传媒（媒体）的介入；文化的流动则不然，它是文化自身所激发的一种趋向或动向。文化如水，焉能不动？正如有学者指出的，这个世界充满了流动，如果说自然界一刻都不能停止从江河湖海到大气之间的循环往复等“流动”，那么人类社会也同样离不开从“物流”到各类信息的交流等精神文化的流动。从文化流动的视角考察北京的文化中心功能，更应超越中心与边缘的纠结，牢牢树立起一种全球化和全球（文化）流动视野中的全球城市体系观念，以及中国境内城市体系的宏观意识。纵观数千年历史，既没有永恒的一成不变的“中心”，也没有永远的“边缘”。“人们在消解西方中心主义的同时，又自相矛盾地把自己的民族文化视为某种‘中心’，把自己的民族文化视为其他民族必须效仿的楷模和规范。”② 这种“恶性循环”不应再继续下去。近年来，随着网络等现代传媒的快速推进和现代化交通工具的迅猛发展，人与人之间的交流沟通和出行也变得日益快捷方便。尤其是中国高铁的大规模建设，不仅使城市与城市之间的距离变得越来越短，也使共和国的政治地理和文化心理空间变得越来越“小”。在这样的时代剧变面前，即使是北京、上海这样的“中心城市”，如果仅仅满足于“中心”角色而沾沾自喜，或裹在“中心”的包袱之内踟蹰不前，而不能将自身城市的独特性与“优势”紧密结合，甚至与其他城市实现“优势互补”，其中心地位也难免会受到冲击。

---

①［加］杰布·布鲁格曼：《城变：城市如何改变世界》，董云峰译，中国人民大学出版社 2011 年版，第 31 页。

②杨乃乔：《比较文学概论》，北京大学出版社 2002 年版，第 392 页。

笔者无意也不认可将历史的或现实的北京打造成所谓全民族的“圣城”，但无可否认，由无数中国台港澳暨海外文人、作家反复书写并想象的那个“北京”形象，某种程度上正起到了这种作用。有当代中国作家曾主张“每个人心中都应有一个耶路撒冷”，也许并非夸大其词。或许这样的“耶路撒冷”只存在于人们的“心中”，存在于人们的想象中，但它一定与某个特定的历史时空，甚至地域景观不可分割。如同天安门城楼被“嵌入”中华人民共和国的国徽，而“我爱北京天安门，天安门上太阳升”这一熟悉的旋律，曾让我们很多人心驰神往于首都北京。那么在“历史北京”与“现实北京”、“文化北京”与“政治北京”、“内在北京”与“外在（物质）北京”之间，又该如何有机统一而不至发生“断裂”？与此相关的还有海内外华人社会在离散与回望、新乡与故土、传统与现代、中华本土与西化、乡村与城市以及梦想与现实之间的种种纠葛。如果未来的北京能够兼顾这些纠葛，妥善处理好以上几个重要方面的关系，那么在不远的将来，“世界城市”抑或“全球都市”的梦想或许会顺利实现。

## 第二节　北京国际形象的历史嬗变

纵观近千年北京国际形象的演变轨迹，可谓既与整个中国的国家形象息息相关，又相辅相成、彼此呼应。根据周宁等学者的研究，西方视野中的中国形象作为西方现代化的“他者”镜像，鲜明地呈现出“理想化”与“丑恶化”、“妖魔化”的两极。前者表达了西方人对古老东方的“欲望与向往”，中国成为他们表现自我否定与自我超越的“乌托邦”；后者则表达了“恐惧与排斥”，中国形象就此沦为西方人“满足自我确认与自我巩固的需求的意识形态”[①]。而从“乌托邦”到“意识形态”的形象跌落，恰恰发生在欧洲启蒙运动高潮时期。此前，“乌托邦化的中国形象”甚至可进一步划分为“大汗的大陆”、“大中华帝国”、“孔夫子的中国”这3种具体类型，分别决定着1250－1450年、1450－1650年、1650—1750年这3个历史时段的西方文本对中国形象的表述策略。但随着启蒙运动的出现并达到高潮，“现代性”在西方得以确立，西方人心目中的中国形象发生了彻底转型。曾经作为社会文化想象产物的“乌托邦”想象，一变而为高度意识形态化的、带有腐朽专制主义特征的、既停滞衰败又野蛮落后的东方帝国形象[②]。与之相应的是，作为中国国家实力之关键视窗的北京城市形象，同样以欧洲的启蒙运动达到高潮、西方进入现代社会为分界点，经历了一个从“乌托邦”式的东方帝都转变为衰落残败的“古都”之历程。其中，乾隆时期英国马戛尔尼使团的访华是一个重要转折点。19世纪中后期，第二次鸦片战争期间英法联军对北京的攻占，标志着中西之间“对话”的艰难和剧烈冲突；义和团运动的爆发和1900年八国联军再次侵略北京，更意味着中华民族前所未有的屈辱与受难，北京国际形象也随之坠入“谷底”。但颇为吊诡的是，随着北京城被迫“全方位”地向西方开放，以及北京艰难地融入现代化，先后来到北京的西方人士在充分领略这座历史古都之魅力的同时，也通过文字和影像等方式率先建构了一个美轮美奂的国际化的“老北京”形象，并被历史定格。——可以说，北京经历了一个由“理想化”变为被“妖魔化”，然后再被“理

①周宁：《跨文化研究：以中国形象为方法》，商务印书馆2011年版，第292页。

②周宁：《跨文化形象学》，复旦大学出版社2014年版，第3－4页。

想化”的转化过程。

1949年之后的北京城市形象，在外国人尤其是西方人眼中，同样呈现出“理想化”与“妖魔化”并存的二元特征。由于西方世界普遍对新生的社会主义政权不认同，甚至充满敌视和戒备，作为“红色中国”之象征的北京，自然就成为他们眼中的“红都”乃至“魔都”。而在中国境内的主流话语中，社会主义新中国与社会主义“新北京”之间的同构乃至互换关系，却几乎被强化到了极致。这与西方话语和深受西方话语影响的中国台港澳暨海外华人的“北京观”构成了鲜明的对比。他们一面将大干快上、蒸蒸日上的“新北京”妖魔化，一面又不自觉地强化着那个乌托邦式的“老北京”形象，作为对现实中不断“破旧立新”的现实北京的一种批判方式。直到改革开放以后的社会主义“新时期”，这两种看似“势不两立”的新、旧北京观和言说北京的话语方式，才从过去不可调和的对立冲突，逐渐走向了沟通与“和解”，甚至有进一步整合并凝聚共识的趋势。与此同时，一个融合了古代与现代、东方与西方，凝聚着海内外文化共识的、多棱立体的北京国际大都市形象，也正逐渐走向成熟。

## 一、古典北京：从“东方帝都”到“东方巴比伦”

13世纪，意大利商人马可·波罗最早将“汗八里”（Cambaluc，元大都）的繁华盛况介绍到西方，在欧洲受到广泛关注并引发了西方社会对华夏中国的浪漫想象和神往。在马可·波罗笔下，雄伟壮阔、富丽堂皇的元大都几乎使所有的欧洲城市相形见绌，成为一座无与伦比的国际都会和“世界之都”。当时的大都既是元帝国富庶强大和文明昌盛的直观象征，同时，元帝国的富庶强大又构成了这一“东方帝都”

的坚实国力基础。正如元朝时期来到北京的一些西方传教士所言，“大汉所辖国境庞大无比，全世界各国，莫与比京”①。可见，当时欧洲人眼中的“大汗的大都”始终与“大汗的大陆”、“大汗的帝国”融为一体，不可分割。马可·波罗的描述将北京城定位为一个比西方更先进的“时尚之都”、“权力之都”、“未来之都”乃至“天堂之都”，奠定并左右了西方人数百年间对北京城乃至整个中国的“乌托邦”想象模式。此后，一批又一批旅行家、西方传教士和外国使团先后来到北京，他们虽以自己的亲身经历、所见所闻逐渐拨开了关于北京城的种种离奇传说和美丽幻想，但同时又交错着各种“添油加醋”式的虚浮夸张和“道听途说”。比《马可·波罗行记》晚几十年问世的意大利传教士鄂多立克的《东游录》（1330）和英国曼德维尔爵士的《曼德维尔游记》（1350），进一步将对元大都的“模式化想象”发挥到极致。且不说鄂多立克的《东游录》与《马可·波罗行记》一样，充满了夸张和神话般的描述，而从未到过中国的曼德维尔，更凭借超乎寻常的艺术想象将北京这座“东方帝都”描述得天花乱坠，最大限度地迎合了西方人对富庶强盛之东方“黄金之国”的幻想和期待②。

从15世纪开始，西方社会历经文艺复兴、工业革命、地理大发现和全球性航海贸易等伴随对外扩张的全方位现代化运动，快速推进了自身的进步与发展。相对而言，古老的中国却在一次次的皇朝更替和

①左芙蓉：《北京对外文化交流史》，巴蜀书社2008年版，第44页。

②吕超在专著《东方帝都——西方文化视野中的北京形象》（山东画报出版社2008年版）里，欧阳哲生在《马可波罗眼中的元大都》（《中国高校社会科学》2016年第1期）一文中，都对马可波罗的北京之行和北京记述进行了深入细致的分析。尤其是吕超的《东方帝都——西方文化视野中的北京形象》一书，对西方人眼中的北京形象进行了全面的历史扫描，其翔实的史料对本节的完成多有助益，在此谨表谢意。

兴亡转换中，越来越陷入故步自封、封闭保守的“天下一统”的幻梦中难以自拔。只是由于中西方之间的长期隔膜和文化历史差异，作为中华帝国之都城的北京，其在西方人眼中的“乌托邦”形象尚未发生根本性动摇和颠覆。16世纪中期来到北京的葡萄牙人费尔南·门德斯·平托在其《游记》（1576）中这样描述他所看到的北京城：“北京堪称世界王国的都城”，四周的城墙上一共建有360座城门，1060座圆形垛楼和240座箭楼，每座楼上都有一只威风凛凛的镀金狮子蹲在圆球上，象征着中国国王不仅仅是一国之主，乃是“占据世界王座的狮王”①。16世纪末抵达北京的意大利传教士利玛窦，曾长期居住北京并安葬于此。他对这座都市的观察和记述显然客观、细致了许多。利玛窦通过实地考察，验证了当年马可·波罗所描述的金碧辉煌的“汗八里”就是他眼前的北京城，而曾经的契丹国则已并入中国的北方，从而解开了困扰西方学术界多年的“北京与汗八里”、“中国与契丹”之间难以辨别的历史谜团。但这些实证性的发现在西方造成的影响却远不如夸大其词的描述和想象，西方民众显然更愿意维护和重复那个富丽堂皇、美轮美奂的“世界大都”和东方帝都形象。几乎每一位跨越千山万水来到北京的西方人士，都惊诧于北京城的雄伟壮丽，并对此加以神话般的夸大和想象性发挥。他们对北京风貌的描述大同小异，无非是反复称赞北京宫殿的雄伟，惊叹于皇帝和贵族生活的奢华，“只是尽量添加细节和修改前人不正确的信息而已，总之，是要再现一个强大、壮丽而富足的东方帝都”②。通过这一东方帝都形象，“他们体

---

①［葡］平托等：《葡萄牙人在华见闻录》，海南出版社1998年版，第170页。

②吕超：《东方帝都——西方文化视野中的北京形象》，山东画报出版社2008年版，第78页。

验着自身的缺憾、压抑和不满，并表达了欲望和向往”①。正是在伴随文艺复兴而兴起的欧洲中世纪晚期世俗文化背景的参照之下，北京被定型为一座充满诱惑力的“财富之城”和“高贵之城”；在利玛窦等西方传教士眼中，北京乃至整个中国都需要“福音的光辉”加以照耀，于是北京成为一座有“改造前景”的古老都市，成为充满了美好愿景的“希望之城”。但随着中西方文化冲突的日益尖锐和东西方政治、经济实力的逆转，他们对北京的观感也渐渐发生了变化。首先，“礼仪之争”导致在北京的西方传教士屡屡受到排斥和迫害，他们对北京这座满怀期待的“天城”也开始失去信心和希望。尤其是雍正皇帝下令驱逐在华的各国传教士，教皇也于1773年解散了极力向中国等远东地区散播“福音”的耶稣会之后，北京在一些西方人眼中，甚至已沦为危险、堕落和衰败的“东方巴比伦”②。

更大也更实质性的转折发生在18世纪末。1792年，已成为“世界头号强国”的大英帝国派出了一个由400多人组成的庞大外交使团访问中国，试图按照他们的意愿与中国建立“通商”关系，此即为历史上著名的“马戛尔尼使团访华事件”。作为近代西方与古老中国的第一次正式接触，应该说中英双方都对马戛尔尼一行的此次访华给予了高度重视。英国各界迫切希望与中国“建交”并通商的“真诚”自不必说，清朝宫廷上下同样将使团的来临视为头等大事。乾隆皇帝对使团的具体进京行程和食宿安排，都亲自过问并多次下达“圣旨”；负责接待的各级官员更是尽心尽力。应当说，使团在北京期间，受到了前所

---

①吕超：《东方帝都——西方文化视野中的北京形象》，山东画报出版社2008年版，第30页。

②吕超：《东方帝都——西方文化视野中的北京形象》，山东画报出版社2008年版，第96页。

未有的礼遇和款待。然而英国人却感觉他们自己“如同乞丐一般地进入北京，如同囚犯一般地居住在那里，如同贼寇一般地离开那里”①。如此鲜明的反差和对比，所折射出的乃是中西方之间无法跨越的文化隔阂。清朝官方完全有理由认定，对英使的怀柔与宽容已充分彰显中华“天朝上国”的“皇恩浩荡”，只是那些远道而来的“蛮夷”不仅不领情，竟然得寸进尺地提出了诸多过分和“大不敬”的要求；而在英国人眼中，古老的中华帝国徒具外强中干的庞大躯壳，从最高统治者——皇帝到大小官吏、普通民众，都已故步自封、冥顽不化到不可救药的地步，他们能听得懂的“语言”，除了武力之外再无其他。而作为国都的北京，在这些英国人眼中也很自然地成为了老牌帝国之封闭落后的直观象征。马尔戛尔尼一行此次访问中国的唯一收获，乃是将中国衰颓破败的国力“一览无余”。40多年后，英国等西方列强便凭借武力强行撞开了古老中国的大门，而当年使团成员的观察记录和航海经验可谓“功不可没”。中国境内的一座座通商口岸和城市“租界”也被迫相继出现，既将中国社会强行拖入西方主导的现代化进程，又在中华大地上强行划分了一个个“国中之国”和“势力范围”，造成了中国主权的撕裂和民族的屈辱。相对而言，身为京师“禁地”的北京在面向西方世界的开放过程中，无疑要比其他城市更为艰难曲折。在西方殖民者和侵略者看来，只有将国都北京最“核心”的大门撞开，才意味着真正打开了古老中国的门户。而对惯于闭关自守的清政府而言，本为皇家重地的京师怎能任由外邦蛮夷横行？这一关乎“天朝上国”乃至天子起码尊严的“原则性”问题，岂能轻易退让？于是，在北京

---

①[法] 雅克·布罗斯：《发现中国》，耿昇译，山东画报出版社2002年版，第94页。

城是否向外国人（西方人）开放这一问题上，中西方展开了持久而尖锐的交锋，由此引发了诸多“外交争端”，甚至必须通过战争才能解决。当然，争端最终以古老中国的彻底败北而落幕。中国近代史上一系列不平等条约的签订，中华民族“内忧外患”之危机状况的日益加剧，说起来都与此有着直接而复杂的关联。无论是1860年英法联军攻占北京和火烧圆明园的野蛮暴行，还是1900年八国联军对北京的占领，都是中华民族在近代史上最为屈辱的标志性事件。

1856年，英国发动第二次鸦片战争，法国也趁火打劫地加入。兵临北京城下的英法联军强迫清政府签订了《天津条约》。除了获取更多的政治经济霸权之外，条约中还醒目地加上了一则条款：“大不列颠政府可以在北京获得一处地方或者租用房屋，以建立自己的使馆；中国政府对此要给予协助。”① 对于清政府而言，这一要求的蛮横无理和不可接受性大大超过了既往的割地赔款，但“反对无效”。然而，战争的威胁一旦暂时缓解，清政府却随即“变脸”。当英国使团携带本国国会批准的条约文本于1859年抵达天津，要求进入北京与清廷“互换公文”时，却被清政府勒令不得进京。英国使团试图强行从水路闯进北京，遭到清兵袭击并炸沉了他们的4艘炮艇。在英国人眼中，如此出尔反尔并践踏“国际法”，岂可等闲视之？于是，英国再次派出军队，以武力强迫清政府履行所谓“条约义务”。英法联军攻占北京城后的烧杀抢掠，尤其是“火烧圆明园”的恶行早已臭名昭著，笔者在此不再赘述。仓皇出逃的咸丰皇帝又气又急，再加上“亡国”的屈辱而一命呜呼。——按照传统中国的古老逻辑，“大清皇朝”早在1860年就已

①Foreigners Within The Gates，The Legations at Peking，by Michael J. Moser and Yeone Wei—ChihMoser，Serindia Publications，p. 22. Inc，Chikago，2006.

“亡国”了。只是西方侵略者没有重复古代中国“取而代之”、“改朝换代”的历史游戏，才使它又苟延残喘了半个多世纪。

第二次鸦片战争期间英法联军对北京的攻占，在某种程度上已意味着清王朝的彻底倾覆。按照传统中国内部王朝更替和“成王败寇”的历史规律，对国都的攻占常常标志着旧王朝的败亡和新王朝的开启。事实上，当时的咸丰皇帝和清朝贵族已做好了逃回“东北老家”的最坏打算。只是“留守”北京的皇帝胞弟奕䜣等人通过与西方人打交道，才发现他们的思维跟中国人是有本质区别的——他们最大的要求竟是与中国签订不平等条约。换句话说，他们只关心古老的华夏中国能否遵从他们的意愿，服从他们制定的“规则”，并没有“取满清政府而代之”的意思。而正是这一与传统中国完全不同的思维方式，不仅让病入膏肓的咸丰帝暂时吃了一颗“定心丸”，也让衰颓腐朽的清王朝又苟延残喘了近半个世纪。然而，清政府终究难以逃脱昏聩无能和腐朽沦落的宿命，尤其是慈禧太后于1900年先是贸然向西方列强宣战，攻打在北京的各国使馆，后又在八国联军大军压境时，不得不像当年的咸丰帝那样再次仓皇逃离北京，将自己的刚愎自用和不堪一击表现得淋漓尽致。“大清国”不仅在西方铁骑的践踏面前束手无策，还发展到了自取其辱和摇尾乞怜的可悲境地，甚至只能依靠西方强权的“庇护”，才能暂时维持自己的统治。从这一意义上讲，清王朝的政权合法性已荡然无存。在八国联军攻占北京后的第11个年头（1911），湖北武昌一个小小的军人哗变，就迅速波及全国，进而爆发了轰轰烈烈的“辛亥革命”，清政府旋即土崩瓦解、不战而亡。

与之相应的是，大量外国使节、传教士、西方商人和平民伴随着西方的枪炮声“闯入”北京。他们对眼前这座辉煌都城的观感和印象，也发生了从曾经的“未来之城”、“繁华之城”到“过去（历史）之城”、“落后（守旧）之城”的转型。来到北京的西方人士们目睹了晚清政府的腐朽和近代中国改天换地的剧变，他们对北京城的描述自然充斥着不少发自内心的傲慢、鄙视、挑剔和不屑。老北京城的贫困落后、城市居民的愚昧麻木，以及城市卫生条件的脏乱差等等，都在他们“现代”眼光的烛照下“触目”地呈现出来，并被刻意地加以放大和强化。不过，站在今天的角度重温那些明显带有西方偏见的北京记述和北京想象之文字，还可发现在其傲慢刻薄背后，倒不乏一些令人深思、值得借鉴的冷峻批判和独到见解。

北京这座“古都”虽然已不可避免地走向衰朽和破败，曾经富丽堂皇、宛若“天都”的形象似乎已经远去，但她那厚重的历史底蕴和独特的文化艺术魅力同样令人触目。饱经历史沧桑的北京城最大限度地保留了传统中国的社会历史和文化艺术神韵，凝聚着既独一无二又“最中国”的文化历史传统。几乎所有抵达北京的西方人士，都为之赞不绝口并深深倾倒。在他们眼中，没有哪座城市能像北京这样更能体现曾经辉煌一时的“古中国”之美，更能代表他们心向往之并值得细细品味的东方异国情调。北京遂成为那些漂洋过海来到中国，试图一睹东方人文景观之神采的西方文人们的不二选择，成为他们想象中国的主要素材和原型。正因如此，他们笔下的“老北京”与“老中国”之间，常常发生一种惊人的同构关系。此种“以北京想象中国”的思维定式和叙事模式，首先由西方人“开创”，然后被国内外华人作家加以“承传”并“发扬光大”，成为他们描述北京、想象北京最直观生动也最方便快捷的“首要选择”。

## 二、民国北京：中外文人互动与“古都”形象定格

在西方文人汗牛充栋的北京记述中，一个经常被提及的“经典案

例”是法国作家谢阁兰对北京城与中国其他现代化都市之间的“对比”观感。他于1909年从香港“登陆”，在由南至北的旅程中，一路所见皆是近代中国半殖民地化和被迫西方化的痕迹。只有抵达北京后，他才见识到了一个“真正的中国”并为之欣喜若狂。“我的行程先是经过香港，英国式的，不是我要找的；然后是上海，美国味的，再就是顺着长江到汉口，以为可到了中国，但岸上的建筑仍然是早已眼熟的德国或英国或别的。最后我们上了开往北京的火车，坐了三十个小时……北京才是中国，整个中华大地都凝聚在这里。”①

谢阁兰的体验和描述无疑极具代表性。他敏锐地注意到了作为国都的北京之于整个传统中国的“文化凝聚”力量，而他对“真正的中国”的找寻，其实从未脱离西方人对东方异国情调的向往。他所说的“真正的中国”，与其说是现实的中国，不如说是主观想象的一个幻影。谢阁兰对此也十分清楚。正如他在给友人的信中所说，“我来这里寻求的既不是欧洲，也不是中国，而是梦幻中的中国。我抓住它，一口咬住”②。无疑，北京最大限度地满足了谢阁兰对东方中国的传奇与浪漫想象，他紧紧将其“咬住”并以此为叙事背景创作了长篇小说《勒内·莱斯》，出神入化地表现了“老北京”乃至“老中国”的文化艺术魅力。

《勒内·莱斯》虽然采取的是具有强烈“自传”色彩的日记体形式，却可以说“极尽虚构夸张之能事”。小说创作于1913年11月1日至1914年1月31日之间，于1923年出版，所表现的却是1911年2月

①参见吕超：《东方帝都——西方文化视野中的北京形象》，山东画报出版社2008年版，第3页。

②[法]谢阁兰：《勒内·莱斯》，梅斌译，生活·读书·新知三联书店1991年版，第9页。

28日至1911年11月22日期间以北京城为叙事空间的风云变幻。那正是辛亥革命爆发前后，清王朝从“风雨飘摇”走向穷途末路，整个中国社会都处于“地动山摇”乃至“改天换地”的大变动、大颠覆的特殊历史时期。无数中国人尤其是北京城内皇家贵族的命运，在那一年都发生了天翻地覆的转折。然而，作家关注的重心显然并不在此。小说中的两位主人公——叙述者“我”与勒内·莱斯对北京这座城市，尤其是对宫门紧闭的皇家禁地——紫禁城的神往，几乎超过了对中国其他一切事物的兴趣。作家一方面通过叙述者也即日记撰写者“我”的口吻，反复表达着作为一名西方人对紫禁城的“渴慕”之情——他一次次在北京的大街小巷骑马策行，在紫禁城高大的红墙外踟蹰观望，憧憬并幻想着“红墙之内”的情景，希望有朝一日能深入其内“一探究竟”；另一方面，作家又借助勒内·莱斯这一主人公形象，自由出入并“纵横驰骋”于皇宫内外，甚至深入隆裕太后的闺房，将这个东方古国最隐秘也最独特的宫廷秘闻、政治权斗和社会剧变“一览无余”。勒内·莱斯对“我”不乏“添油加醋”的讲述和吹嘘，显然已很难辨清真假和虚实，而他不仅有幸成为皇家豢养并信任的“大内密探”，挽救了摄政王的身家性命，还一度与清帝国的最高统治者隆裕太后秘密约会，甚至有了一个孩子！而正是在这貌似荒诞不经、神秘离奇的讲述中，一个既令人神往又让人恐怖、既神秘莫测又美轮美奂的东方古都形象，如海市蜃楼般活灵活现地“立”在了读者们的眼前。在作家笔下，北京不仅是一座到处充满了空穴的“深邃的城市”，地下还潜藏着一座外人未曾知晓的“地下城”。与街道星罗棋布的地上北京相似，这个地下的北京城同样林立着各式各样的“城堡”、“角楼”，以及各种各样的“拐弯抹角”和可怕的吞噬性命的“水平走向的井”——就像皇宫里那口阴森可怖的“珍妃井”一样。而这个博大广阔、幽暗神秘的地下北京城，恰如海平面之下深不可测的海底世界一样，随时“召唤”着不畏艰险的西方勇士们去发现和探险！

细读小说文本便可发现，“洞穴”与“高墙”堪称作家描述北京城最常用的两个关键词。“洞穴”是门户的别称，却更容易让人联想起隐秘角落的“别一洞天”，或者藏满了无数珍宝，或是隐藏着从远古时代就埋在地底深处“沉睡不醒”的某种历史遗迹。“洞穴”这一意象显然最契合谢阁兰等西方文人对这座东方古都的“诗意”概括和想象。那一座座拱形的城墙之门，在作家眼中也变成了一种“文明、神秘、幽静而且令人神往的洞穴”①，穿过这一“洞穴”，便是壁垒森严却又空虚空洞、富丽堂皇却又危险四伏的中华帝国的皇宫。“洞穴”代表了大地深处，代表了过去，代表了一种古朴而神秘之美；“洞穴”同时又象征着一种没有自我意识的阴柔性的女体，她无知又单纯，失语又失智，幽怨又空虚，默默等待着西方人的“进入”、填充和“启蒙”。

然而，在西方，“主体”与作为客体的阴森空虚的东方“洞穴”之间，却横亘着一道道高大厚重的墙垣。古代中国的“城”与“墙”总是不可分割的，“墙”也即中国城市最突出的外在形象。甚至在某种意义上，汉语里的“城”就意味着起到防御功能的城墙，如举世闻名的“万里长城”等等。小说中刻意渲染的那一道道突兀的高墙，几乎构成了一个个不可跨越的阻隔，阻挡并压抑了“我”进入紫禁城的欲望。在作家看来，这些城墙有的不仅高达“二十英尺”，而且“砖石比寻常厚四倍”②，简直比第一次世界大战中德法边界上的“兴登堡防线”还

①[法] 谢阁兰：《勒内·莱斯》，梅斌译，生活·读书·新知三联书店 1991 年版，110 页。

②[法] 谢阁兰：《勒内·莱斯》，梅斌译，生活·读书·新知三联书店 1991 年版，195 页。

要难以突破。有学者指出，这些城墙的意象，象征了谢阁兰对东西方之间难以逾越的“认识的高墙”的体察。《勒内·莱斯》这部小说更可视为作家试图突破这堵“高墙”的一种努力。它实际上是作家“为摆脱平庸丑恶的现实、追求一个新鲜的世界的一种尝试”①。这一看法极有见地，但笔者想补充的是，西方文人一再表现出的这种“对异国文明的探索热情”，是兼具“形而上”和“形而下”双重意义的。对未知世界不可抑止的好奇和勇往直前的探索精神，与生命力蓬勃张扬之下向东方世界挺进，到古老的中国猎奇乃至“猎艳”，常常互相交织，不可分割。小说中一再渲染的“我”与“满洲妇女”之间令人销魂的“爱情”，跟勒内·莱斯与隆裕太后的秘密爱情彼此呼应。作为西方文学中“历久弥新”的一种叙事主题，此类西方男人对东方女性的“占有”和“征服”，以及东方女性对西方男人的仰慕和自愿“臣服”的情节，最大限度地满足了西方人的自信自强和自恋自负。而能否进入那座被高墙大院环绕且宫门紧闭、戒备森严的皇家所在地，那个北京城市内核的最深处——紫禁城，也就成为谢阁兰笔下的主人公们能否实现自我价值的关键所在。

随着叙述者“我”和勒内·莱斯的“进入”，整个北京城乃至整个中国，在小说中几乎都化身为一个巨大的臣服恭顺的“东方雌体”形象。小说中的“我”不止一次地登上北京城的城门楼，居高临下地俯视着这座“四周是乡村的巨大的四边形”的城市，以及“如同一头挤过奶的母牛卧在征服者的墙根下”的、像“畸形的方块”一样的“华人城”(外城)。置身于这座东方古城，“我”体验到了一种类似于“创

①郭宏安：《评〈勒内·莱斯〉》，见［法］谢阁兰：《勒内·莱斯》，梅斌译，生活·读书·新知三联书店1991年版，第3、10页。

世者"的感觉[1]；甚至下意识地将自己熟悉的北京城门和街巷，戏谑地称之为"我的门"、"我的产业"和"我的领域"[2]。——仅仅以"殖民"和"征服"一类字眼对此加以概括和评判，或者依据东方主义理论将其"上纲上线"，显然是简单而粗暴的。但无视或忽略其中的西方中心主义色彩岂不同样是"麻木"的？

《勒内·莱斯》所呈现的北京，在北京国际形象的演变历史中堪称具有"划时代"的转折意义。如果说13世纪的马可·波罗奠定了一个曾经在西方乃至全世界"流行"数百年、既富丽堂皇又时尚前卫的"东方帝都"和"世界大都"形象，那么，20世纪初的谢阁兰则将北京打造成一座既封闭又开放、既原始又浪漫、既衰朽破败又充满特殊美感、既危险重重又有着致命诱惑的"东方古都"形象。这一形象堪称独立于现代西方社会之外的"别一洞天"，堪称迥异于西方社会的、充满东方异国情调的"世外桃源"。谢阁兰笔下的北京尽管与马可·波罗口中的"大都"有天壤之别，但他们对东方浪漫传奇和异国情调的渲染，却几乎如出一辙。而谢阁兰本人也毫不掩饰他对马可·波罗的追慕和自觉传承，这从他把《马可·波罗行记》这部书称为"异国情调的伟大圣经"、"不可想象的他乡征服史"[3]一类赞词中足可看得出来。

虽然20世纪初期的北京风雨飘摇，政治变动此起彼伏，然而像谢阁兰这类西方人，却凭借当年八国联军入侵北京的"辉煌战果"，不仅

---

①[法] 谢阁兰：《勒内·莱斯》，梅斌译，生活·读书·新知三联书店1991年版，第73页。

②[法] 谢阁兰：《勒内·莱斯》，梅斌译，生活·读书·新知三联书店1991年版，第113页。

③[法] 谢阁兰：《勒内·莱斯》，梅斌译，生活·读书·新知三联书店1991年版，第151页。

能够在这座曾经严厉拒斥外国人的“京师禁地”长期居住，而且还在“治外法权”的保护下，享受着类似于“京城洋隐士”般悠哉游哉的自由生活。他们既摆脱了本国世俗事务的烦扰，又抱持一种“隔岸观火”的从容视角，“既近且远”地观察着中国社会的急剧动荡，并在此探寻到一种古老东方的异域情调，对眼前的这座城市乃至整个中国展开诗意浪漫的传奇想象。正是在这一时期，大批西方人带着怀旧和猎奇的心态来到北京，并留下了大量关于北京的记录、观察和想象性文字，从而在北京对外文化交流史上写下了绚烂多姿的关键一页。由此可见，“古都北京”的形象定格既是“现代西方”观照下的产物，离不开现代西方这一坐标系的“参照”，又是现代西方（人）直接“参与”的结果。这或许颇具讽刺意味，却是一个不争的事实：西方人不仅在行动上凭借现代化的枪炮撞开了古老中国尤其是北京紧紧关闭的大门，并对之加以“现代化改造”，还率先以文字、影像等“现代化媒介”记录、表现并建构了一个衰落朽败又美丽异常、富含东方情调的“古都北京”形象。

与此同时，20 世纪初期的北京也在西方“现代”的影响下，迅速启动了城市基础设施的现代化步伐。北京的市容面貌几乎与 20 世纪初急剧变迁的中国社会一样，每天都在革新和进步。20 世纪初的北京，已经开始修筑“碎石铺就的马路”、城市广场、博物馆等各种形式的现代化建筑，自来水和现代化电力设施也开始普及，自行车和汽车等现代交通工具陆续出现在城市街头。北京城急速的现代化转型，连生活于其中的西方人都感到不可思议——“我毫不怀疑不久将出现有轨电车……全城到处都在修建大楼”①。他们以欣喜的眼光和忠实的笔触记录了北京城在那个年代的“日新月异”。正是在这样一种古与今、中与西的复杂纠缠和急剧变革中，一个“半新半旧”、既新且旧的老北京形象逐渐形成并定格。

北京作为国际古都的形象日渐明朗化和清晰化，并成为举世闻名的文化之都、田园之都和艺术之都，某种程度上还与清帝逊位、封建王朝统治被迫终结这一重大的“时代变迁”息息相关。中外文人和海内外游客都反复提到从景山之顶眺望故宫——紫禁城的审美体验。这似乎已成为最能代表老北京城之富丽堂皇的“经典”画面。但不可忽略的是，昔日的皇宫变身为“故宫”，紫禁城不再为帝王私有，而是回到了人民手中。那里不再是决定“天下大事”的最高权力中心，不再居住着享有九五之尊的皇帝。它由原来戒备森严、令人“望而生畏”的皇家禁地，变为集辉煌壮丽与祥和宁静于一身的公共博物馆，成为令人流连忘返、赞叹不已的历史陈迹以及“中华民族的珍贵文化遗产”、享誉世界的旅游胜地。而正是在进行了一系列“去禁忌”和“去政治化”的举措之后，位于北京内外的“三山五园”等皇家园林也开始向平民开放，成为“国家公共机构”，成为全体国民共有、共享的游览与休闲场所。它们所蕴含的文化历史和艺术魅力才前所未有地得以绽放，而当年的皇帝和王公贵族从各地搜罗来的那些书画名篇、珍宝奇玩，也在“改朝换代”之后成为了来自世界各地的人们共同观赏的对象，变身为中华民族名副其实的“国宝”。

经历过辛亥革命等重大社会变迁之洗礼的老北京，积蓄其中的千

①[澳] 西里尔·珀尔：《北京的莫理循》，谭东星、窦坤译，福建教育出版社2003年版，第324—325页。

年“王气”虽然不可避免地黯然褪色，一种“敦厚宽容”、“和平幽默”的社会民气却酝酿升腾起来；而爆发于1919年的“五四”新文化运动，则为其“深长悠远的古都韵致注入了新鲜的活力”①。于是，20世纪前期的北京不仅近乎完美地把东方的古老情趣与西方的现代化城市特征融为一体，还将自身那悠久深厚的文化历史底蕴，与变革时代锐意创新、自由民主的新鲜空气“机缘巧合”地加以了融汇。这一原本由“闯进”北京的西方人“发现”并建构起来的带有东方“异国情调”的老北京形象，也逐渐由最初的原始落后、封闭保守，演变为20世纪前期的浪漫华丽与安宁祥和，并被现代中国文人所认可并传承。他们将蕴含其中的西方中心主义和殖民主义色彩加以剔除和改造之后，将这一集中体现了传统中国文化艺术特色的、和谐唯美的“古都北京”形象，逐渐提升为现代华夏民族认同的一种象征，于是“伟大的北京”遂成为现代中华民族的伟大骄傲。我们透过林语堂等人津津乐道并精心刻画的如“国王的梦境”一般的老北京形象，既可管窥到近似于西方人视野的“东方奇观”和“文化乌托邦”镜像，又能强烈感受到他们对于老北京这座“辉煌城市”不可抑止的迷恋，以及身为一名现代中国人所感到的骄傲。谢阁兰等西方作家刻意“以北京想象中国”的写作传统，尤其是凭借对京城皇宫内外之“谜团重重”的渲染而将老北京神秘化和传奇化的叙事手法，也同样被海内外华人作家“出神入化”地发挥和运用着。不论是林语堂的《京华烟云》、老舍的《四世同堂》，还是金庸、梁羽生、高阳等中国台港作家的通俗小说创作，莫不将“老北京”与“老中国”、“近代北京”与“近代中国”，乃至“神秘

①杨东平：《城市季风：北京和上海的文化精神》，新星出版社2006年版，第5页。

皇宫”与“神奇中国”融为一体，以“北京往事”为蓝本，讲述了一个个生动传奇、别具神采的“中国故事”。尽管没有直接证据表明，这些作家读过谢阁兰的《勒内·莱斯》一类作品并受其影响，但谢阁兰的“首创”之功却不可埋没。至于勒内·莱斯，这一原本一文不名的“小人物”，竟然因为来到北京并“潜入”皇宫，而阴差阳错地参与“创造”了近代中国的“大历史”。半个多世纪后，金庸在《鹿鼎记》中塑造的那个几乎令全球华人家喻户晓的韦小宝，不知是否就是勒内·莱斯“投胎”中国后的又一场更加轰轰烈烈的“转世”经历呢？

而在现代中国文人这里，“老北京”与“老中国”之间最大的同构处，主要在于其“乡土”之面向。对他们来说，没有哪座城市能比“老北京”更能集中体现传统乡土中国的文化心理精粹。当代学者赵园曾指出，周作人、郁达夫、林语堂等现代作家的北京体验简直“统一到令人吃惊”的地步，与他们那“芜杂”、“破碎”且不无矛盾的上海体验完全不同①。赵园显然未充分考虑20世纪二三十年代的沈从文在体验北京时的“乡下人”痛感，也未预见到20世纪90年代以后刘震云、刘庆邦、邱华栋、冯唐等当代作家对北京的“不适”经验及其书写。但她意识到北京特有的“乡土感”正是其吸引和召唤现代中国文人的力量源泉，不能不说还是颇有见地的。近代以来，中外文人笔下的北京形象大都有着共同的特征——它们一般都指向过去，指向传统中国，尤其是传统“乡土中国”。正如赵园所说，“比乡土更像乡土”的北京几乎浓缩了传统“乡土中国”所有梦幻般的美好因素，并使之具有了一种生动具体、可感可知的“肉身”观感和体验。正因如此，北京之于现代文人的意义并非是简单的、对于“本乡本土”的情感认

①赵园：《北京：城与人》，北京师范大学出版社2014年版，第34页。

同，而是建立在“扩大了的乡土感情”基础之上的，由共同的文化心理结构、共同的文化经验和共同的心理情感积淀下来的，对共同的“文化乡土”和“精神故园”的一种身心归属感①。即使是沈从文那类身处北京而心系“边地故乡”的“京派作家”，他们以深情、依恋和怀念的目光回望着正在发生裂变的传统乡土中国，并对之加以诗意化想象的时候，与老舍等“本土京味作家”之间，依然有着深厚的文化心理关联。事实上，不论是“在北京”想象并建构着一个传统“乡土中国”的“京派”作家，还是“以北京”想象传统乡土之“中国”的“京味作家”，他们一方面不约而同地建构了一个既祥和又落后、既原始又艳丽、既唯美又朽腐的老中国形象，而在近现代社会的剧烈变动和强力冲击下，这一老中国形象正不可避免地走向衰颓乃至消亡，甚至越来越淡出现代中国人的视野；另一方面，他们又深深被老北京城在历次“翻天覆地”的社会乱局中展示出的那种雍容大度、宽厚包容的文化精神所打动，并在那些历经动荡却依然乐天知命、抱持一种从容淡定之人生态度的“老北京人”身上，敏锐地探寻到一种关乎整个华夏民族之“国民性”的生生不息、乐天知命、随遇而安却坚忍顽强的文化心理性格。

北京作为千年古都和“首善之区”，集中体现了中华民族文化心理的稳定性和连续性，满足了海内外华人的文化归属感需求。但也正因如此，北京文化堪称地域风情与民族共性、国民劣根性与文化独特性的复杂交织。对此，老舍等土生土长的“本土京味作家”无疑有着更为深切也更为痛切的体验与认知。他们一方面对老北京那独特的文化艺术魅力表达了无比热爱和留恋的情感，无比诗意地表现着老北京的

①赵园：《北京：城与人》，北京师范大学出版社 2014 年版，第 6、14 页。

风土人情；一方面又从中西文化比较的启蒙视角出发，冷峻观照且尖锐批判了老北京人的因循守旧、故步自封和麻木不仁。然而，无论如何，北京往往最能折射出中国社会的急剧变动，又体现着这些急剧变动中恒常不变的稳定因素。没有哪座城市能像北京这样，让世人充分领略到我们这个古老民族的超常稳定性和生生不息的连续性。恰如文化学者杨东平所说，“北京满足了中国人文化心理中稳定、连续、凝聚和向心的强烈要求”①。北京既古老又“维新”，既传统又现代，既是“乡土中国”的代表，又是“现代中国”的象征。

即使是在一度卸下国都功能、更名为北平的 20 世纪三四十年代，北京城依然在现代中国的民族话语体系中占据了不可替代的中心位置。不要忘记，正是日本军国主义对当时的北平及华北的觊觎野心，才将中国政府和人民逼迫到了无法退让的“最后关头”。1937 年 7 月 7 日在北京城郊外卢沟桥畔骤然响起的枪炮声，彻底击碎了国民党政府对日本侵略当局的幻想。1937 年 7 月 17 日，蒋介石在庐山发表《对卢沟桥事件之严正声明》，表示如果再放弃“尺寸土地与主权”，便会成为“中华民族的千古罪人”，从而催生了中国社会朝野各派政治力量同仇敌忾、一致对外的坚强决心，揭开了中国全民族抗战的序幕。8 年全面抗战时期的北京城，虽然处于特殊状态下的“故都沦陷”时期，但无数被迫从北平撤离并流落到大后方乃至海外的文人作家们频频回望这座古老的都城，与中国历史上屡屡出现的“江山北望”遥相呼应。北平的沦陷虽然远不如当时的首都南京被攻陷时惨烈，但现代中国文人对“故都北平”的怀念和记述，甚至已大大超过了当时的国都南京。

①杨东平：《城市季风：北京和上海的文化精神》，新星出版社 2006 年版，第 41 页。

曹靖华的《故都在烽烟里》、李辉英的《故都沦陷前后杂记》和王统照的《卢沟晓月》等文章，都将“故都”北平当成了民族受难的具体“肉身”；杨刚的《北平啊，我的母亲》更直接将“北平”视为祖国母亲的象征。如果把林语堂在美国“想象北京”的长篇小说《京华烟云》，与老舍流落到武汉等地怀念和想象日寇铁蹄下老北京市民生活的《四世同堂》稍作比较，不难发现它们惊人的相似处：不仅《京华烟云》中那个“被空间化、凝固到巍然屹立的北京城”变成了“一个超级的大写‘能指’”①，老舍《四世同堂》里那群生活在北京小羊圈胡同里或隐忍偷生，或卖身投靠，或暗暗积聚着抗争意志的老北京人，也俨然是整个中华民族苦难而隐忍的真实写照。位于北京城郊外的“卢沟桥”，则成为海内外华夏儿女共同抵御异族侵略的一个重要的象征性符码。

这种以沦陷中的北京作为民族受难的“肉身”原型和坚决抵抗异族侵略之象征的写作传统，不仅被当代中国大陆作家自觉传承，也在中国台港作家笔下不断延续着。例如台湾著名诗人余光中在其诗作《老战士》（1972）中，就以一名抗战老兵的回忆，将个人的伤痛与国家民族的耻辱、不屈不挠的反抗融合在了一起。通过“卢沟桥”这一极具国家民族象征意义的中心意象的凸显，抒发了深沉强烈的爱国主义情绪。卢沟桥和当年的“七七事变”，就像时隔 30 年仍然时时咬住这位抗战老兵的旧伤口一样，早已变成一种无法忘怀、难以排遣的国耻与国难之象征。作为中国文化历史象征的“老北京”，在现代民族主义话语语境中自然而然地成为象征“中华民族”肉身的首要符码。

---

①宋伟杰：《既“远”且“近”的目光》，见陈平原、王德威编：《北京：都市想像与文化记忆》，北京大学出版社 2005 年版，第 520 页。

## 三、当代北京：新中国与“新北京”国际形象的多元趋向

20世纪中后期的北京国际形象，更加紧密地融汇在当代中国社会政治的风云变幻和现代化进程中。当代北京国际形象的变迁轨迹，大致可分为两个历史时期：20世纪50年代至70年代的社会主义改造和“无产阶级专政下继续革命”的“文化大革命”时期；20世纪70年代末至今的改革开放时期。

如果说艰苦卓绝的抗日救亡战争促成了现代意义的中华民族意识，乃至中国社会各阶层、各地域的民心凝聚，那么，1945年全面抗战胜利后，我们这个民族曾面临一个走向团结和解、完整统一的难得历史机遇。可惜，以蒋介石为首的国民党政权率先发动内战并导致海峡两岸在1949年后长期分离与分治，以至于完整统一的现代中国建构，迄今仍未完成。随着中华人民共和国的成立和国民党政权败亡台湾，一批土生土长的“老北京人”和西方国家的在华人员作为“反动阶级”的一部分，黯然逃离北京；另一批胜利者和新生力量的代表则进驻北京并在此定居。随之而来的则是一座座由崭新的高墙围起的“大院”成为新北京的重要标志。从“胡同北平”到“大院北京”，同样是天翻地覆的急剧变革。正所谓“几家欢乐几家愁”，不同政治立场和意识形态下的北京形象，也陷入前所未有的“撕裂”和紧张之中。就在平津战役爆发前一个月的1948年10月，一个名叫德克·博迪的美国学者抵达北京并居住了一年多的时间。直到1949年10月中华人民共和国成立后，他才匆匆告别这座令他留恋不已的城市。作为交战双方的“局外人”，德克·博迪以日记的形式详细记载了战争期间北京城各个方面的剧变，其中有不少个人化的生活体验，也不乏相对客观中立的

冷静洞察。德克·博迪在日记中既描述了战争期间尤其是北京在被围困期间的经济萧条和城市的冷清景象，也记录了北京和平解放后解放军进驻这座城市时热烈欢腾的场面。他笔下的解放军战士个个有着“红红的脸颊”，“健康且士气高昂”，“他们走在大街上时，站在人行道两边的群众不禁热烈鼓掌……走在士兵后面的是学生，他们手里高举两幅巨大的画像，一幅是毛泽东，一幅大概是朱德，再后面是一支军乐队……”① 他既注意到部分在北京生活了几十年的北京人突然变得两手空空，“什么也没有了”，他们的人生前景一下子变得“渺茫”起来；也观察到大部分北京人在战争结束后都洋溢着一种获得新生后的“希望和乐观”。作为现代中国史上“关键性的一年的片段”②，德克·博迪的这部《北京日记》为那个特殊年代急剧变迁中的北京，留下了独特而珍贵的时代写照。

重新被锁定为现代中国“国都”之后的北京，很快获得了前所未有的城市发展机遇。这座古老都市的基础设施很快得到突飞猛进的改善，整个城市的面貌迅速“旧貌换新颜”。20 世纪五六十年代的北京，是改天换地的北京，是日新月异的北京，是大干快上、热火朝天的北京，是将全国各族人民和各地区的力量集中起来“办大事”的北京，当然也是高度政治化、高度意识形态化的北京。经过一系列蒸蒸日上的“社会主义改造”运动之后，到 20 世纪 50 年代末 60 年代初，这座饱经历史沧桑的古老都市已建设成为一座初具规模的，集外交、政治、文化乃至经济中心于一体的现代化“全能型”大都市。位于北京市中

①［美］德克·博迪：《北京日记——革命的一年》，洪菁耘、陆天华译，东方出版中心 2001 年版，第 95—96 页。

②［美］德克·博迪：《北京日记——革命的一年·序》，洪菁耘、陆天华译，东方出版中心 2001 年版。

心的天安门广场被大大拓展和改建，成为可以容纳100万人集会，能够举办包括大规模军事演习在内的超级大型活动的世界上最雄伟、广阔的广场。天安门广场和同样经过扩建改造后的东、西长安街，充分体现了中华民族历史悠久、地大物博和人口众多的特性，也成为社会主义新中国向世界展示自身实力和面貌的关键“符码”，表现了新中国社会主义生产力的蓬勃发展。至于人民大会堂、中国革命博物馆和历史博物馆等其他“地标性”建筑的完成，更成为国家意志的集中体现和国家形象的典型象征。或许更值得关注的，应该是天安门城楼被“嵌入”新生的中华人民共和国国徽，既代表了社会主义新中国与古老华夏中国之文化传统的传承关系，又象征了现代中国对于自身文化传统的“利用”、革新与改造。在政治中心地位被牢牢地树立起来的同时，北京的文化中心、教育中心乃至经济中心功能，也在一切都“高度政治化”的传统思维定式作用下得以空前强化。

北京城的全能化发展模式，与北京乃“祖国的心脏”的观念在全国人民心中的牢牢树立直接相关。所产生的直接后果是，国内各族、各地人民对于作为首都的北京这座城市的无比热爱、无比向往之情。北京在全国各族人民心中，几乎化身为一座金光闪闪、普照世间的“天堂之城”，成为“社会主义幸福大道上”的一座“光辉之城”、“太阳之城”。甚至广大人民对于人民领袖的热爱，也常常自然而然地转化为对领袖所居住的北京这座城市的热爱。正因如此，“北京的金山上光芒照四方”、“我爱北京天安门，天安门上太阳升”等充满时代特征的流行歌曲，成为了几代中国人最熟悉的旋律。而这也为当今北京城市面积的过于扩张、人口过于集中埋下了历史性的伏笔。平心而论，无数普通百姓和生命个体正是出于对整个国家民族的依恋情感，对于社会主义新中国的热爱和眷恋，才萌生出对于北京城的向往和热爱。对于其中的很多人而言，他们实现自我价值的途径和追求个人梦想的“契机”，是与从小耳濡目染的“北京梦”不可分割地勾连在一起的。这其中虽然包含了“边缘”之于“中心”、“地方”之于“中央”、“乡村”之于“都市”等等复杂情结的交错融汇，但谁能说这种发自内心的天然感情不值得尊重呢？

另一方面，国际视野下的“新北京”则同样被“政治化”地加以审视和解读。外国人尤其是对新生红色政权抱有不同程度的偏见或“异见”的西方人士，乃至身居中国台港澳暨海外的华人华侨，对于老北京（老北平）在“改朝换代”、“破旧立新”过程中的“面目全非”，常常表现得痛心疾首乃至无法接受。再加上西方列强对新生社会主义中国的“围追堵截”和新中国“一面倒”外交政策的影响，使20世纪五六十年代的中国社会几乎与现代西方世界一度隔绝。除了少数来自苏联、东欧国家的“外国专家”，以及同情、赞赏中国革命的左翼国际友人之外，其他大部分西方媒体、外国记者和来华人士都对作为“新中国”象征的“新北京”颇有微词。而在那个特定的年代，“红色北京”几乎成为西方世界了解“红色中国”的唯一窗口，日新月异的“新北京”几乎是社会主义新中国的唯一象征。于是，我们不难发现，西方镜头下的北京要么几乎是一片“红色的海洋”，与部分左翼人士所景仰的“世界革命的中心”交相辉映，而如此“套话”下的“红色首都”形象，在此后的“文化大革命”中更发展到极致；要么则是毫无生气、单调乏味的灰色城市形象，城市建筑毫无特色，普通市民的穿着打扮千篇一律，人们的表情麻木呆板。1974年来到北京的法国著名文人罗兰·巴特，为这座城市竟然“完全没有时尚可言”而惊讶不已，惊叹不已。不过，当时的北京市民倘若得知他关于北京的这些观感，或许除了哭笑不得之外，所能做的便只有发出一声“望洋兴叹”了。

“文化大革命”浩劫极为典型地折射出当代中国在现代化道路上的曲折与艰难。北京既是“文化大革命”的发源地，也是红色革命风暴的摇篮。从1966年到1976年整整十年间，这座城市的躁动和疯狂与我们国家的整体社会动乱紧密相连。北京始终处在政治风暴与漩涡的中心，起到了“牵一发而动全身”的关键与“先锋”作用。少数在此期间来到北京，或者对发生在这里的一切有所“道听途说”的外国人士，既充满了震惊、疑惑和不解，又痛心于弥漫在这座东方古城里的暴力与乖戾气氛，因而发出了诸多不满和指责的声音。西方人和流落到海外各地的华人留下了大量关于“文革北京”的记述、记忆和想象，甚至充满了诸多不实的夸张与负面想象的文字。时过境迁之后，当今天的我们重温那些指责、批评和非议居多的文字时，仅仅将其视为某些人的“傲慢与偏见”乃至“别有用心”，显然是荒谬可笑的。笔者认为，外国人士、中国台港澳文人和海外华人对“文化大革命”时期的北京之复杂体验和不可计数的创伤性回忆，无论如何都应成为值得我们这个民族好好“善待”的文化心理遗产之一。

对中华人民共和国最初20年期间的北京国际形象略加回顾，便可发现，外国人尤其是西方人眼中的北京，依然摇摆在“理想化”与“妖魔化”的两极之间。在少数亚非拉左翼革命人士眼中，北京几乎化身为“世界革命的中心”，这与国内广大民众心中的“祖国的心脏”形象紧密相连，北京被披上了一层理想化的乌托邦外衣；但在很多西方人士和海外华人心中，当时的北京却几乎摇身变为敌对势力的象征，被异化为极端负面、极端黑暗的“异托邦”。另一方面，人们愈是对现实中不断发生巨变的“新北京”形象不认同，便愈加自觉不自觉地强化、美化那个已经消逝或行将消逝的梦幻中的“老北京”形象。这一“老北京”与“新北京”尖锐对立的紧张状态，直到当代中国进入改革开放的新时代，才逐渐得到缓解乃至“合拢”。在改革开放不断深化的近40年中，北京的城市化进程和现代化改造也日益加速。越来越多的中国台港澳同胞、海外华人和来自世界各地的外国人士，也纷纷来到北京参观访问乃至定居。他们对北京这座城市的观感、记忆和评论则更加丰富立体。与此同时，广大北京市民和国内普通百姓的文化自觉意识、传统文化观念，以及对北京这座古城的保护措施也不断增强。在复兴传统文化的“大气候”和文化怀旧心理作用下，国内民众关于“老北京”的各种记忆、描述、怀念与想象渐渐涌现，与异国友人和海外华人对于这座古老都市汗牛充栋的记忆和想象不仅交相辉映，而且大有汇合、融汇之趋势。曾经被认为高度意识形态化的西方人眼中的北京形象，与当代社会现实中我们所极力打造的世界化大都市（世界城市）理想目标之间，也不再像先前那样水火不容、势不两立。不过，这座在近两百年间经历了一次又一次“脱胎换骨”式改变的古老都城，其旧城与“古都”的保护问题依然极为尖锐、突出，并被提升到空前的高度。

20世纪80年代是中国社会拨乱反正和快速推进改革开放、社会进步的历史时期。随着面向世界的重新开放，来到北京的外国人和海外华人见证了中国社会由思想禁锢到自由奔放、由贫穷落后到富裕和谐的变革历程。美国当代戏剧大师阿瑟·米勒曾先后于1978年、1983年两度造访北京，在北京人艺执导其享誉世界的话剧《推销员之死》。米勒留下了两部关于北京的《手记》，详细记载了他在北京期间的所观、所感、所想，见证了北京刚刚“解冻”时期的开放与封闭、落后与进步，以及变动时期人们的思想解放与迷惘困惑。1987年，作为国内权威媒体之一的《北京日报》，举办了一场影响深远的《威力杯外国人看北京》征文大赛。在短短的时间内，报社就收到了大量外国友人的踊跃投稿，包括来自于43个国家和地区的300多位专家、学者、记者、社会活动家、商社代表和留学生等各界人士。当年年底举办了隆重的颁奖仪式之后，各界反响强烈。北京日报出版社将获奖文章以《外国人看北京》的书名结集出版①。这些外国人士对于北京的观感和记述，较为客观、全面地记录了当时北京乃至整个中国的社会发展和文明进步，描述了北京普通市民生活的方方面面。即使在30年后的今天看来，对于北京未来的城市建设和文化发展，它们仍然不无丰富的启示意义。

20世纪90年代以来，中国社会的改革开放进一步得到深化。北京市政充分发挥首都的独特优势，展开了全方位、多层次对外开放和国际交流的新格局。尤其是一系列国际会议的举办，使北京向世界展示了自己独具特色的风采，扩大了自身的国际影响。在这些重大国际活动中，最值得一提的当然是1990年北京亚运会和2008年北京奥运会的成功举办。这两次盛会不仅是北京城市建设的重要里程碑，也成为北京向世界展示和改进自身城市形象的重要转折点。北京亚运会不仅为后来奥运会的申办积累了丰富的经验，也为城市自身基础建设的改进，提供了历史性的契机。从1986年到1990年的4年间，为了建设亚运会及其配套工程，北京的基础建设投资达到400亿元；单是承担亚运会的体育场馆和亚运村工程建设，就投资了25亿元②。1990年9月22日至10月7日，北京成功举办了第11届亚洲运动会，共有来自37个国家和地区的4655名运动员参加了27个项目的308项比赛。

①北京日报总编室：《外国人看北京·编者的话》，北京日报出版社1988年版，第248页。

②中共北京市委党史研究室编：《见证北京——1919－2004》，北京燕山出版社2004年版，第205页。

北京亚运会也是历届亚运会中规模空前的一次大型综合性国际运动会。相应的基础设施改进和建设，如安慧立交桥、安华立交桥、北四环路、钟楼北路、北辰路等“五桥”、“五路”的建设，对于北京城市交通和城市面貌的改善，起到了重要作用。

2008年北京奥运会的成功申办，则为北京提供了更为关键的发展机遇。北京奥运会经过两次申办，才终于实现了“奥运梦圆”。对于一度被视为“东亚病夫”的中国人民和全球华人而言，北京申奥成功早已超越了普通意义的体育盛事，更是一种国家、民族层面的伟大事件，是中国崛起和中国梦逐渐实现的重要标志。而在“新北京，新奥运”的口号下，北京市政及时提出了“绿色奥运”、“人文奥运”、“科技奥运”的现代理念。2008年8月8日晚8时整，北京奥运会在北京国家体育场（鸟巢）正式开幕。作为一场“无与伦比”的奥运会，共有来自204个国家和地区的11438名运动员参加了28种302个项目的比赛。加上其他运动员、教练员和奥运官员，多达6万人出席了奥运会。以北京奥运会为契机，北京城市发展迈上了新的台阶，一大批新建筑如鸟巢、水立方、国奥村等拔地而起，成为“新北京”的重要地标，整个城市的面貌也因之焕然一新。城市交通尤其是城市轨道交通取得了突飞猛进的发展。位于北京中轴线之北的奥林匹克公园和奥林匹克森林公园，则为人们提供了休闲娱乐和文化交流的崭新空间。时至今日，奥林匹克公园及其周边地区，已经演化为继天安门广场和长安街地区之外的又一个城市中心地带，对北京的多元文化中心建设，对改善城市空气质量、美化城市环境发挥着越来越重要的作用。

更令人关注的是，以“新奥运”为历史契机的“新北京”建设，越来越强调与“老北京”之间的文化承传和文脉延续。自明、清以来，北京城所有的建筑都围绕着一条约16华里的中轴线而排列。它南起永定门，穿过紫禁城，北至钟楼，这条轴线在老北京人眼中被称为“龙脉”。“这条龙脉不仅贯穿了北京旧城，成为城市的脊梁，而且皇城、宫城雄踞中央，是古代社会封建帝王（号称‘真龙天子’）的居所，由此形成的黄色琉璃瓦为代表的线性建筑文化遗产被老百姓称为‘金龙’。”① 在这条所谓“金龙”的西面，还有一条明显的“水龙”形象，由所谓“六海”（南海、中海、北海、前海、后海、西海）组成，与“金龙”阴阳呼应并相交，形成了独一无二的北京古都文脉。为了举办亚运会和奥运会，北京先后向北延伸了中轴线。20 世纪 80 年代后期的亚运村及亚运会配套工程，以位于北京中轴线北侧的北辰路为中心，集中建设了亚运村、国家奥林匹克体育中心、北京国际会议中心、五洲大酒店、运动员公寓、汇宾大厦等大型公共建筑。后来在奥运场馆的建设中，更加自觉地强调了老北京文化传统的“薪火相传”及北京文脉的延续和发扬，不仅将北京中轴线一直向北延续到奥林匹克森林公园的北端，还特意围绕着奥运场馆、奥林匹克公园设计了一套“龙形水系”，与老北京的“金龙”、“水龙”彼此呼应，最大限度地体现了新老北京和谐共存的文化心理愿景。

在 21 世纪北京文化发展战略中，“和谐”被提高到前所未有的历史高度。在很多学者看来，北京文化精神的“和谐”主要体现在 7 个方面：（1）天人和谐——人与自然的和谐关系；（2）城乡和谐——北京城市与乡村的和谐关系；（3）古今和谐——古都神韵与现代都市的和谐统一关系；（4）人际和谐——人与人之社会关系的和谐共处；（5）族际和谐——源自不同国家的异质文化之间力争保持多元和谐共生关

①李建平：《北京文脉》，文津出版社 2017 年版，第 75 页。

系；（7）身心和谐——追求身体与精神的和谐发展①。有学者认为，北京城市文化的精神特征，虽然包含着“首善”、“大气”、“大义”、“方正”、“大局”、“包容”、“厚德”等多个面向，但更加突出的特征应该是“中正和谐”。北京中轴线恰恰非常典型地体现了北京文化历史的这一精神特性②。

笔者认为，要真正贯彻和实现“中正和谐”这一新老北京的精神文化特性，就应最大限度地凝聚海内外文化共识，尽力并尽快将北京这座集现代与传统于一身的都市，打造为“现代中国的首都”、“世界化大都市”、中华儿女乃至全球华人共同的精神家园和“精神故乡”。未来北京城市发展和文化建设的目标，终究离不开“（和谐）宜居之城”、“华夏之都”和“世界城市”这3个历史性的层面。其中，“宜居之城”是基础和前提，离开了“宜居之城”这一基础性的层面，“世界城市”和“华夏之都”的建设都将成为空中楼阁；“世界城市”抑或“全球城市”的打造，则是一种理想愿景，将与中国实力的崛起和中国全方位的对外开放相辅相成；“华夏之都”的目标定位将使北京在作为现代中国首都的同时，更加强调和突出中华文化的本土特色，努力建构起全球华人心中的“文化本土”。这3种城市角色如果能真正实现，那么一个复杂多棱且多色“混搭”却又和谐统一的北京国际形象，必将在国际舞台上逐渐树立起来。

①李建平：《北京文脉》，文津出版社2017年版，第118页。
②李建平：《北京文脉》，文津出版社2017年版，第119页。

# 第二章 古代北京的国际形象

北京城是著名的历史名城。就地形而言，北京地势平坦；就气候而言，北京气候温和；就地理位置而言，北京是连接我国西北、东北、华北地区的交通枢纽，既有宜居的居住环境，又是贸易往来的要道。北京建城的历史，可以上溯到西周时期的召公建燕都，今天的北京房山区犹有燕国都城的城池遗迹。北京成为国都的历史，可以追溯到辽金时期。北京城进入国际视野并被广为称颂的历史，则可溯及元朝定都北京、筹建元大都之时。此后，明、清两朝都对北京城有不同程度的修缮。

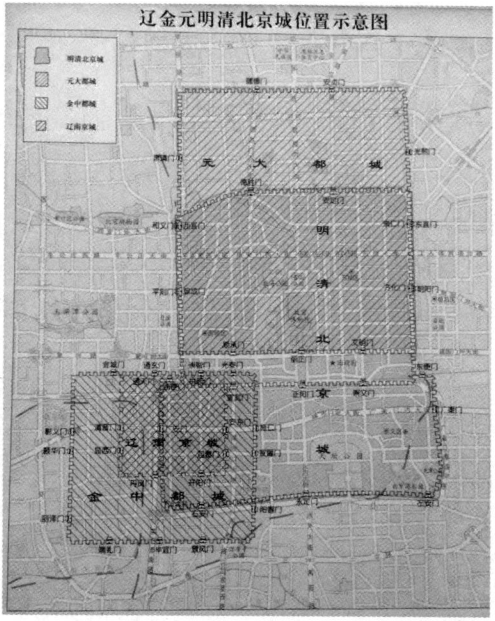


辽金元明清北京城位置图

明清时期的京城，与元朝营建的元大都有较多重合。元大都城池呈长方形，位置较明清北京城偏北。明清北京城的内城部分与元大都重合较多，但重新营建了外城，呈现出“凸”字形的城池形状。明、清两朝的更迭，对北京城的城池并没有影响。辛亥革命后，北京经历了北洋政府首都时期、南京国民政府特别市时期、沦陷及抗战胜利收复时期、和平解放再度成为首都时期。辛亥革命后，北京城市规划虽然在一定程度上破坏了原有的故都风貌，但就城池结构而言，没有太大改变。

## 第一节　北京形象进入国际视野

从某种程度上来说，北京城的定都史与北京国际形象形成史是重叠的。在元代之前，中国并未完整地进入西方人的视野当中，遑论北京城。元代广阔的疆域、发达的交通带来了中西交流的高峰，北京城作为元朝的都城，也随即进入国际视野。北京国际形象的形成是一个不断发展的过程，而其中以西方人的观察变化更为明显。国际视域中对中国的描绘，从零星记载变为大段描述、整章书写，最终形成了一个较为一致的北京印象。

这种形象的形成与变化过程，从西方人介绍中国、介绍北京的图画中能够得到最直观的反映。荷兰人斯林佐敦（Jan H.　V Linschoten）在其1598年出版的《旅行者》（*The Ltineraries*）中描绘了中国人的形象。作者并没有到过中国，而是依据在印度工作时所遇见的到过中国的葡萄牙人口述，创作了关于中国的插图。从图中可见，这些想象出来的“中国人”几乎全是西方人的面孔，所穿衣物、背景中描绘的建筑等等，与中国的“真相”相距甚远。意大利人卫匡国（Blaeu－Martini）于1665年出版的《中华帝国全图》中有插图描绘了中国人。卫

《旅行者》插图中的人物

（引自《遗失在西方的中国史》，北京时代华文书局 2016 年版，第 176 页）

《中华帝国全图》插图中的人物

（引自《遗失在西方的中国史》，北京时代华文书局 2016 年版，第 177 页）

匡国是继利玛窦之后来华传教的耶稣会会士之一，于 1650 年以中国耶稣会传教团代理人的身份赴罗马为中国礼仪辩护，并将中国的地理、文化思想整理结集，传入欧洲。比起依据道听途说绘制中国人形象的斯林佐敦，到过中国且在中国长期生活，甚至出入宫廷、觐见过皇帝的卫匡国，其著作的真实性大大提升。在《中华帝国全图》中出现的中国人形象虽然还带着某些西方的痕迹，但是从服饰的绘制和呈现而言，已经相当接近明代官员服饰的原貌了。传教士的本职工作是传教，观察中国、观察北京更多是为了传教。与之相较，为了获得更多经济利益而来的马戛尔尼使团成员们的观察则更加细致入微。马戛尔尼使团的随员约翰·巴罗于1805年出版了《中国旅行记》。此书所描绘的清代官员形象，除了绘图技法是西式的，面孔、服饰已经完全中国化了。

《中国旅行记》中的清代官员

（引自《遗失在西方的中国史》，北京时代华文书局2016年版，第184页）

在形象学家看来，“一切形象都源于‘自我’与‘他者’、‘本土’与‘异域’关系的自觉意识之中，即使这种意识是非常微弱的”。“形象是那个对文化现实的描述，通过这一描述，塑造、赞同、宣传了该形象的个人或群体，也揭示出并表明了自身所处的文化、社会、意识形态空间。”① 在某种程度上，历史中的北京国际形象也符合这一定论。从元、明、清乃至民国时期，伴随着中外交流的密集，西方人对

①[法] 达尼埃尔·亨利·巴柔：《形象学理论研究》，见孟华主编《比较文学形象学》，北京大学出版社2001年版，第202页。

北京的认识是一个逐步加深的过程。西方人对北京的认识，总体上越来越客观、多元，越来越接近于“北京”的“真相”，而这样的北京国际形象也反映了各个时段西方人自身文化、社会及意识形态的变迁。

## 一、无与伦比之城：北京国际形象的初建

现存同时期西方游历者描述元大都的游记，有马可·波罗的口述游记，有鄂多立克、马黎诺里的书信体游记，也有费德曼进行了艺术加工的小说版游记。不管是亲身游历中国的传教士鄂多立克、马黎诺里，还是在是否游历过中国的问题上尚存争议的马可·波罗（单就“北京城的国际形象”角度而言，不管马可·波罗是否游历过中国，他的口述都能反映同时期欧洲人对中国、对元朝都城“汗八里”的认识、想象及构建），在他们笔下、口中，元大都时期的北京城都极其雄伟壮丽，并且规划整齐，举世无出其右者。若用一个词来形容，中古时期西方人眼中的元大都（亦即北京城），“无与伦比”无疑是最贴切的。

据马可·波罗口述，他大概于公元1275年抵达元大都（他口中的“汗八里”，Kanbaliq，该词源于突厥语，意思是“大汗之城”，即元大都北京）。他说：“全城规划，犹如棋盘。其美善之极，未可宣言……房屋之多，可谓奇观。此宫壮丽富瞻，世人布置之良，诚无逾于此者……尘世可以想见最繁华地方……商业繁华之城……外国百价异物，百物之输入此城者，世界诸城无能与比。”① 马可·波罗不仅描绘了北京城市规划整齐、建筑规模壮丽，更着重描述了其商业繁荣。在他口

①［意］马克·波罗：《马可波罗行纪》，［法］沙海昂注，冯承钧译，上海书店2001年版，第202—260页。

中，频频出现“美善之极”、“无逾于此”、“无能与比”等词，凸显北京城与同时期其他欧洲城市相较，更为先进与繁荣。

在马可·波罗之外，还有不少传教士来到元大都。在1293年抵达元大都的蒙高维诺笔下，“汗八里城大，莫与比拟也……东方诸邦，尤以大汗所辖国境庞大无比，全世界各国，莫与比京”①。蒙高维诺笔下的元朝幅员辽阔，居于世界之冠，而元大都（北京城）之大，也是世间无与之相较者。

意大利方济会修士鄂多立克于1322年来到元大都。与其他人的描述相较，他留下的记载更侧重于描绘北京城中的皇宫。他在书信中将北京称为“大都”，指出意为“高贵之城”；将北京的皇宫称为“全世界之最美者”，并认为元帝及其宫廷之富丽神奇“说起来必定使那些没有亲眼看见的人难以相信”。在他的书信体游记《鄂多立克东游录》第37节，鄂多立克描述了元大都的城市规模和雄伟壮丽的宫廷建筑：“这后一城有十二门，两门之间的距离是两英里；两城之间也有大量居民，二者的四周加起来超过四十英里。大汗在这里有他的驻地，并有一座大宫殿，城墙周长约四英里。其中尚有很多其他的壮丽宫殿。……大宫殿内，堆起一座小山，其上筑有另一宫殿，系全世界之最美者。此山遍植树，故此名为绿山。山旁凿有一池（方圆超过一英里），上跨一极美之桥。池上有无数野鹅、鸭子和天鹅，使人惊叹；所以君王想游乐时无需离家。宫墙内还有布满各种野兽的丛林；因之他能随意行猎，再不要离开该地。……总之，他居住的宫殿雄伟壮丽。其殿基离地约两步，其内有二十四根金柱；墙上均悬挂着红色皮革，据称

①张星烺编注：《中西交通史料汇编》，第1册，华文出版社2018年版，第258—259页。

系世上最佳者。宫中央有一大瓮，两步多高，纯用一种叫做密尔答哈（Merdacas）的宝石制成（而且是那样精美，以致我听说它的价值超过四座大城）。瓮的四周系绕以金，每角有一龙，作凶猛搏击状。”①

在鄂多立克之后，1338年奉命出使元朝、1342年抵达元大都的传教士马黎诺里，也将元大都称为“汗八里”。他说：“其国在东方，威权所达，几有东方世界之半。……过沙山乃至东方帝国都城汗八里。其城之大，户口之众，军威之盛，吾将不复赘言矣。”“退朝至馆舍。舍装饰美丽，大汗命亲王二人，侍从吾辈。所需皆如愿而偿。不独饮食诸物，供给吾辈，即灯笼所需之纸，皆由公家供给。侍候下人，皆由宫廷派出。其宽待远人之惠，感人深矣。居留汗八里大都，几达四年之久，恩眷无少衰。吾等衣服、馆舍、器具皆赠给上品。来此同事，共有三十二人，总计大汗供给费用，达四千余马克。”② 马黎诺里笔下的北京城是一个幅员辽阔、人口众多、武力强盛的东方帝国之都城。相比其他游历者孜孜不倦地描述北京城、皇宫的富丽堂皇，他更注重描述元帝对他们这些传教士的优待。

综览同时期欧洲人对元大都的描述，不难看出，此时西方世界对北京城有了较多的记载，虽然没有专门的北京游记，但不少书札、报告是专门为描绘北京城而发的。在这些记述中，北京是幅员辽阔的元王朝的都城，是一座规模宏大又规划整齐犹如棋盘陈列的城市，同时拥有雄奇奢华的皇宫、繁荣的商贸。在他们的口中、笔下，北京城是无与伦比的。

---

①［意］鄂多立克：《鄂多立克东游录》，何高济译，中华书局1981年版，第73—80页。

②摘录《马黎诺里游击》，见张星烺编注：《中西交通史料汇编》，第1册，华文出版社2018年版，第275—278页。

因元朝末年的战火、奥斯曼土耳其帝国崛起后对中西陆路交通的封锁以及其后中原王朝实行的禁海政策，中西交通一度受阻。这种情况直接导致了元、明两朝的易代甚少有西方人得知。而这一时期，中国的周边国家，如朝鲜、越南，在朝贡体系下，依然多次来京进贡，留下了丰富的记载。作为中华文化圈影响范围内的国家，这些朝贡国虽然缺乏西方人强烈的“他者”视角，但作为朝贡国所记述的宗主国国都的印象，在某种程度上而言亦是北京的国际形象。

新航路开辟后，随着新航路而来的欧洲人，几乎不知道元代的北京城靠北的部分被弃置，明代在元代的基础上重修了北京城。在明末清初及清中期，中国尚未充分卷入世界市场，这一时期依然不断有西方商人、传教士群体来华。经过一个多世纪的持续努力，西洋传教士从早期的利玛窦艰难地走进北京，学习如何与朝廷官员打交道；到汤若望、南怀仁等凭借拥有的特殊技艺在钦天监之类的部门谋得一官半职；再到“国王的数学家”张诚、白晋等得以出入宫廷，在皇帝身边贴身服侍。西洋传教士进入北京、观察北京，而且不仅远观，还深入皇宫苑囿，甚至参与京郊的皇家园林设计，近距离观察皇室、观察宫禁。在他们的记述中，明清时期北京城的形象越来越丰富，越来越饱满。

## 二、明末清初：北京国际形象的丰富与饱满

在明朝永乐至嘉靖年间，北京城只有北至德胜、安定，南至宣武、正阳门的城池（即内城）。至嘉靖年间，北京城始设宣武门外的外城，大体成为“凸”字形城（见图）。嘉靖以后，北京城的内一外城格局即固定下来。清朝虽然易以满人居内城、汉人居外城的新人口分布格局，

但就北京城的城池、宫殿、城市规划等而言，并没有多做改动。

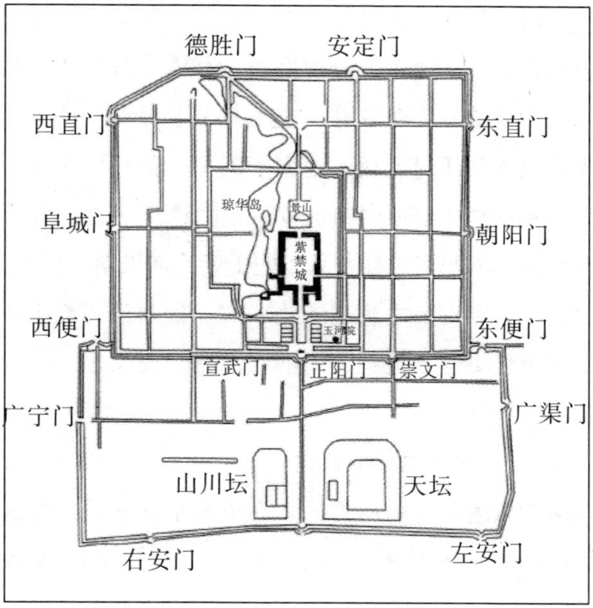


明嘉靖以后北京的内—外城格局图

万历年间是西洋传教士重新进入北京的一个开端。在这一时期，曾被崛起的伊斯兰教国家——奥斯曼土耳其帝国阻绝交通的传教士，借助新航路的开辟，重新来到北京城。其中，意大利传教士利玛窦被视为这一群体进入北京的第一人。为适应北京本地习俗，利玛窦入乡随俗，在生活习惯上做了不少调整，包括穿中国式衣服、留胡须和头发、睡木板床、吃大米等等。比起新航路开辟之前的来华传教士鄂多立克、马黎诺里，利玛窦对北京的描绘并不纯是赞叹，在他笔下也有看不惯甚或厌恶的习俗，如炼金术和“企图延年益寿长生不死”。利玛窦称其为“中国人两种非常愚蠢的作法”。他注意到这种恶习空前流行——“在我们现在居住的北京城里在大臣、宦官以及其他地位高的人当中几乎没有什么人是不沉溺于这种愚蠢的研究的”[①]。在给罗马方面的书信中，利玛窦对北京城中的皇帝，也没有如此前传教士那样对其宽待远人感恩戴德（从他个人经历而言，万历皇帝亦并非宽厚待之）。利玛窦在信函中评价万历皇帝道："这位万历皇帝久久不立太子，不接见他的儿子，也不和任何人谈论立太子的事，整日住在宫中……我真不知道我们中有谁能了解中国的这种治理之道？"[②] 他已预感到大明王朝正在走向没落。利玛窦虽然预见了明王朝走向没落，但并未经历明、清两朝的更迭。在利玛窦之后来到北京的一批西洋传教士中，相当数量的人经历了朝代更迭，且继续生活在北京。安文思、汤若望等人即是其中的代表。

（一）东西方观察者迥异的视角

于明末清初重返北京的西方人，在中断了交通后，继续将北京与此前西方人的相关记载作对比并联系起来。例如，利玛窦致力于证明"汗八里"即为北京；比他更晚来到北京的葡萄牙传教士安文思也倾向于把北京与马可·波罗遗留的记载联系起来。

安文思于1648年作为清军战俘至京，1651年获释，1677年殁于北京东堂（他与同伴于1655年创建，是北京的第二座教堂，被称为"东堂"或"圣若瑟教堂"）。安文思不仅在北京居留了长达29年之久，还留下一部依据自身见闻、纠合前人研究而成的经典著作《中国新史》（又名《中国十二优点》、《中国十二绝》）。安文思对此前西方人描述的北京城门数量提出了质疑。尽管他忽略了马可·波罗记述的元大都时代的北京城并未完全与明末清初的北京城重合，但明确指出了马可·

①[意] 利玛窦、[比] 金尼阁：《利玛窦中国札记》上册，何高济、王遵仲、李申译，中国旅游出版社、商务印书馆2017年版，第96、98页。

②[意] 利玛窦：《利玛窦全集》，第4册，商务印书馆2004年版，第390页。

波罗及引用马氏观点的卫匡国的记述之误。(实际上，元大都城的确没有 12 个城门，只有 11 个城门。这个错误在马可·波罗之后游历元大都的鄂多立克笔下也出现过。)

善于纠谬的安文思的记述也存在一些误差。例如，他笔下的北京城是一个“大四方形”，这与明末清初的北京城实际情况有出入。此时的北京城经过明末增建外城，已经成了一个“凸”字形的城池了。从安文思的描述中可见，西方人虽然不乏亲历明清易代者，但他们对中国的朝代改易并不感兴趣，甚至不知道元明易代后北京城曾失去都城的地位，明北京城已非元北京城旧貌。亲历明清易代的安文思尚且如此，其后再来北京的西洋人更甚，哪怕是在西方以博学著称的传教士李明。李明在探讨建都北京的原因时指出：“由于不安于现状的好斗的鞑靼人的不断入侵中原迫使朝廷迁都到北方的省份以便皇帝能够随时亲率最庞大的一支御林军抵御外侵。这就是建都北京的原因。”[①] 李明所描述的是明朝定都北京的主要理由，与此前的元朝、此后的清朝定都北京的理由并不一致。这与安文思质疑马可·波罗时代对北京城的记述一样，西洋人对于北京城发生的朝代更迭并不敏感。对朝代的更迭不敏感还体现在，李明虽关注到明清的朝代更迭带来了北京满汉居民的分立，但对城池修建历史并不了解。他详细记述北京城市的面积及居民分布道：“北京城呈正方形，过去周边长 4 古法里，但是自从鞑靼人在此建都以后，迫使中国人迁往城墙以外。不久，就在城外建起一座新的城镇。由于新城是一个细长形状，使北京城形成一个不规则形。所以北京城是由两个城组成的：一个称之为鞑靼城，另一个名为

①[法] 李明：《中国近事报道（1687—1692）》，郭强、龙云、李伟译，大象出版社 2004 年版，第 64 页。

汉人城，与鞑靼城面积一样大，但人口要多得多。两城加起来周边长达 6 古法里，各边长 3600 步。这些尺寸是准确的，因为这是皇上专门命人用绳子丈量出来的。”① 他的记述并不符合事实，事实上，北京城的外城在明代已经建成。

相较于西方人对朝代更迭的不敏感，周边国家对中国的易代，尤其是明、清两朝的更迭表现得极为敏感，对明、清两朝的褒贬感情色彩也极其分明。如朝鲜人对清朝的感观与对明朝决然不同，虽然作为清朝的朝贡国，但他们声称臣服是迫于武力。“小邦以海外弱国，与中土绝远，唯强且大者是臣是服，丽朝之于辽、金、元是也。”② 长久以来，朝鲜自视为中华文化的延续者，入贡于清朝，而又从文化心态上鄙薄清朝。“清人入住中国，而先王之制度变而为胡。环东土数千里画江而为国，独守先王之制度，是明明室尤存于鸭水以东也。”③

明清易代在国际视野中形成东、西迥异的奇特对比，形成淡漠与关心的两极化。这种奇异的对比与是否身处朝贡体系内部有密切关系，同时也与东亚共同的文化圈密切相关。不管东、西方如何看待这次改朝换代，报以什么样的情感，就北京城的城市发展脉络而言，明清易代的确没有带来太大的城池变动。而且，随着清朝的建立，纳入朝贡体系的使团、立志传教的传教士纷纷进入北京，不断丰富着北京的国际形象。

万历时期，利玛窦笔下的北京城与朝鲜使臣笔下的北京城，在东、

①［法］李明：《中国近事报道（1687—1692）》，郭强、龙云、李伟译，大象出版社 2004 年版，第 64 页。

②《仁祖实录》，卷三十四，五年一月二十三日。转引自张丽娜：《〈热河日记〉研究》，中央民族大学出版社 2015 年版，第 45 页。

③［韩］朴趾源：《热河日记》，朱瑞平校点，上海书店出版社 1997 年版，卷一，渡江录序，第 1 页。

西两种不同视野下，形成了不同的记载。1598 年，利玛窦第一次进入北京。进入利玛窦视野的北京城，与此前他所居住的南京城风格迥然不同。他对这两座城市做了比较，认为北京“城市的规模、房屋的规划、公共建筑物的结构以及防御都远不如南京，但人口、军队、政府官员的数目则超过南京……皇宫建筑在南墙之内，像是城市的一个入口，它一直延伸到北墙，长度贯穿整个的城市并且一直穿过城市的中心。城市的其余部分则分布在皇宫的两侧。这个皇帝的居处不如南京皇宫宽阔，但它建筑的雅致和优美却由于它的细长的线条而显得突出。由于皇帝不在那里，南京已逐渐衰微，像是一个没有精神的躯壳，而北京则由于有皇帝在而变得越来越有吸引力”①。1600 年，利玛窦第二次从南京北上，不料在天津遭到太监马堂的扣压，经过明神宗的“御批”才得以放行。最终，利玛窦在 1601 年 1 月 24 日到达北京。利玛窦最初被安排在“四夷馆”居住，这是明朝接待外宾的馆舍。利氏在札记中留有对“四夷馆”的详细记载。不久，神宗打破西人不许长住京城的“祖制”，破例允许利玛窦一行居留京师，并配发相应的俸禄。利氏如实报告这一突破性进展道：“（皇帝）恩准我与四同伴居留京师，一如准许供职朝廷的回教人或鞑靼人居留北京一般。因为曾多人相告，在中国获此特恩，颇不容易，而这特恩对我等传教事业却非常有利，因为蒙准居住北京，获皇上恩赐生活费一事，在中国社会中甚受重视，虽然所获为我们全体会士的开支仍显不够。但我及四位同伴则可终老京师，且如已往和在朝廷供职的人一样，有诵经及行动之自由。”② 虽然得到留居北京的许可，但最初的两三年，因购置房产费用太高，利

①［意］利玛窦、［比］金尼阁：《利玛窦中国札记》上册，何高济、王遵仲、李申译，中国旅游出版社、商务印书馆 2017 年版，第 329 页。

②［意］利玛窦：《利玛窦全集》，第 4 册，商务印书馆 2004 年版，第 298 页。

玛窦一行挤住在一间不大的房间里。直到 1605 年 8 月，他们才在城南宣武门找到了一处固定住所，修建了一间漂亮宽阔的礼拜堂，这就是南堂的前身。

与千辛万苦才得以留居北京城的利玛窦不一样，朝鲜贡使作为朝贡体系内的一员，以进贡的名义留居北京、观察北京则相对容易得多。在明朝，朝鲜使臣来京，尤其热衷于描绘北京城呈现出来的中华气象。例如明嘉靖十三年进贺皇太子诞生的朝鲜使团笔下的北京城——“城门万仞，楼阁数层，所视珍怪，魂翻眼倒，不知其为何物也。道路两旁亦甚广远，厦屋栉比，朱门粉墙，光照白日，眩夺人目。况宫阙之壮，公府之大，巍巍荡荡，亦难形状。都人士女彩服鲜华，仪容端凝，尤见其中华气象矣”①。万历三十八年（1610）八月初二，朝鲜使臣黄是在朝见完毕后，详细记录下了他所看到的北京皇城的每一处景观。在他笔下，皇宫的布局以及各种建筑的形制、样式、作用都得到细细描摹：“凡正门之左右各有二挟门，一门而五门也。金水桥亦有正挟五桥，每桥玉作雕栏，辅以琉璃，霜靴晓滑，著步甚难。桥头白玉螭一对，相对昂首而立……”② 万历三十八年十月，朝鲜使臣郑士信笔下的北京城呈现出一片繁华之景：“（朝阳）门外曲城之上，亦建层楼，甲第连甍，朱翠千云，周道如砥，车马如簇，古人所谓肩摩毂击，连衽成帷，挥汗成雨者，实非过语。而货别隧分，旁流百廛者，亦可谓善形容矣。”③

---

①[朝鲜] 苏巡：《葆真堂燕行日记》，见林基中编：《燕行录全集》，第 3 册，首尔东国大学出版社 2001 年版，第 388—389 页。

②[朝鲜] 黄是：《朝天录》，见林基中编：《燕行录全集》，第 2 册，首尔东国大学出版社 2001 年版，第 516—517 页。

③[朝鲜] 郑士信：《梅窗先生朝天录》，见林基中编：《燕行录全集》，第 9 册，首尔东国大学出版社 2001 年版，第 329 页。

明清易代后，19世纪40年代之前，清朝沿袭明制，亦奉行“闭关锁国”的政策。当然，闭关并非绝对化。一方面，清初有《尼布楚条约》式的条约外交，与邻国俄罗斯有着较为规律的商贸往来；另一方面，地位超然的广州“一口通商”长期存在。

清代不断有传教士由广州进入北京，他们往往是以向北京推荐“宫廷供奉”的名义，靠着身怀的西洋技巧进入北京，深入宫廷。清廷规定：所有到达广州的外国人，遇有愿进土物及习天文、医科、丹青、钟表等技，情愿赴京效力者，在澳门则令其告知夷目呈明海防同知，在省则令其告知行商呈明南海县，随时详报臣衙门代为具奏请旨，送护赴京①。康乾时期，广州十三行成为西方人进入中国的必经中转站和管理机构，西方绘画人才通过十三行进入清宫者不绝于途，著名者如热拉蒂诺（Gerardino）、马国贤（Matteo Ripa）、德天赐、郎世宁（Giuseppe Castiglione）等人，中西美术交流进入繁荣时代②。这一时期，也是西洋传教士来华的第一波高潮。各修会都开始了在中国的传教。1701年，在中国的传教士有100多人，其中耶稣会士59人、方济各会士34人、道明会士8人、奥斯定会士6人、会外神父15人③。据康熙五十九年十一月十八日面谕西洋人档案，康熙朝在北京供奉于清廷的西洋人至少有21人。从清廷角度来说，在宫廷服务的西方人为拥有“一技之长”者，近于“工匠”。对传教士们来说，他们的“一技之长”仅仅是进入中国宫廷、中国上层社会的敲门砖、垫脚石，他们的

①中国第一历史档案馆、广州荔湾区档案馆合编：《清宫广州十三行档案精选》，广东经济出版社2002年版，第8页。

②冷东：《广州十三行与中西绘画艺术交流》，《广东社会科学》2014年第3期。

③李天纲：《康乾中梵交往及其世界史意义——〈清廷十三年——马国贤在华回忆录〉导言》，见［意］马国贤：《清廷十三年：马国贤在华回忆录》，李天纲译，上海古籍出版社2013年版，第32页。

主要事业是传教，走上“圣徒”之路。这批传教士的记载，不断丰富着北京的国际形象。

（二）东西文化对比下的北京整体印象

清初北京城的整体形象在传教士安文思笔下得以呈现：“北京城，即京城，位于一片平原上，它是大四方形，每边长……折合大约三意大利哩，或者将近一葡萄牙里格。它有九门，三门在南，其他每边各二门。并非如卫匡国神父在他的地图集第二十九页所说有十二门，看来他是依据马可·波罗的书（卷二第七章）来描述的。这座城现为鞑靼人所占据。”① 虽然安文思对马可·波罗等西方前辈关于北京城的记述持一种理性的怀疑态度，但在对北京宫殿建筑的描述中，安文思还是延续了中古时期西方以盛誉导向为主的记载。安文思还提到北京城与西方城市在建筑上的两点区别。第一是北京城的城池、宫殿及普通居室的朝向都是坐北朝南。“所有的城市及皇帝、贵胄、官吏和富人的宫室都是门户和主房朝南。”第二是北京城的建筑多为平房。“我们修建房屋是一层建在另一层上，而中国人的房屋却是建在平地上，一间接一间。所以我们占有空间，他们占有地面。”② 值得注意的是，明末清初来华的安文思已经开始对北京的建筑进行中西对比。和元代来华游历的鄂多立克等人得出的北京城是无与伦比的、当时世界诸城无与比肩者的结论不同，安文思并未做“中、西孰优孰劣”的点评。这一点与其后在康熙王朝中晚期来京的西洋传教士不尽相同。如李明，则有对中西进行比较、点评的行为，而且得出了西方更佳的结论。

17 世纪 80 年代，为到中国和东方测绘地图，“完善法国人的航海

①［葡］安文思：《中国新史（外两种）》，大象出版社 2016 年版，第 128 页。

②［葡］安文思：《中国新史（外两种）》，大象出版社 2016 年版，第 131 页。

图和地图”，路易十四决定挑选“精通数学并擅长舆地工作，还要能掌握中国最基本的艺术和科学知识的优秀传教士”来华，洪若翰、李明、张诚、白晋、刘应等人被授予“国王的数学家”委任书，以“国王的观察员与数学家”的身份东来①。1687 年 11 月 2 日，尚在宁波的洪若翰一行接到康熙皇帝的谕令：“所有人皆来宫廷。通数学者留在朕身边候用，余者可前往想去的省份。”② 于是，一众人等启程赴京，于 1688 年到达北京。康熙帝召见了他们，并将张诚、白晋留在宫廷服务。白晋、张诚两人不仅在北京有较长的生活经历，而且有在皇帝身边担任翻译和教职的经验。这是耶稣会士前所未有的一种体验。白晋撰写了《康熙皇帝》并留下书信、日记，张诚则留有日记，见证了他们这一新奇的经验。未留在清朝宫廷服务的另一位耶稣会士李明，也将他在中国所写的书信及体验编著成《中国近事报道》，并于 1696 年在法国巴黎出版。

李明在其第三封信《致富尔斯登堡主教大人——城市、建筑物以及中国最巨大浩繁的工程》中，对北京的城市面貌、人口、街区、皇宫作了详细介绍，其中对北京和巴黎的比较颇具价值。对于北京城，李明并不是简单描述，而是从面积、住房、人口等方面对北京与巴黎两城作了比较，在比较中介绍北京城的状况。李明认为，北京城市面积虽大，但住房情形却不如巴黎。“两城的确差别很大，根据比莱先生及受命于市府的先生们为巴黎建造新城墙所作之地图，巴黎城最长的部分不过 2500 步。因此，即使假设它是正方形，城周也不足 8000 步。

①[美] 魏若望：《耶稣会士傅圣泽神甫传：索隐派思想在中国及欧洲》，大象出版社 2006 年，第 33—35 页。

②[法] 杜赫德编：《耶稣会士中国书简集》，第一卷，郑德弟、吕一民、沈坚译，大象出版社 2005 年版，第 264 页。

也就是说，巴黎比鞑靼城的一半还小；因此，巴黎至多相当于北京城的四分之一。”[①] “如果考虑到中式房屋一般为平房，仅一层，而巴黎的房子是一层叠一层，假设有四层之高，那么，北京城容纳的住宅不会多于巴黎，甚至，稍少于巴黎。因为北京的街道无可比拟的宽阔，皇帝的宫殿极其大，且居住人口并不多，其中还有能供20多万人用的粮库，以及大面积的草房和小型房屋供大学士考试时使用，加在一起，就使这城市变得异常巨大了。”[②] 李明对此前来华的传教士（极有可能是指葡萄牙传教士安文思）渲染北京建筑的言论表示不满，认为这些人“大约在欧洲没见过更美好的建筑，或者是由于长期客居中国，已是习以为常了”[③]。李明根据自己的观察，对中国建筑艺术及其风格不无微词道：“套房之间缺乏浑然一体的联系，互相没有呼应，装饰也无规律可循，没有我们宫殿那种既华丽又舒适的相辅相成的美感。再有，随处可见一些无以名状的玩意，恕我冒昧地说，那是一些欧洲人不喜欢的、会使对真正建筑术稍有品位的人反感的东西。”北京街道旁低矮的平房和满是灰尘、泥土的街道则使李明感到不雅。“有两样东西损害了街道的美观。一是街道与两侧建造得不好且低矮的房屋不成比例；二是街道上的黄泥和尘埃。在其他方面那么文明的中国，在这方面可看不出文明体现在哪里。无论冬天夏天，对出行的人都是不方便

①[法] 李明：《中国近事报道（1687—1692）》，郭强、龙云、李伟译，大象出版社2004年版，第64页。

②[法] 李明：《中国近事报道（1687—1692）》，郭强、龙云、李伟译，大象出版社2004年版，第65页。

③[法] 李明：《中国近事报道（1687—1692）》，郭强、龙云、李伟译，大象出版社2004年版，第68页。

的。”[①] “……整个北京除皇宫以外，再也找不着其他建筑物值得一提了。所以，我敢大言不惭地说，如果称那些大人物的房子是宫殿的话，那简直就是我们词汇的堕落、降级。”[②]

“欧洲人不喜欢的”、“会使对真正建筑术稍有品位的人反感”之类的话语，反映了李明作为一个西方人的审美成见。中西方的建筑风格差别主要表现为：一是在房屋高低上。中式房屋大都为平房，西式房屋多为高层建筑。中低西高，西人以高为荣。二是在建筑材料上。中式房屋以木制为主，西式房屋以石制为主。西式建筑结实、耐久，西人以其坚固为耀。中西建筑所呈现的这两大差别，在中西方文明初遇时即已表现出来，然而此前的鄂多立克、马可·波罗乃至安文思并未因之褒贬。在另一处，李明又说中国建筑的平房样式是因为国家习俗所限。“并非中国人不喜欢铺张讲排场，不会大手大脚，而是国家习俗所限，与众不同是危险的。”与李明不同，长期生活在北京的传教士王致诚对审美的定势有着客观的自省。他说：“每个国家都有自己的审美情趣和习惯。应该承认我们的建筑很美，什么能像它那样宏大和壮观呢？我们的住房也很舒适方便，谁都不会对此持异议。在我们那儿，不能有一点不成对、不齐整的东西，一个局部的相应或相对的部分，必得与之完全对称。中国人也喜欢这种对称，喜欢这种美的秩序、美的布局。”除了平面铺开、对仗工整的建筑，中国的园林、离宫所崇尚的效法自然、反对称的“美丽的无序”，在王致诚看来，也是“意蕴无穷”的。因为来华日久的他“自……来华以后……眼光和趣味都变得

---

①[法] 李明：《中国近事报道（1687—1692）》，郭强、龙云、李伟译，大象出版社 2004 年版，第 67 页。

②[法] 李明：《中国近事报道（1687—1692）》，郭强、龙云、李伟译，大象出版社 2004 年版，第 70 页。

有点中国味了”[①]。

与李明等传教士东来时间上有重叠之处的是1692－1695年间来到北京的俄罗斯使团。使团成员勃兰德著有出使中国的笔记并发表了。在勃兰德笔下，北京异常美丽——“北京是中国历代皇帝的名都，异常美丽，位于北纬39°59′，在直隶省最北边，离著名的长城不远。城南有两道又厚又高的城墙防护（外城也围在城墙内），城墙只有一般的防卫设施，城门两边有相当坚固的堡垒”[②]。

（三）最为西方人欣赏之处：城墙与城门

清初的传教士在书简中不吝笔墨地描述道：“该城的城门要比我们的城门高大气派：它们都非常高……城墙上无论是朝向城内，还是朝向城外，均建有漂亮的客厅。北京的城墙是砖砌的，其高度约为四十法尺，每隔二十托瓦斯都有护城工事，每隔一定距离有一座小方楼……”[③] 北京的城门和城墙也许是认为东方建筑不如西方的李明最欣赏的北京物质文化，也是他认为“最迷人的地方”。他写道：“城门和城墙均极宏伟，与皇城匹配得当。城门并不像中国其他公共建筑的门那样装饰有图像或浮雕。所有的美都在一个‘高’字中，它们出奇地高，高形成了世界上无可比拟的美的效果。”他比较了巴黎与北京的城门，说：“如果考虑建筑物之精巧和建筑术的美妙之处，那么，巴黎的城门无疑是更美的。但是，当人们一旦接触了北京，就不得不承认这些大建筑物，如果我能这样说，这些富丽堂皇的建筑，尽管有些不像

---

①余三乐：《早期西方传教士与北京》，北京出版社2001年版，第310页。

②［荷］伊兹勃兰特·伊台斯、［德］亚当·勃兰德：《俄国使团使华笔记（1692—1695）》，商务印书馆1980年版，第235页。

③［法］杜赫德编：《耶稣会士中国书简集》，第一卷，郑德弟、吕一民、沈坚译，大象出版社2005年版，第270页。

样子，却具有我们所有的装饰所不能与之相匹敌的威严气势。另外，城门的穹顶是大理石的，其他部分则是用很厚实并砌得很好的砖建成。”① 在对北京城墙、城门的描述中，李明虽然用了“有些不像样子”之类的话语，但侧重强调的是北京城墙的高大威严。这主要是因为北京城墙的高大颇符合西方人的审美。

（四）北京繁盛的商业氛围

商业繁盛也是西洋人赞誉城市的一个指标。早在马可·波罗时期，西洋人笔下的北京即为一个商业繁茂之城，让他们欣羡不已，这也同样影响了后来的西洋观察者。北京街面的宽阔、笔直及店铺的繁华也给李明留下了深刻印象。“这座大城市的街道都是笔直的，最大的街道宽约 6—20 法尺，长一法里多，两侧几乎皆为商业铺房，铺内摆满丝绸、瓷器和漆器的商店形成一道美妙的风景。中国人的一个习俗使店铺变得更为美丽：每位商人都在店门前的一个支架上放上木板，板高约 7—8 肘，涂色的、涂清漆的或常常是涂成金色的，上面用大字写上店内所售货物的名称。几乎等距离排列在房屋门前两侧的那些壁柱形成一个有些特别的柱廊，这在中国几乎所有城市都是一致的。在一些地方，我还见到一些这样的‘壁柱’那么洁净，就像是要把街道装饰成戏剧中的一个场景似的。”②

①［法］李明：《中国近事报道（1687—1692）》，郭强、龙云、李伟译，大象出版社 2004 年版，第 83—84 页。

②［法］李明：《中国近事报道（1687—1692）》，郭强、龙云、李伟译，大象出版社 2004 年版，第 67 页。

1690 年传教士哈伯曼眼中的北京

（引自《遗失在西方的中国史》，北京时代华文书局 2016 年版，第 182 页）

（五）宽阔且泥泞的街道

在传教士眼中，北京城的街道笔直而宽敞，一如传教士哈伯曼绘制的北京街市图（见图）。即便是认为西方建筑要优胜于东方的传教士李明，也承认这一点。1692—1695 年来华的俄国使团对北京城的美丽赞不绝口。与此同时，使团成员也并不讳言北京的街道路况不佳。“这座美丽城市的街道并不好，因为用鹅卵石和砖铺设的街道极少。其原因决非缺乏石头，而是由于某种意义重大的其他情况。这些没有路面的街道很有损市容。无论晴天或雨天，特别是当北风呼啸的日子，给行人带来许多不愉快和不方便。在炎夏酷暑和久旱不雨（由于雨水稀少这在北京是常有的）的时候，含大量硝和其他轻物质的土壤往往变成微尘，即使微风轻拂也能把尘土刮得满城飞扬。”①

（六）北京的皇家宫殿、园林

清初因明清易代而被押解进京的传教士安文思，描绘了北京城皇家建筑的庄严华美。“我们所述的建筑物都盖以黄、绿、蓝色大厚瓦，用钉固定以防风暴，因北京的风很大，屋脊总是从东到西，高出屋顶约一矛的高度。末端饰以龙、虎、狮及其他动物的躯体和头部造型，它们沿着整个屋脊盘绕伸延。从它们的口和耳中，涌出各种花朵及奇形怪状的东西或其他悦目的装饰，一些装饰就依附在它们的角上。由于这些宫殿都漆上上述的色彩，当太阳升起时，从老远看去，如我多次所观察到的，它们都是用纯金制成，至少是镀金，以蓝、绿色作彩饰，产生非常美妙、华丽、庄严的景观。”②“在北京的皇宫里，你可以看见高楼上的鼓和钟，在城里另有两座钟、鼓楼。城里的鼓直径有15 市腕尺，它是我第一次提及的那面鼓。宫廷钟的大小如我在葡萄牙所见到的一样，但声音非常响亮，清脆和悦耳，与其说它是钟，还不如说它是一种乐器……这口钟是北京城夜间用来警卫和报时的，我有把握断言，欧洲没有类似的钟，它完全可能是世界上最大的。当夜里打钟时，它的声音，或者说可怕的响声竟如此之大，那样强烈，又非常响亮，遍及全城，越过城墙，传到郊区，响彻四方……”③

热衷比较中西异同的传教士李明认为北京的其他建筑物都“不值一提”，只有皇宫是人们最感兴趣的建筑，也是他着力介绍并以为“值得一提”的建筑。“皇宫不仅包括皇帝的寝宫及花园，而且还是一个小

①［荷］伊兹勃兰特·伊台斯、［德］亚当·勃兰德：《俄国使团使华笔记（1692—1695）》，商务印书馆 1980 年版，第 236 页。

②［葡］安文思：《中国新史（外两种）》，大象出版社 2016 年版，第 158 页。

③［葡］安文思：《中国新史（外两种）》，大象出版社 2016 年版，第 80—81 页。

城市，其中朝廷的各级官员们有各自的私宅，还有许多工人住在‘城’内，为皇上效力和受雇于皇上，因为，除太监外，任何人都不能在内宫的套房居住。外城四周有高墙环绕，与内宫之间还有一座稍矮的墙相隔。房子均极矮，比鞑靼城的房子要逊色得多。……皇帝的府邸更不一般，粗柱支撑的牌楼，通往前厅的白大理石的台阶，覆盖着光彩夺目的琉璃瓦的屋顶，雕刻的装饰，清漆金饰，墙饰，几乎一色大理石或陶瓷铺设的路面，尤其是组成这一切的数量极大，所有的东西都具有一种华丽庄严的气势，显示出伟大的宫殿的气派。”①

乾隆年间，在李明等法国传教士来华之后，依然有源源不断的欧洲传教士通过广州来华，其中著名的有郎世宁、蒋友仁、王致诚等。这一时期来到北京且留下详细日记的还有意大利传教士马国贤②。在马国贤笔下，“北京被描述为包含着三个截然不同的城池的城市。这三个城池包括鞑靼城（之所以叫鞑靼城，是因为城里住的是满人，还有一些虽不是满人，但也被编入了‘旗下地’（ki－hiu－ti），即八旗满族军队的人们）、汉城（居住的只有汉人）、皇宫（鞑靼城四四方方，有黄色的城墙包围着）。皇宫就坐落在这黄色城墙里面，被另一座比城墙还高大、宽阔的墙围起来”③。马国贤对北京城的人口分布认识清晰，并指出紫禁城、内城、外城的城池结构是一个被城墙层层包围的闭合城市，且是一个“大规模”的城市。他对北京宫殿的描述较客观，

①［法］李明：《中国近事报道（1687－1692）》，郭强、龙云、李伟译，大象出版社 2004 年版，第 67－68 页。

②马国贤回到意大利后，创办了欧洲最早的培养中国留学生的中国学院，并于 1792 年为英国马戛尔尼访华提供了两名熟练掌握意大利文、拉丁文的中国学生作为翻译，为中西交流做出了重要贡献。

③［意］马国贤：《清廷十三年：马国贤在华回忆录》，李天纲译，上海古籍出版社 2013 年版，第 46 页。

并流露出赞赏。“宫殿的豪华，可与它的宏大相提并论。尽管它是按着单一的中国建筑风格建造的，没有仿造任何其他建筑式样（或许除了有略微的一点点哥特式之外），但整体上是令人愉悦的，有很多卓越和优美的东西包含其中。”① 同时，马国贤也留意到中西（或者中欧）建筑艺术的不同。他在日志中对比中西园林，笔调客观。“畅春园和我在中国见过的其他行宫一样，和欧洲人的趣味完全不同。我们欧洲人寻求用艺术来排除自然，铲平山丘，干涸湖水，砍倒树木，把曲径拉成笔直的道路，花大钱建造喷泉，栽种成排的鲜花。中国则相反，用艺术的方法，努力地模仿自然。所以在这些园林中，有假山里的迷宫，很多条幽径和小路交叉，有的直，有的曲；地势有的平缓，有的如同陵谷……”②

（七）稠密的人口

北京繁盛的商业也带来了稠密的人口。17 世纪晚期，在北京的西方传教士指出，“北京由两个城组成：第一个是满人城，皇帝的宫殿就在该城的中央；第二个是汉人城。两座城彼此相连，每个城的周长均有四法里。城中人口稠密，拥挤不堪，以致尽管街道非常宽广，仍行走不便。街上看不到妇女”③。“北京的耶稣会士 1694 年施洗 530 人，1695 年施洗 614 人，1696 年施洗 633 人，以后的一年与此相当。这只是成年人的受洗数。至于孩子，我们施洗的人数多得多，尤其是那些每天早上被遗弃街头的孩子。弃婴行为发生在中国这样一个文明的国

①［意］马国贤：《清廷十三年：马国贤在华回忆录》，李天纲译，上海古籍出版社 2013 年版，第 46—47 页。

②［意］马国贤：《清廷十三年：马国贤在华回忆录》，李天纲译，上海古籍出版社 2013 年版，第 55 页。

③［法］杜赫德编：《耶稣会士中国书简集》，第一卷，郑德弟、吕一民、沈坚译，大象出版社 2005 年版，第 269 页。

度里，人们能够容忍如此明显的紊乱，真令人惊讶。由于北京人口众多，那些自认为无法养活孩子的人肆无忌惮地将孩子丢在大街上和广场上……传教员到城市各个街区为所有他们在路上遇到的、还活着的孩子施洗。每年人们遗弃的孩子达二三万，我们的传教员施洗约 3000 人。如果我们能有二三十名传教员专门从事这一工作，那么只有很少的孩子得不到我们的关怀。1694 年，我们为 3400 个孩子施行了洗礼。1695 年有 2639 人，1696 年 3663 人，接着这一年和上年差不多。”①

李明指出，北京人口众多、热闹拥挤，远远超过法国。关于北京的人口，李明是从北京的住房情形加以推论的。“巴黎的住房比北京多。因此，当同样大的空间，我们给 10 个人住，这里就必须容纳 20 至 30 人是实情的话（因为他们住得比我们拥挤得多），就只能得出结论：北京人口只有巴黎人口的两倍左右（作者按：路易十四时代，巴黎人口为 50 万）。这样，我认为可以说北京人口是二百万，而丝毫不必担心与真实数字相去甚远。”② 李明还特别说明道：“我在人口问题上着笔这么多是因为我注意到，这是历史学家们研究最少的一方面。”他甚至认为法国人口最密集的城市与北京相比，都会变成僻静之所。“几乎到处一样，甚至在通衢大道上，道路也常被堵塞。当您看见骡马、骆驼、车轿和一二百人在各处聚集，一起听评书，您真会以为整省的人都压上北京来看什么特别节目来了。可以肯定地说，从表面现象看，我们人口最密集的城市与之相比，也成了僻静的去处了；尤其，通常人们认为妇女的数目超过男人很多。然而，在这外出的神奇庞大

---

①［法］杜赫德编：《耶稣会士中国书简集》，第一卷，郑德弟、吕一民、沈坚译，大象出版社 2005 年版，第 232—233 页。

②［法］李明：《中国近事报道（1687—1692）》，郭强、龙云、李伟译，大象出版社 2004 年版，第 66 页。

的人群中，您却从来遇不到一位女士。这就是为什么某些人从表面现象作出判断，认为两城市中的居民不过六七百万。而实际上距离真实情况甚远了。”[①] 实际上，清初北京城的人口数量较李明估计的要少。据学者统计，康熙二十年，北京城人口不过 766，900 人，州县人口 876，800 人，合计 1，643，700 人[②]。随着他的《中国近事报道》出版，李明笔下北京拥有二百万人口的事在西方社会广为流传。乃至到了 19 世纪后半期，大批的西方闯入者进入北京城后，不断拿此数据来衡量当时北京城的人口。

明末乃至清初，甚至直至康熙未下令禁教之前，来到北京城的西方人中以传教士居多。在未到北京之前，他们均对北京有所了解。在南怀仁逝世后，又一批耶稣会士于 1688 年来到北京，并得到康熙帝的接见。在觐见康熙皇帝时，他们称“我们读过巴黎现有的有关记述”，并告诉他（康熙帝），在法国，人们甚为崇拜他的思想与行为，赞叹他的富裕与豪华[③]。

## 第二节　北京国际形象的裂痕

18 世纪前中期，耶稣会士笔下的中国繁荣昌盛。例如杜赫德写

①[法] 李明：《中国近事报道（1687—1692）》，郭强、龙云、李伟译，大象出版社 2004 年版，第 65 页。

②韩光辉：《北京历史人口地理》，北京大学出版社 1996 年版，第 120 页。

③[法] 杜赫德编：《耶稣会士中国书简集》，第一卷，郑德弟、吕一民、沈坚译，大象出版社 2005 年版，第 268 页。

道："可以毫不夸张地说，中国是世界上物产最丰富、疆域最广袤、风景最美丽的国度之一。"[①] 而这种描述从18世纪晚期逐渐出现裂痕，以18世纪90年代马戛尔尼使团为代表。他们带着审视的目光重新观察北京。与此前的西方人相比较，他们得出了不同的结论。

对鸦片战争之前的两次英国来华使团的研究，以欧阳哲生教授的成果最为突出。他的两篇论文《鸦片战争前英国使团的两次北京之行及其文献材料》、《英国马戛尔尼使团的"北京经验"》，主要以鸦片战争前英国使团的历史性来京为视角，分析、透视这一时期西方人眼中的北京印象。在1793年之前，英国人绝少来华，这与他们将殖民兴趣主要放在印度有关。"18世纪90年代以前英国实录性的'中国经验'文献材料不过十余种而已。"1793年，英国马戛尔尼使团第一次来到了北京。1816年，英国又第二次派出阿美士德勋爵使团访华，并抵达北京。这是这一时期仅有的两次记录。马戛尔尼使团的北京记录极为重要，因为他们"填补了此前英国人没有亲身游历北京、热河、天津等地的空白，成为鸦片战争前英国人'北京经验'的主要材料来源"[②]。尽管如此，欧阳哲生教授指出，他们的文献往往经过了不同程度的编辑加工，且这一时期的贬华倾向越来越明显。

（一）"剥掉天朝华而不实的外衣"：西方使团的质疑与新观察

如果说明末清初的西洋观察者在重新寻找西洋记载中的北京痕迹，并将之与他们的北京观察相联系，那么，乾隆末期来到北京的马戛尔

①[法] 杜赫德：《中国帝国及中国的鞑靼、朝鲜王国、西藏：地理和历史》，第1卷，第314页。转引自［英］约·罗伯茨编著：《十九世纪西方人眼中的中国》，蒋重跃、刘林海译，中华书局2006年版，第81页。

②欧阳哲生：《英国马戛尔尼使团的"北京经验"》，《北京社会科学》2010年第6期。

尼使团，则代表着已完成工业革命的英国人开始重新审视传说中的北京。他们开始质疑此前西洋人的记录，并试图重新找“真相”。1793年，马戛尔尼指出：“若仅从早期旅行家乃至后来传教士的撰述去认识中国及其居民，那往往会是不够详细和公正的。因为这些作者，尽管他们可能无意编造故事，仍然在他们谈事实时并不总是谈全部真相，这是一种导致几乎和虚构一样错误的叙述方式。”① 1793年，马戛尔尼使团成员表现出来强烈的对此前传教士使团的质疑。使团中曾任马戛尔尼私人秘书的巴罗说：“传教士大量的著述并不令人满意，我将提到和指出他们的错误。本书主要目的在于展示这个特殊民族（中华民族）本来的面目，但不是按照他们本身的道德观去描绘他们，而是按他们真实的表现——剥掉天朝华而不实的外衣，解开传教士书里掩盖的朝廷伪装。同时本书将尽力刻画这个民族的风貌、社会状况、语言、文字和美术、科学和体制、宗教崇拜和思想、人口和农业发展、文明和道德特点，由此读者可以自己去判断‘按照文明国家的标准，中国应占有的地位’。”② 巴罗是使团成员中有机会对圆明园周围作较多观察的人。为安置科学仪器，他留守北京，自称在“皇家宫苑圆明园”居住了“五个星期”③。因此，他似乎成了使团中的权威发言人，乃至斯当东在其后的报告中也引述巴罗的观察作为依据④。

---

①[英] 乔治·马戛尔尼、约翰·巴罗：《马戛尔尼使团使华观感》，何高济、何毓宁译，商务印书馆2013年版，第5—6页。

②[英] 约翰·巴罗：《巴罗中国行纪》，见［英］乔治·马戛尔尼、约翰·巴罗：《马戛尔尼使团使华观感》，何高济、何毓宁译，商务印书馆2013年版，第113页。

③[英] 约翰·巴罗：《我看乾隆盛世》，李国庆、欧阳少春译，国家图书馆出版社2007年版，第124页。

④[英] 斯当东：《英使谒见乾隆纪实》，叶笃义译，上海书店1997年版，第398—399页。

使团成员巴罗描绘北京城道："这座城呈长方形，周长 40 里，每 1 里等于 600 码，所以城墙 14 英里，不算每座城门外大量延伸的市郊地区，其面积约 12 平方英里。南城墙有三座门，其余各面都是两座，因此它有时也被称为'九门之城'，但是一般还是叫'北京'，即北方的都城。"① "使团刚刚走到城墙，城上马上鸣炮表示欢迎……初进北京大门，第一个印象是它同欧洲城市相反，这里街道有一百呎宽，但两边房屋绝大部分都是平房，欧洲城市街道很窄，但房子很高，从街的这一头向那一头望，两边的房子好似彼此互相倾斜靠在一起。北京空气流通，阳光充足，人民表现非常活泼愉快。"② 马戛尔尼记述了使团通过北京的路程，感叹北京郊区与城区的广大道："北京郊区很广大，从东郊到东门我们走了十五分钟，我们花了大约两小时穿越北京城，从西门到西郊的尽处花了十五分钟，再从西郊到圆明园又花了两小时。"

（二）东西异趣：北京的商业建筑与氛围的迥异评介

1793 年 8 月 21 日，斯当东记述自己对北京城的第一感觉道："最后终于到达北京东郊，铺石的街道挤满了人，商店、作坊和顾客之多，处处表示出兴盛繁荣的气象……"③ 使团另一名成员安德逊笔下的北京建筑，则延续了康熙年间来京的李明的观感，认为北京的房屋"低矮而鄙陋"，但也承认北京的建筑外观"体面而雅观"。同时，他也注意到北京的普通住宅与商用的店铺在外观上有很大区别。"北京的房屋从它的面积和家庭实用上看是低矮而鄙陋，但它的外貌却体面而雅观，

---

①[英] 约翰·巴罗：《我看乾隆盛世》，李国庆、欧阳少春译，国家图书馆出版社 2007 年版，第 69 页。

②[英] 斯当东：《英使谒见乾隆纪实》，叶笃义译，上海书店 1997 年版，第 312—313 页。

③[英] 斯当东：《英使谒见乾隆纪实》，叶笃义译，上海书店 1997 年版，第 312—313 页。

因中国人对他们的店铺和住宅的门面装饰很讲究：店面的上层部分装上一种富丽的金字招牌；在住宅的上层楼阁，刷上油漆和各种装饰；不少妇女在上面按照中国的方式过着消闲的日子。”①

与马戛尔尼使团大致同期（1794—1795 年）的荷兰东印度公司使团成员绘制的北京大街

与英国使团大致同时期进京给乾隆贺寿的朝鲜使团的观感，则完全不同。在朝鲜使团眼中，北京城拥有非常繁荣的经济。朝鲜使臣在庆贺乾隆七十大寿时留意到北京的寺院非常多，建筑风格奢丽。“皇城外内闾阎廛铺之间，所有寺刹宫观，不特天子勒建，皆诸王驸马及满汉大臣所舍宅第。且富商大贾，必创一庙堂以资冥佑，与天子竞其奢丽，故天子不必更事土木，别置离宫，以奢天子之都也。”② 而围绕这些可与天子离宫“竞奢丽”的“寺刹宫观”，又形成了异常繁荣的庙会集市。“百货盈庭，珠玉珍宝之物，磊落宛转于履屣之间，令人足踏如

①[英] 爱尼斯·安德逊：《英国人眼中的大清王朝》，费振东译，群言出版社 2002 年版，第 85 页。

②[朝鲜] 朴趾源：《热河日记》，朱瑞平校点，上海书店出版社 1997 年版，卷五，盎叶记，序，第 341 页。

也，心怵如也，而视瞿瞿也。阶城玉栏所布挂，皆龙凤毡罽，而衣被墙壁者，尽是法书名画。往往施帷幕，撞金伐鼓者，逞戏售术者也。"① "贩卖酒食花果，戏弄禽鸟，逞伎售术，辐辏杂沓，寺观中一大都会也"，"海内百货辏集，佛殿参寮厢周遭，而居僧鲜少，皆京外商旅，无异阛阓"②。

（三）矛盾的街景：尘土飞扬的街道与漂亮的商业建筑

对于北京的街景，斯当东详细描述道："北京街道都是土路，需要经常洒水以免灰尘飞扬，许多漂亮的'牌楼'横穿街道。……牌楼上面共有三层顶盖，油漆雕刻得非常漂亮……街道上的房子绝大部分是商店，外面油漆装潢近似通州府商店，但要大得多。有些商店的屋顶上是一平台，上面布满了各种盆景花草。商店门外挂着角灯、纱灯、丝灯或纸灯，极精巧之能事。商店内外充满了各种货物。"③

安德逊笔下的北京街道却是尘土飞扬。"当我们沿途经过时，我们注意到很多人把水泼在街上，使灰尘不致飞扬。当干燥的天气，这种灰沙不只使行路人感到讨厌，也使商店感到讨厌，如果不进行有利措施和必要的预防，则不能不损及暴露在外的商品。"④

由此可见，即便同是英国使团成员，关注点与落脚点亦不同，在他们笔下则共同呈现出尘土飞扬的街道与漂亮的商业建筑并存的矛盾

---

①[朝鲜] 朴趾源：《热河日记》，朱瑞平校点，上海书店出版社 1997 年版，卷五，盎叶记，隆福寺，第 346 页。

②[朝鲜] 朴趾源：《热河日记》，朱瑞平校点，上海书店出版社 1997 年版，卷五，盎叶记，太阳宫/报国寺，第 342—343、345 页。

③[英] 斯当东：《英使谒见乾隆纪实》，叶笃义译，上海书店 1997 年版，第 313—314 页。

④[英] 爱尼斯·安德逊：《英国人眼中的大清王朝》，费振东译，群言出版社 2002 年版，第 85 页。

街景。

（四）宏丽或失望：关于北京的皇家宫殿、园林的迥异评介

相比对平房低矮的评价，使团的副使斯当东对所见的紫禁城称赞道："北京皇宫建在鞑靼城的中心。虽然北京距离鞑靼区山脉很近，是一个尘土飞扬的地方，但皇宫之内却似乎是天造地设的另一个天地。里面的山和谷，湖水和河水，断崖和斜坡，这样配合，这样的协调，任何一个外来的参观者进到皇宫之后都会自然怀疑到这究竟是一座天造地设的胜景还是人工的创造。整个这块小天地不知道耗费了多少万人的劳力，最后用来供一人享乐。"①

相比于北京城，马戛尔尼使团的成员对京郊圆明园的赞叹之声更多。马戛尔尼可能是使团成员中真正有机会进入圆明园游览的人。为商量安置礼品，乔大人特别带他游览了圆明园。马戛尔尼在日记中记载道："据说，圆明园周长十八英里。入园门，每经一处，就有一处的景色，其中亭台楼树，池沼花木，多到不可胜数，但又点缀得很适当，构造得很巧妙，使人见了几疑神工鬼斧。我们此次游园，不单是为了游览，而是要商量安放各种礼物的方法，所以只能在行过的地方略一寓目，未能详细观看。以全园之大，如果要逐一细览，恐非一两个月不能了事。就目前所见者，还不及十之一也。然而这十分之一，就已使我永远不能忘怀，我在日记中即欲详言其状，也觉得千头万绪，不知从何处说起，倒不如不说为妙。"② 以"正大光明殿"为例，马戛尔尼认为这里特别适宜摆放使团所带来的礼品，因为"这座大殿面积既

①［英］斯当东：《英使谒见乾隆纪实》，叶笃义译，上海书店 1997 年版，第 397 页。

②［英］斯当东：《英使谒见乾隆纪实》，秦仲龢译，台湾文海出版社 1973 年版，第 83—84 页。

大，而且又极壮丽，正好用来陈设我们送来的一部分礼品”。“安排妥当，集此种种精致美观的物品于一堂，恐怕世界上再没有一处可与圆明园比拟的了。”① 同行的卫兵霍姆斯也描绘了圆明园的各类优雅建筑。

巴罗本人在自己的旅行记中对圆明园也花了不少笔墨，但他认为传教士们对圆明园美景的描绘有些夸大其词。“传教士和一些旅行家曾津津乐道北京和圆明园的宫殿多么宏伟壮丽，谁要是信以为真，那么一经目睹就会大失所望。这些宫殿跟该园的普通民居一样，全都是按照帐篷的式样设计的。所谓的壮观只是相对而言，就数量而言，其数量之多的确可以自成一个小镇。它们的墙比普通民居的高，它们的木柱更粗，屋顶更大，不同的部分使用不同的油漆和彩瓦。”他认为欧洲园林建筑并不逊色于圆明园。他甚至不同意威廉·钱伯斯（William Chambers，1726—1796）② 对中国园林的观察，说：“要是单就我所见到的下一个结论，它们远远不像威廉·钱伯斯爵士所描绘的中国园林那样神奇和铺张。但是，它们绝对是精心构造之物，而且没有一件有违自然。”

（五）由数量的观察到类别的观察：北京的人

相较于此前西洋观察者一致讶异于北京人口的稠密，马戛尔尼使

---

①［英］斯当东：《英使谒见乾隆纪实》，秦仲龢译，台湾文海出版社1973年版，第85页。

②威廉·钱伯斯是一位建筑艺术家，曾两度来华访问，撰有《中国房屋、家具、服饰、机械和家庭用具设计图册》。他品味不低，对于东方园林具有专业的眼光，对中国园林的评价不至于胡说八道。巴罗自称是使团成员中观察、游览圆明园最多的人，但他是否真正获得机会深入圆明园内部进行游览，是一件令人怀疑的事。在他有关圆明园的描述中，除了一大段大而不当的批评外，几乎看不到任何关于实景的描写。

团的关注点已经不仅仅是北京人口的数量。马戛尔尼认为自己也许不算合格的评论员，但借助一名“忠诚有才”的翻译的帮助，他向欧洲传去的是自己在中国现场的所见所闻，而不是在书上读到或在欧洲听到的。为什么马戛尔尼会怀疑此前欧洲的东游者们的记载呢？他解释道：“当威尼斯人马可·波罗在13世纪访问中国时，正值西部蒙古鞑靼人征服中国，以成吉思汗之孙忽必烈为他们首领。那个时期前不久，中国人已达到他们文明的顶峰，与鞑靼征服者以及和他们同时代的欧洲人相比，他们当时肯定是非常开化的民族，但自北方满洲鞑靼人最后征服以来，至少在这过去的150年，没有发展和进步，甚至在后退；而我们科技日益前进时，他们和今天的欧洲民族相比较，实际变成了半野蛮人。正是因此，他们保持了半罐子水通常有的自大、自负和自傲，而且，尽管在他们和使团交际期间感觉到我们在许多地方比他们强，他们仍显得惊奇而不自愧，有时假装对所见无动于衷。在跟外国人交谈中，他们毫无羞惭和自卑，反而显得满不在乎，好像他们自己是优胜者，言行中找不到缺点和失误。”① 他指出了中国人明显的满汉之分，即“中国人”和“鞑靼人”之分，认为满汉之间虽然外貌几乎一样，但性格根本不同，思想也有不同倾向。“他们都臣服于一个拥有绝对权威的君王，但区别在于，中国人是受异族统治，鞑靼人的主子则是自己人。后者自认为在一定程度上参与了他们君王对前者的管治，而这种想象或许多少使他们在其君王的统治下感到宽慰。”②

正如法国传教士游览北京时喜欢将北京与巴黎作对比一样，英国

①［英］乔治·马戛尔尼、约翰·巴罗：《马戛尔尼使团使华观感》，何高济、何毓宁译，商务印书馆2013年版，第6页。

②［英］乔治·马戛尔尼、约翰·巴罗：《马戛尔尼使团使华观感》，何高济、何毓宁译，商务印书馆2013年版，第5页。

使团进入北京后，即处处将北京与伦敦进行比较。初次游览北京城，使团成员即对所见交换意见，肯定了北京在财富象征和商业繁荣方面不如伦敦。他们甚至认为所看到的一切，除了皇室而外，远没有之前想象的那么美好。一方面为了达成通商的不合理请求，另一方面也为了达成刺探军情的目标，马戛尔尼使团对北京的政治、经济、军事、外交、民生等各个方面都进行了详细的观察和记录，并最终得出了中国在绝大多数层面不如西方、北京在绝大多数层面不如伦敦的结论。这一时期是西方对中国、对北京的态度发生强烈变化的关键转折期，也是元代开始形成、明末清初进一步完善的原有北京国际形象出现裂痕的时期。

# 第三章

# 晚清至民国：北京国际形象的近现代裂变

伴随着英法联军侵入北京城，一批西方人从1860年开始以全新的角度观察北京。他们以胜利者及现代文明传播者的双重视角重新观察北京，认为北京城与中古时期西方世界所形成的关于北京的富丽想象存在巨大落差。他们的北京观察记录不再以赞叹为主流，而以失望为主调，描摹这座都城的衰败之貌。这一时期他们所形成的北京印象，取代了中古时期部分西方游历者、传教士笔下的富庶之城，成为19世纪后半期乃至20世纪初期，西方人眼中较为一致的北京形象。

1860年，英法联军劫掠了圆明园。在这些入侵者眼中，这座被传教士描述得美轮美奂的园林，是他们可以任意搜刮的战利品。翻阅当时参与圆明园劫掠的英法联军军官、士兵的书信、日记、回忆录，所描述的重点往往是各种珍贵的皇室珍宝。对于园林，这些入侵者以胜利者的姿态游览，并评价道："总体看来，圆明园不愧是园林中的精品，然而，我觉得任何参观过这座皇家园林的人都会很失望。这座园林缺乏宏伟气势，这是再多的精心园艺和漂亮的装饰都无法弥补的。"①

## 第一节　19世纪中后期：西方"闯入者"肆意打量下的北京

中古时期少数西方游历者、传教士笔下的北京城，犹如传说中的故事，在西方世界深入人心。1860年，英法联军入侵北京城。伴随着

①［英］加内特·沃尔斯利：《1860年对华战争纪实》，江先发、叶红卫译，中西书局2013年版，第141页。

入侵者的脚步，大批西方人闯入北京。这一时期闯入北京的西方入侵者，站在北京城前，比他们的前辈更为全面地探索着这座存留在传说之中的古老城市。正如法国远征军的英文翻译阿芒尔·吕西所言，“天方夜谭此刻竟成为活生生的现实摆在我面前”①。他们对这座被中古时期少量西方人留下的游记、书信推崇备至的城市，抱有某种神话故事般的幻想。当幻想之城成为现实之城，他们不再扮演类似朝觐者的角色，而是赤裸裸地以侵略者的身份闯入这座城市，肆意地打量与评价，得出了全新的观感。

1860 年，西方入侵者的北京观察被大量书写成文字。正如洛图尔所言，“由一小撮欧洲人征服亚洲之都的壮举，使得目击者中最超然物外的人都感到有义不容辞的责任，要将他记录下来”②。法国学者伯纳·布立赛在《1860：圆明园大劫难》一书中披露，英法文献中关于 1860 年第二次鸦片战争时期英法联军“远征”中国的记载为数众多。法国方面有 30 余部，包括法军统帅蒙托邦的回忆录、法方代表葛罗的日记，还有军人、外交官、军医的记述以及同时期人的见闻录。英国方面，有关著作约有 15 部，包括英方代表额尔金的信札、英军统帅格兰特的口述记录，还有军人、外交官、领事兼译员以及随军牧师的见证录等。这批资料为研究这段历史提供了丰富、生动、真实、珍贵的史料来源，尽管伯纳·布立赛提醒人们，运用这批胜利者书写的历史

①[法] 阿尔芒·吕西：《军旅回忆：1860 年征战中国之私密家信集》，王眉译，中西书局 2013 年版，第 65 页。1860 年 10 月 15 日，阿尔芒·吕西在北京城前致信其父，称天方夜谭变成了现实，并描述劫掠圆明园的感受道：“这两天里，我脚下踩着价值连城的绸缎、珍宝、瓷器、青铜器、雕件，各种奇珍异宝。自野蛮人洗劫罗马城以后，恐怕再也没有类似的场景再现。”

②[法] 伯纳·布立赛：《1860：圆明园大劫难》，高发明、丽泉、李鸿飞译，郑德弟等校，浙江古籍出版社 2005 年版，前言，第 11 页。

资料，要慎重地加以鉴别，甚至进行纠正。然而，正是这种需要纠正的偏差，构成了1860年以后西方入侵者眼中的新北京形象——这或许不是最真实的北京，但它的的确确代表了北京国际形象的近代转变。

## 一、西方入侵者对北京城的整体印象

1860年10月10日，将圆明园劫掠一空后的英法联军向留守北京的恭亲王送去最后通牒，并在北京城外集结部队，架炮威胁。清军在最后通牒的期限内，于10月13日弃守安定门，让城于英法联军。而后，清政府归还外国人质，同意签订北京条约。10月24、25日，英法军队及其全权代表分别入城签约。直至11月初英法联军陆续撤军，这些远道而来的入侵者获准参观北京城，部分人甚至获准参观紫禁城的一部分。1860年的西方入侵者，不再像此前的西方传教士那样换上中式服装，遵从中国的礼俗、宫廷礼节，循规蹈矩、小心翼翼地探察这座城市，而是与前辈们相反。正如一名英国远征兵所言，“我们在北京闲逛，将我们蛮夷的面孔暴露在北京的每一条街上，并购买各种各样的商品……”① 他们带着获胜者的骄傲，就像一个普通的、好奇的观光客，丝毫不掩盖自己的“蛮夷”身份，肆无忌惮地在这座在欧洲闻名遐迩的城市中猎奇探秘。

### （一）城市面貌：令人失望的“闹市中的乡村”

梳理西方入侵者的北京印象，会发现他们对北京的整体印象出奇地一致。他们不厌其烦地在书信中向家人、朋友描述北京与此前的传

---

①［英］乔治·奥尔古德：《1860年的中国战争：信札与日记》，沈弘译，中西书局2013年版，第91页。

说存在着巨大落差，描述北京的寒冷天气、低矮建筑、繁茂树木、恶臭街道，并认为北京与其说是城市，不如说是乡村，甚至有人将之总结为“闹市中的乡村”①。

西方入侵者不吝笔墨地描述北京城的整体风格。他们最常关注的是北京宏伟的城墙、巨大的城区、稠密的人群、笔直但尘土飞扬的街道、低矮的建筑与繁多的植被。法国远征军的一员查理·德·穆特雷西写道：“北京城墙宽 60 尺，且上面铺砌了一条路，维护得非常好。从城墙高处放眼望去，可以看到这个有 200 万居民生活在其中的巨大城市的全貌，很难辨认出屋檐，各个院子都种着高大挺拔的树木。葱郁浓密的树叶把每座房子都盖得严严实实的。好几条与城墙垂直的大街贯穿整个城市，但由于民众走路时扬起阵阵飞尘，所以几乎不能看出城市的面貌到底如何。”② 与穆特雷西单纯描绘城市面貌不同，很多西方入侵者还记述了对北京城整体面貌的观感。英国全权代表额尔金对北京的整体印象为“这仅仅是个树木繁多、房屋低矮的地方”。他在信件中写道：“北京到处都是树木，而且房子都如此低矮，所以望去并不感觉到你正目睹一个伟大的城市。某几处的寺庙和门楼会在树木之中高耸出来，但给我的大致印象只是一个人口茂密的富庶平原。”③ 不止一名西方人讶异于西方传说中富丽堂皇的北京城居然充满了低矮的

①[英] 麦吉：《我们如何进入北京——1860 年在中国战役的记述》，叶红卫、江先发译，中西书局 2011 年版，第 191 页。麦吉称北京“……整个城区的壮阔景象在我们面前一览无遗，但是由于所有建筑周围都有树木点缀，乍一看比我以前看过的任何地方都更像‘闹市中的乡村’”。

②[法] 查理·德·穆特雷西：《远征中国日记》（下），魏青巍译，中西书局 2013 年版，第 57 页。

③[英] 额尔金、沃尔龙德：《额尔金书信和日记选》，汪洪章、陈以侃译，中西书局 2011 年版，第 223 页。

平房。阿尔芒也说："北京可算不上美丽的城市。时而在房屋的低处、时而在陆地高处的那些街道往往比一般意义的大街还要宽两倍。房屋都只有一层，并且通常都盖得粗陋难看。有几所房屋雕花贴金的，就像暴发户的客厅。北京城应该有过辉煌的过去。"① 北京城最普遍的四合院建筑、繁多树木以及未用砖石铺砌的街道，显然并非西方人眼中的城市景象。

绝大多数西方入侵者认为，北京城与其想象中的富丽堂皇有出入，令人失望，也有个别人关注到北京城奇特与美丽的一面。法军的一名上校杜潘说："从城墙上看去，北京城仿佛一座建筑森林。在城市的各处，散落着一些比房屋高得多的名胜古迹，大多数看上去，与其说是雄伟，不若说是奇特。"② "这些建筑中，最引人注意的有鼓楼、钟楼、历代帝王庙、白塔寺和雍和宫，最后这座寺庙有着相当高雅的建筑风格。"③ 法军英文翻译对北京城的整体印象也大致如此——"北京是座巨大的城市，从城墙到礼部，我们都骑行了一小时三刻钟"，"我们可以看见一些雄伟的建筑，琉璃瓦下是高挑的屋檐，它们为景色增添了魅力"④。也有人描述北京奇特美丽的夜景道："北京城美丽奇特的夜景令人难忘。京城人家门前悬挂的彩色丝质金边灯笼发出柔和的灯光，

①［法］阿尔芒·吕西：《军旅回忆：1860年征战中国之私密家信集》，王眉译，中西书局2013年版，第88页。

②［法］瓦兰·保罗：《远征中国》，孙一先、安康译，许钧校，中西书局2011年版，第160页。杜潘在劫掠圆明园时作为联军代表，负责挑选圆明园的奇珍异宝，以便英法联军瓜分。而后，这个声名狼藉的上校在写《远征中国》时化名瓦兰·保罗，本文在引用《远征中国》一文时一律称其原名杜潘。

③［法］瓦兰·保罗：《远征中国》，孙一先、安康译，许钧校，中西书局2011年版，第160页。

④［法］埃利松：《翻译官手记》，应远马译，中西书局2011年版，第275页。

驱散了黑暗，灯笼底部的垂缨流苏像是西班牙女王拖鞋尖上的装饰。”①

除了关注北京的城市面貌，这批西方入侵者还格外留意这座城市的天气，多次提及北京冬季的严寒。额尔金描述道，1860 年 11 月 2 日，北京周边的山顶已经因为冬季的来临而降雪了。法军的一名上校杜潘也记载：“就在这几天里（英法联军进入北京、开启‘和平条约’谈判），寒冷的冬天突然奏响了前奏；北京北边几里的山峰已经被积雪覆盖。”② 英军总司令格兰特则称：“寒冷的天气使我永生难忘。山头上白雪皑皑，东北风呼啸而来。”③ L. F. 朱以亚试图通过他的描绘，“道出在最不像观察家的人眼中”的北京。他从气候条件、地形地貌开始介绍道：“北京地处北纬 39°，东经 114°……因北京有着特殊的地形地貌，因此在寒冷的冬季过后，中间没有任何过渡，便迎来了炎炎夏日。”④ 此时北京的寒冷气候，也是英法联军占领北京城后急于撤离的原因。他们害怕运河结冰，水上运输被阻断。

总之，1860 年西方入侵者笔下的北京城整体概况存在较大的一致性。在观感上，他们认为，“概而言之，北京城的辉煌灿烂似乎与其在欧洲被传颂的鼎鼎大名并不相配”⑤。法国远征军中的北非骑兵团的一

---

①[法] 皮埃尔·马蒂埃：《从巴黎到八里桥》，陈丽娟、陈沁译，中西书局 2013 年版，第 99 页。

②[法] 瓦兰·保罗：《远征中国》，孙一先、安康译，许钧校，中西书局 2011 年版，第 163 页。

③[英] 霍普·格兰特、诺斯利：《格兰特私人日记选》，陈洁华译，中西书局 2011 年版，第 84 页。

④[法] L. F. 朱以亚：《中国战争纪行》，赵珊珊译，中西书局 2013 年版，第 111 页。

⑤[法] 查理·德·穆特雷西：《远征中国日记》（下），魏青巍译，中西书局 2013 年版，第 59 页。

名中士甚至写道："队伍辗转北上最终到达北京城。远征军乐队开道进入京城，这座拥有两百万人口的城市即是传说中的天子之城，京城似乎一派繁华富丽景象……可是在我看来却到处充斥着令人厌恶的肮脏。"① 用一名法国远征军对北京的告别辞来总结1860年西方入侵者对这座城市的印象——"再见了，北京！再见了，中国的都城！永别了！此刻，我不由得想起你那废墟之上的奇观、辉煌过后的残迹、开阔的城区、稠密的人口、宏伟的城墙"②。从他的诗意句式中可见，在"废墟之上"、"辉煌过后"等语之后以"宏伟的"一词形容北京的城墙，是这一时期西方人观察中非常突出的个例。

（二）依然被推崇之处：宏伟的城墙

从现有的文献记载可见，西方人对北京城墙的推崇从传教士们服务宫廷即开始，一直到民国时期，依然不乏对北京城墙、城门的"迷恋者"。1860年也不例外，北京的城墙成为为数不多的、屡屡被入侵者们赞叹不已之处。

1860年英法联军随军摄影师比利镜头下的北京城墙东北角

英军的一名上尉约翰·H. 唐恩直白地表示，北京城除了高大的

①[法] 皮埃尔·马蒂埃：《从巴黎到八里桥》，陈丽娟、陈沁译，中西书局2013年版，第1页。

②[法] 乔治·德·克鲁勒：《进军北京》，陈丽娟、王大智、谭思琦译，中西书局2013年版，第166—167页。

城墙以外，没有任何可以称道之处了。他在日记中写道：“（1860年）10月13日……晚上我骑马到地坛，看见了我们大炮的位置。我听说皇帝每年会来到这里一次，念一段祷文求来年丰收，并象征性犁一下地。北京的城墙非常威严，我相信也是世界上最大的了，城门也同样宏伟壮丽。”① “11月1日……昨天我骑马进入北京城，穿过了蒙古人与汉人的城门②。除了城墙以外真没有什么特别之处。街道只比宽阔泥泞的卡车道好那么一点儿。”③ 不独英国人，法国人对北京的城墙也颇为推崇，较之英国人赞叹它雄伟壮丽，法国人似乎更偏向于详细描摹城墙的具体规模。法军统帅蒙托邦在他的信函中详细地写道：“北京的城墙有47米宽，足够好几辆车在上面并排通过。北京城非常大，所以我们的队伍从我们占领的北门出发，用了一个半小时才到达专门处理外交事务的礼部。”④ 法军的随军人员也详细记载了北京城墙的规模、城区的规划：“高耸的带状城墙保卫着北京城，它比普通民居都要更高，厚度达到15至20米。城墙外面砌着方砖和石块，里面是泥土。这条带状城墙长达42公里。北京城内明确划分为三个城区——汉族城区、满族城区及最中心的皇城。这三个区域设有高墙分隔，汉族区和满族区之间的城墙上打通了许多大门，将两区联系起来，而皇城只允

①［英］约翰·H. 唐恩：《从加尔各答到北京：一名军官写于两地的日记》，陈洁华译，中西书局2013年版，第72页。

②大概是指内城和外城的城门，即宣武、正阳、崇文三门之一。西方人当时把内城，即以旗人居住为主的城区，称为“鞑靼城”。鞑靼人有蒙古人的意思。外城则以汉人居住为主，被称为“汉城”。

③［英］约翰·H. 唐恩：《从加尔各答到北京：一名军官写于两地的日记》，陈洁华译，中西书局2011年版，第80页。

④［法］蒙托邦：《蒙托邦征战中国回忆录》，王大智、陈娟译，中西书局2011年版，第367页。

许皇室成员及朝臣进入。”①

1860 年英法联军随军摄影师杜宾镜头下的北京城墙

欧洲人对城墙的推崇，或与他们的审美观相联系。北京的城墙的确宏伟、高大，符合欧洲人对高大建筑的审美。相较之下，他们对中式房屋的评论则一贯予以“矮小”的评价，虽然惊叹于木建筑雕琢的细致，但并不推崇。有些欧洲人甚至认为北京分布广泛的单层建筑是这座城市的一大败笔，如英国使馆官员在信件中透露道：“去年威妥玛在英国时，斯坦利勋爵对他说：‘北京一大败笔，不是吗？整个地方连个三层楼的房子都没有，是吗？’在斯坦利勋爵实用主义眼光下，毫无疑问这是一大败笔，但是如果是一名艺术家，会发现北京有很多值得赞美和记录的东西。”②

北京城墙的防御功能，也是它让入侵者赞不绝口的原因。这批西方闯入者在虑及强攻北京城可能会遭到城墙的阻滞时，杂糅着避免强攻北京城的庆幸与胜利者的自豪的复杂心境。这在法国上校杜潘的笔下分析得尤为清晰。作为法军地形测绘部主任，杜潘对北京城墙的描

①［法］F. 卡斯塔诺：《中国之行》，张昕译，中西书局 2013 年版，第 63 页。

②1865 年 6 月 1 日英国使馆官员密福特的通信。见［英］密福特：《使馆官员在北京——书信集》，叶红卫译，中西书局 2013 年版，第 31 页。

述尤其详细。“城墙靠城外的一侧的外墙高 14.4 米，靠城内的一侧高 13.5 米。上面的马道距离地面 13 米，两侧墙面间的宽度是 19.2 米，这样的话，加上两侧的外墙，城墙的总厚度在顶部达到了 20.5 米，底部则有 26 米。”① “在城墙两侧之间 19.2 米的空间里，填充着土、石块以及混凝土的混合物，这使得城墙异常坚固。”② 杜潘称，英军曾试图在城墙上挖出战壕，却以失败告终。他得出结论：“他们（英军）的尝试让我们从来没有如此清楚地认识到，如果中国人没有同意向联军打开安定门，那么在把这个土石筑起来的庞然大物打开一个缺口前，英、法部队已经弹尽粮绝二十次了。”③ 陪同法军统帅参观北京城墙的法军英文翻译埃利松也认为，“凭着我们所具备的微弱装备，我们是无法在这个砖混结构的城墙上轻松地打开缺口的”④。而尝试在北京城墙上挖战壕的英军中也有士兵声称：“北京城墙的状况还不错，除了用最大口径的重炮轰击和挖坑道用炸药来炸之外，很难在城墙上打开一个缺口。”⑤

然而，即便对北京的城墙赞不绝口，并不意味着 1860 年的这批欧洲观察者对当时的北京城就会高看一眼。英国远征军总司令格兰特占领安定门后，赞誉北京的城门、城墙坚固壮观。他在日记中写道：“大门非常结实坚固，全长超过 6 英里，非常壮观。历史书上讲巴比伦城

---

①[法] 瓦兰·保罗：《远征中国》，孙一先、安康译，许钧校，中西书局 2011 年版，第 158 页。

②[法] 瓦兰·保罗：《远征中国》，孙一先、安康译，许钧校，中西书局 2011 年版，第 158 页。

③[法] 瓦兰·保罗：《远征中国》，孙一先、安康译，许钧校，中西书局 2011 年版，第 159 页。

④[法] 埃利松：《翻译官手记》，应远马译，中西书局 2011 年版，第 265 页。

⑤[英] 乔治·奥尔古德：《1860 年的中国战争：信札和日记》，沈弘译，中西书局 2013 年版，第 143 页。

墙很宽，顶上几辆双轮马车可并排行进，但现在我觉得北京的城墙一定超过巴比伦的，因为顶上有50英寸宽，几乎和高度一样，修建得极好，顶上的路都是铺设过的，相信驾驭得好的话，5辆四轮马车同时行进没有问题。”① 在赞叹北京城墙时，格兰特将之与历史上的巴比伦城墙作类比。从格兰特的比对对象可以看出，在这一时期的西方人眼中，北京似乎并不是一个与他们同时代的城市，而是一个遥远的、与巴比伦一样存留在历史书上的城市。正如一名法军陆军少尉所言，“只有时间留下的一些漂亮的建筑物，三个世纪以来，人类之手都未曾触及，这些巨大的城墙，筑有防御工事的高高的城门，是强大和文明的有力证据，但现在只剩下回忆，北京现在只是个传说……”② 在古代曾经领先于时代的中华文明，在西方进入工业社会后，被西方文明赶超了。而洋洋得意开进中国首都的入侵者们，带着“进步”的自豪，虽然惊叹于其城墙的高耸与坚固，但并不因之产生任何倾慕之情。与此前对北京的建筑、园林等不无欣羡的东游前辈们相较，1860年的欧洲人更热衷于消解北京昔日的荣光。

（三）赞叹有加：繁荣的店铺与商业

在1860年的西方人眼中，北京的城区分布结构沿袭了此前传教士们所分的“鞑靼城”（又译“满人城”）和“汉人城”的称呼。如贝齐亚记载道：“北京由四个城区组成；也就是说用围墙围住的四个区域，在中国叫作城区，这是由防御工事围住的住宅群，总是用砖石水泥或泥土建造而成。南面是汉人区，是一个从北到南宽4公里、与之垂直

①［英］霍普·格兰特、诺斯利：《格兰特私人日记选》，陈洁华译，中西书局2011年版，第83—84页。

②［法］布瓦西厄：《陆军少尉的战争记忆》，陈建伟译，中西书局2011年版，第236页。

的一边长6公里的长方形。当200年前满族毁灭明朝后，他们把北城区留给满族人，并把中国人驱赶进入他们用城墙围起来的城区。就是从那个时候起，有了今天北京两个主城区的名字——汉人区和满人区。”① 他们对北京，尤其是被称为“汉人区”（即外城）的店铺繁荣颇为关注，不仅出入其中，而且在观察后多有赞叹。相对这一时期西方人对北京城其他面貌的评价而言，这是为数不多的赞誉。

西方入侵者们较为一致地认为，“汉族区是商业气息最浓厚的，这里有着最出色的商铺”②。他们兴致盎然地记叙了商铺的外观：“店面的镀金木雕图案复杂而奇特，招牌富有寓意、妙趣横生。店门两侧悬挂着各式各样的幌子，五颜六色、吸人眼球。可惜我手里没有相机，否则可以把这番奇特的美景拍摄下来。精雕细刻的木饰、栩栩如生的动物图案、耀眼夺目的镀金题词，可谓鬼斧神工。”他们甚至认为欧洲的写实绘画大师凡·艾克、达内尔虽然画技高超，“也断然无法再现中式建筑装饰那精细非凡的线条”③。而英法联军的随军记者比利，则是“有相机”的一员，他的镜头毫不吝惜地摄下了北京的商铺。从传世的照片中可以看到，北京的商铺的确注重装饰，从牌楼、廊柱、门窗，无不极尽雕琢之能事，雕栏画栋美轮美奂（见图）。除了赞叹商铺建筑的精美外，他们尤为注意商业区繁荣的经济。在他们笔下，北京“几乎所有的批发商都在汉人城区里，尤其是卖瓷器和精美工艺品的商

①[法] 贝齐亚：《中国之役：1859—1861》，陈建伟译，中西书局2011年版，第97页。

②[法] F. 卡斯塔诺：《中国之行》，张昕译，中西书局2013年版，第63页。

③[法] 乔治·德·克鲁勒：《进军北京》，陈丽娟、王大智、谭思琦译，中西书局2013年版，第98—99页。

人”①，“在汉人区……人来人往，车水马龙，纷繁杂乱，一片繁忙景象，其乐无穷。人民出售或购买，大家都在忙碌，做买卖，充满活力”②。

1860 年英法联军随军摄影师比利镜头下的北京商铺恒聚斋

1861 年 2 月 16 日《伦敦新闻画报》登载的北京琉璃厂

这些欧洲闯入者们对北京外城商业繁茂的赞赏，或许与欧洲一贯的重商主义相联系。反之，缺乏商业区的内城——即西方人眼中的“满人区”——“凄凉，空洞，没有工业，没有生气，似乎有一半的地方无人居住。人们在那里只能碰到一些骆驼商队，使人想起满洲及其沙漠”③。与北京谚语中“南贫北贱，东富西贵”的格局分布并不吻合，1860 年这批西方入侵者得出的结论是：当时北京城“汉人区”经济繁盛，“满人区”则毫无生机。

①[法] 瓦兰·保罗：《远征中国》，孙一先、安康译，许钧校，中西书局 2011 年版，第 172 页。

②[法] 布瓦西厄：《陆军少尉的战争记忆》，陈建伟译，中西书局 2011 年版，第 235 页。

③[法] 布瓦西厄：《陆军少尉的战争记忆》，陈建伟译，中西书局 2011 年版，第 235 页。

（四）最受唾弃之处：街道与路况之脏乱差

与对北京城墙的推崇、对外城店铺繁荣的赞赏截然相反的是，1860年西方入侵者们对北京的交通基础设施，尤其是街道路况的评价极低。虽然对主干道的宽敞略有正面评价，但贯穿始终的是诸如“脏乱”、“泥泞”、“恶臭”、“错综复杂”等词汇。

这些侵略者对北京街道和路面的整体印象是，道路宽阔但路面状况非常糟糕。法军进入北京城后，将北京的街道、路面与其首都巴黎进行类比，称北京的路虽然宽敞，但年久失修，雨天泥泞不堪，晴天恶臭不已。在法军随军人员的记载中，比比皆是如下内容：“这是我们第一次看到北京的路，路很宽，但是维护得却很糟糕。人和马一走过就会扬起一阵细细的灰尘，既刺鼻又恶心”①；“北京城内的大道都是笔直的，和巴黎一样宽。这些道路曾经铺砌得很好，不过等到我们占领北京时都已经塌陷了。它们的表面是一种像煤一样的灰黑色材料，这种材料一遇到雨水就变成黏稠的泥浆，而天气干燥时则会扬起一阵刺鼻恶心的灰尘”②；“我们脚下是京城的一条主要干道，笔直的大路一眼望不到头，路面比巴黎的林荫大道还要宽阔。但美中不足的是，路面由碎石和煤渣铺就。下雨天，不出几小时，又黑又厚的煤灰路面就会变成烂泥潭一般，有的地方很深，甚至会没过马的膝盖”③。法军的统帅蒙托邦基于这种让欧洲人难以忍受的路况，给北京整体的评价是“又脏又乱”。他说，虽然北京的街道“30—40米宽”，但“大街上

①［法］瓦兰·保罗：《远征中国》，孙一先、安康译，许钧校，中西书局2011年版，第167页。

②［法］瓦兰·保罗：《远征中国》，孙一先、安康译，许钧校，中西书局2011年版，第172页。

③［法］乔治·德·克鲁勒：《进军北京》，陈丽娟、王大智、谭思琦译，中西书局2013年版，第98页。

到处尘土飞扬，下雨后会很难走。除了一些华美建筑的残垣，尤其是那些用混凝土建造的、铺上了美丽红砖的围墙还能让人眼前一亮之外，北京是一座又脏又乱的城市"[①]。

西方入侵者也很快发现，北京城在宽阔的主干道之外，还存在狭窄的胡同。"在汉族城区里，主要道路都是从各个城门延伸出来的，它们笔直而宽阔，显示出开路者的智慧。然而次级的道路却既狭窄又弯曲。"[②]"主要街道很宽敞，但街面并不平整，保养得也并不好。天气干燥时尘土飞扬，稍一下雨又满街泥泞，使得通行非常困难，惹人心情不快。和中国所有其他城市一样，这里的横向街道也十分狭窄，挤满了汉人和满人。"[③]

英军眼中的北京街道亦是如此。英军总司令格兰特称北京"大道宽阔漂亮，但路面状况非常糟糕，大街中央的路面稍高，坑坑洼洼，两边是小径。坑洼和积水使人难以通行"[④]。"11 月 17 日……我们护卫额尔金勋爵去向恭亲王告别……地点指定在离大使馆相当远的一个地方。我们穿过北京城泥泞、错综复杂的街道长途跋涉来到此地……"[⑤]

诸如此类对街道的恶评在 1860 年的英法联军相关人员的书信、日记、回忆录中比比皆是。西方人对泥泞不堪的街道的描述，并不局限于北京一个城市。法军的一名陆军少尉布瓦西厄描述道："北京，如同

---

①[法] 蒙托邦：《蒙托邦征战中国回忆录》，王大智、陈娟译，中西书局 2011 年版，第 367 页。

②[法] 瓦兰·保罗：《远征中国》，孙一先、安康译，许钧校，中西书局 2011 年版，第 172 页。

③[法] F. 卡斯塔诺：《中国之行》，张昕译，中西书局 2013 年版，第 63 页。

④[英] 霍普·格兰特、诺斯利：《格兰特私人日记选》，陈洁华译，中西书局 2011 年版，第 87 页。

⑤[英] 约翰·H. 唐恩：《从加尔各答到北京：一名军官写于两地的日记》，陈洁华译，中西书局 2011 年版，第 82 页。

中华帝国的所有其他地方一样，只是废墟一片。它的街道很容易令人摔跤，坑坑洼洼，尘土飞扬，散发恶臭，到处都是垃圾，成千上万乱叫卖的零食商铺子堵塞了街道……”① 法军英文翻译官埃利松抱怨他们进入北京时脚下扬起的灰尘减弱了他们制服的鲜艳。他说：“在中国的城市里，天气晴好的时候，人们会到处吃灰尘；下雨的时候，人们会陷入泥潭。”② 在第二次鸦片战争时期，英法联军一路北上，途经广州、舟山、上海等地，得出一个结论：“中国所有的城市都极为相像，狭窄的街道凹凸不平，穿着破烂的乞丐随处可见，垃圾四处乱扔，到处都脏兮兮的，散发着各种恶臭，这就是中国一些所谓的城市的惯常景象。”③ 也有个别例外，如加内特·沃尔斯利认为北京城在中国的城市中算是突出的。他说：“北京比我所见过的其他中国城市都干净得多，那里的空气不像其他城市那样臭气熏天，由于街道很宽，房屋周边通风较好。”④

（五）北京的特色所在：日渐衰败的紫禁城

在1860年西方入侵者眼中，北京的特色所在应该是城中之城——紫禁城。正如法国远征军之一员乔治·德·克鲁勒在他的日记所写的，看到他对北京城的城区、街道与一般建筑的描述，读者会感到扫兴，因为“毕竟，自从英法两国传教士来华传教，他们描绘的北京城在欧洲便久负盛名，尤其是浩屯伯爵与古伯察神甫笔下的京城令欧洲人甚

①[法] 布瓦西厄：《陆军少尉的战争记忆》，陈建伟译，中西书局2011年版，第235—236页。

②[法] 埃利松：《翻译官手记》，应远马译，中西书局2011年版，第275页。

③[英] 加内特·沃尔斯利：《1860年对华战争纪实》，江先发、叶红卫译，中西书局2013年版，第34页。

④[英] 加内特·沃尔斯利：《1860年对华战争纪实》，江先发，叶红卫译，中西书局2013年版，第187页。

是向往”。他也指出，北京城的特色所在乃是“皇帝的宫殿”，而紫禁城并不是一般人能出入的，“穿过内城才是皇城，里面住着朝廷的文武官员，皇城正中则是皇帝的宫殿，这也正是北京城的特色所在”①。朱以亚结合此前西方游历者的记载，描述了紫禁城被西方人向往之处——“紫禁城是一片庞大的建筑群，建筑风格极为独特，典型的中国式建筑在这里展现得淋漓尽致。我们在这里看到了皇后寝宫、皇帝后宫、太和殿、藏书阁、御花园、水池、建有亭子的假山、林荫小道、可供休憩的楼阁、孔庙、奉先殿、浮桥、湖泊、养鱼池和一些英式的花园。总之，人们可以想象到的，所有能够吸引这位世界上最富有、权力最大的亚洲君主的事物，应有尽有，令人目不暇接”②。带着对最富有、最有权势的亚洲君主的宫殿的好奇与向往，1860 年的西方闯入者极为渴望近距离观察紫禁城。最终，为数不多的一批西方人获准参观紫禁城。他们在中国官员的引导下，参观了北京的部分皇城。获得此项准许的手段不尽相同。法国人反复强调“这位中国亲王（恭亲王）被法国人优雅的态度和举止所感动，邀请法国特使在他的带领下参观紫禁城，法国特使热情地接受了这一邀请”③。“额尔金勋爵得知我们的特使游览了紫禁城后，也要求享受同样的特权，他的要求自然得到了同意。不过其中却又有一点不同，那就是法国人参观是中国政府对他们优待的自发表现，而英国人的参观却来自于一项中国政府无法拒

①[法] 乔治·德·克鲁勒：《进军北京》，陈丽娟、王大智、谭思琦译，中西书局 2013 年版，第 101 页。

②[法] L. F. 朱以亚：《中国战争纪行》，赵珊珊译，中西书局 2013 年版，第 113 页。

③[法] 瓦兰·保罗：《远征中国》，孙一先、安康译，许钧校，中西书局 2011 年版，第 182 页。

绝的官方要求。”[1]

法国人参观了紫禁城的外围部分。在法军上校杜潘笔下，他们参观之处所见的奢华宫室早已破败不堪。“在皇帝不在时，任何人都没有进入皇宫的权利，因此我们只能参观紫禁城的外宫部分。初建成时，这些宫殿极为奢华，现在看上去却年久失修，状况堪忧，一片破败不堪的景象，这表明中国皇帝们长年不在这里居住；他们日常的住所都是在圆明园——那里现在已经化为一片灰烬。”[2] 而据说靠胁迫恭亲王争取到参观特权的英国代表额尔金笔下的紫禁城，是从景山俯瞰的。“在那个像公园一样的高地我们俯瞰皇宫——围墙所括的地域不小，里面有很多黄色屋顶的房子，都很低矮，只有几棵树点缀其间。被隔绝在这里的人很可怜，很难想象他们怎么活动筋骨。这就不奇怪为什么皇帝会偏爱圆明园。不过，黄色的屋顶，再加上几个深蓝色的屋顶分布其中，在阳光下还是显得很绚丽。”[3]

参观过后，这些特殊的参观者相互交流了对皇城的印象，得出的结论完全消解了参观之前的向往。“大家对皇城的印象基本一致：难看极了，没有一座出色的建筑。至于紫禁城，大家则众口一词，都说那是一处废墟。大家谈论得比较多的是园林、湖泊、湖心岛和山丘。有一个同伴小心地拿法国的布洛涅森林作对比，但是大部分人立刻指出，北京的皇家园林更为别致。只是大家一致认为，我们看到的一切都不

---

①[法] 瓦兰·保罗：《远征中国》，孙一先、安康译，许钧校，中西书局 2011 年版，第 182 页。

②[法] 瓦兰·保罗：《远征中国》，孙一先、安康译，许钧校，中西书局 2011 年版，第 182 页。

③[英] 额尔金、沃尔龙德：《额尔金书信和日记选》，汪洪章、陈以侃译，中西书局 2011 年版，第 223 页。

能与圣詹姆斯公园和温莎公园相媲美。”① “紫禁城里有许多财宝，它们只属于皇族和那些地位崇高的人。在这些珍宝旁边，还可以看到大量淫书淫画，这进一步证明了我们早就知道的一个事实：中国的高官显贵往往粗俗下流、耽于声色、自降身份、自甘堕落。”② 获准参观紫禁城的西方人毕竟是少数，他们把观后感告知未获参观的同伴，打破了此前传教士们构建的神话，以至于有些士兵甚至得出如下结论——“北京的皇城在表面上似乎比城市的其他部分更为贫穷和肮脏。只有我们的将军们才被允许进入皇宫。据他们说，皇宫里的建筑也很平庸、朴实”③。

（六）北京的人：人口数量名不副实，人们贫困、麻木

1860 年之前，已经有不少传教士、西方旅行者进入中国，他们留下了较为丰富的介绍中国及北京的书籍。1860 年，两万多名欧洲人组成的英法联军进入中国，凭借武力闯入了这个笼罩着神秘面纱的东方城市。他们对这座城市的观察，往往会与过去的认知相比较，然后在比较中得出新的结论——北京的人口与传教士们传来的数据相比，名不副实，北京的人口并没有那么多。诸如此类的记载在 1860 年入侵北京的西方观察者的书信、日记、回忆录中屡屡出现。“根据一些书中对北京城的描写，我们以为会有许多围观者，然而真正的数目比我们想象得要少。”④ “关于这座首都的人口，以往 300 万的说法过于夸张。尽

---

①[法] 乔治·德·克鲁勒：《进军北京》，陈丽娟、王大智、谭思琦译，中西书局 2013 年版，第 165 页。

②[法] F. 卡斯塔诺：《中国之行》，张昕译，中西书局 2013 年版，第 64 页。

③[英] 乔治·奥尔古德：《1860 年的中国战争：信札与日记》，沈弘译，中西书局 2013 年版，第 144 页。

④[法] 瓦兰·保罗：《远征中国》，孙一先、安康译，许钧校，中西书局 2011 年版，第 167 页。

管在欧洲，人们无法想象中国人是以一种怎样的方式蜗居在他们的房子里的，但是要想装下这么多人，北京的房屋未免也太过矮小了，房屋间的间隙也太大了。”① “这个城市只有单层的房屋，里面是数目不少的外人不能进入的四合院。……使人宁愿相信到了一个有着 30 万人口的巨大村庄，而不是到了中华帝国的首都，整个北京城有 300 万人口。任何对中国首都比较了解的人似乎都难以接受北京的人口如此庞大，100 万可能是一个更接近真相的数字。”② “北京大约有 300 万人口，但从宽敞的街道、被废弃的房屋、满人城区和汉人城区里大片荒废的地方来看，我们大胆地估计，这里的实际人口不会超过 100 万。”③

对北京人口数目的怀疑和探索，贯穿了 1860 年后来华的欧洲人的观察。例如，1865 年，英国使馆官员密福特就在他的信件里写道：“传统和神秘色彩笼罩京城多年，也使得其人口有被夸大之嫌。中国人故意夸大其词，声称其首都有 200 万人口，任何其他国家首都都无法与之相比。这可能是公元 1736 至 1795 年，乾隆皇帝统治期间的情况。入京，虽然有的地方人口密集，但从其庞大而又空旷的地盘、大量无人居住的庄园庭院来看，可能还不到 100 万。当然，不大可能对人口的数量进行精确的统计。专家们意见不一，我也听到一些北京人给出了各种不同的数据，从 60 多万到 150 万不等。在北京对欧洲人开放之前，南方的中国人通常都不撒谎的。比如，如果跟他们描述一些伟大的科学发明，如铁路、电报或者类似的东西，他们立刻厚颜无耻地告

①[法] 瓦兰・保罗：《远征中国》，孙一先、安康译，许钧校，中西书局 2011 年版，第 174 页。

②[法] 贝齐亚：《中国之役：1859—1861》，陈建伟译，中西书局 2011 年版，第 97—98 页。

③[英] 斯温霍：《1860 年华北战役纪要》，邹文华译，中西书局 2013 年版，第 204 页。

诉你：‘看到了！看到了！北京有很多。’对于北京的规模和人口，他们也以同样的方式撒谎。北京周围的乡村似乎人口非常密集。我已经有这样的心理准备，但我却几乎总是看不到那么多人，或者说看不出有那么多人生活的痕迹，这让人感觉非常不快的，尤其是在中国。”①

北京的人口到底有多少呢？传统中国只有“户”的统计，没有直接的人口统计数字，故而具体人口数目，即便是官方档案亦无精确记载。直到光绪三十四年（1908），才由民政部开始系统地进行人口调查。这次调查的结果是，北京内城有 456502 人，外城有 304604 人，合计 761106 人②。相较此前传教士的夸大推算，19 世纪后半期这批西方闯入者“近百万”的预估应该更加切合北京城的实际情况。

在向本国人介绍北京时，这些西方闯入者也会将这座东方都城与同时期自己的国都相比较，不仅是物，人也如此。“在城墙的城门外，有一些宽敞的棚屋，每到晚上，无数饥寒交迫的流浪汉就会聚集到那里，好一片丑陋的景象——如此多的人挤在一起，他们的衣服破旧得已经让人无法描述，衣服下尽是被感染、腐蚀的伤口。与之相比，所有关于旧巴黎奇迹街的描述、所有可以在伦敦城最贫穷的街区看到的画面都不值一提。”③ 1860 年 10 月 25 日，法军对华远征军总司令蒙托邦致信法国陆军大臣，描述 24 日在北京城签约的细节，其中一些细节包含了他对北京城的观察。他留意到北京人口众多，“街上的人比节假

①［英］密福特：《使馆官员在北京——书信集》，叶红卫译，中西书局 2013 年版，第 32 页。

②梁芳仲：《中国历代户口、田地、田赋统计》，上海人民出版社 1980 年版，“甲表 86”。

③［法］瓦兰・保罗：《远征中国》，孙一先、安康译，许钧校，中西书局 2011 年版，第 174 页。

日里巴黎街上的人还多”[①]。“他们对我们身上的所有细节都很感兴趣，单是我的夹鼻眼镜便吸引了无数目光停留。”而围观的人们“时不时伸出手对我们的武器和服装指指点点，还迸发出笑声，似乎是在嘲笑我们的外表”[②]。最终让入侵者从被围观的恼火中平静下来的原因是，“相较之下，巴黎人对外国人奇异装扮的恶意嘲笑更为肆无忌惮”[③]。

北京百姓围观进入北京城的英国联军，对这些外国人的面孔、服饰指指点点的行为，勾起了法国人对历史的回忆。“看到天朝百姓对政府的软弱无能无动于衷，不禁勾起我们的沉痛记忆。就在45年前，打败了拿破仑的反法同盟国趾高气扬地开进我们的祖国，当时我们父辈的表现同中国的百姓一样漠然。对于普通百姓而言，有吃有喝、有热闹看就行，其他的他们概不关心，哪怕这一切是以牺牲同胞的生命和丧失民族的尊严为代价。不仅中国百姓如此，其他任何民族也无一例外。”[④] 这种联想带着民族主义兴起的痕迹，也带着1860年的欧洲入侵者对己辈比父辈更为“先进”的自豪。正是这种对欧洲文明与进步的自豪，使得这些入侵者在完成非正义的侵略战争之后，不但没有表现出愧疚，反而有救世主般的使命感。他们认为“清王朝要么在太平天国叛军的进攻下走向灭亡，要么在欧洲人的支持和帮助下，依靠欧洲的文明与进步，在这疆域辽阔的国家掀起一场彻底的启蒙运动以稳固

---

①[法] 蒙托邦：《蒙托邦征战中国回忆录》，王大智、陈娟译，中西书局2011年版，第366页。

②[法] 乔治·德·克鲁勒：《进军北京》，陈丽娟、王大智、谭思琦译，中西书局2013年版，第100页。

③[法] 乔治·德·克鲁勒：《进军北京》，陈丽娟、王大智、谭思琦译，中西书局2013年版，第101页。

④[法] 乔治·德·克鲁勒：《进军北京》，陈丽娟、王大智、谭思琦译，中西书局2013年版，第117页。

现有政权。若选择后者，那么这种启蒙是否人道，又能否及时挽救正走向衰落、腐朽和颓靡的中国？如果一切为时不晚，那么恭亲王是否就是那个睿智、刚毅、力挽狂澜之人？”①

在 1860 年的西方入侵者眼中，北京丝毫没有物富民强之感，百姓的生活是困顿不堪的。“市郊地区挤满了贫困的居民，他们个个蓬头垢面、衣衫褴褛，因此在那里走几步就会看到一片精神的颓唐腐朽与物质的困顿贫乏相叠加的景象。”② “再没有一个地方能像圆明园这样，极致的富裕与极致的苦难为邻。宫殿里堆满清帝国的庞大宝藏，宫廷上下穷奢极欲，而在一墙之隔的宫殿之外，生活着无数贫苦百姓，因饥饿折磨而困苦不堪。”③ 同时，这些百姓缺乏在这批闯入者眼中公民应有的对国家、民族的关怀。事实上，此时欧洲的现代民族国家也刚起步不久。对于法国远征军来说，民族主义与爱国思想其实是新事物，但正如他们反思父辈在普法战争中的麻木漠然，他们也在观察中国百姓对国家大事的麻木不仁。北京条约的内容在北京的城墙上张贴出来，法军的一名军官观察到北京百姓对于时政的漠不关心。他写道：“一些识字的人把布告的条约内容一条条地解释给老百姓们听，而北京城的百姓们虽然深感好奇，却丝毫没有痛心的表示，好像对朝廷与西方蛮族达成的新条约感到满意似的。”④

---

①[法] 乔治·德·克鲁勒：《进军北京》，陈丽娟、王大智、谭思琦译，中西书局 2013 年版，第 150—151 页。

②[法] 瓦兰·保罗：《远征中国》，孙一先、安康译，许钧校，中西书局 2011 年版，第 174 页。

③[法] F. 卡斯塔诺：《中国之行》，张昕译，中西书局 2013 年版，第 64 页。

④[法] 伯纳·布立赛：《1860：圆明园大劫难》，高发明、丽泉、李鸿飞译，郑德弟等校，浙江古籍出版社 2005 年版，第 309—310 页。

## 二、幻想破灭与印象重建：西方入侵者对北京城的观感变化

在1860年之前，西方人对北京虽然不见得是一无所知的，但他们依然保持着对这座城市的美好幻想。18世纪传教士们对北京的描述对欧洲产生了巨大影响，乃至出现了“中国热”。在当时的法国传教士眼中，北京的景致是引人入胜的。“的确，当人们领略过意大利和法兰西的建筑杰作之后，对其他地方的所有建筑都会不屑一顾。然而，中国皇帝在北京的宫殿以及各处燕游之所当属例外，因为那里无论是构思设计，还是营造施工，无一不宏伟壮观，绚丽至极。”① 正因为有这样关于北京精妙绝伦的评价在前，1860年的欧洲入侵者在进入北京前，才对它充满了美好的幻想。正如一名法国远征军上尉贝齐亚所言，“当我在童年的时候听说起北京，我总是把她与《一千零一夜》中的形象联系起来。这正是我的思想为了召唤神明所选择的城市，作为仙女和迷人的宫殿的故乡”②。英国人麦吉也称：“我可以肯定，骑马穿过北京城会令你充满渴望，在去北京之前我也几乎和你一样，满怀期待。”③

虽然此前不乏东游过的西方人介绍、宣传中国，但正如1860年的随军军医阿道尔夫·阿尔芒指出的，“尽管卢布鲁丘、马可·波罗、尼

---

①法国传教士王致诚1743年写给达叟先生的信，于1749年在法国公开发表。见［法］伯纳·布立赛：《1860：圆明园大劫难》，高发明、丽泉、李鸿飞译，郑德弟等校，浙江古籍出版社2005年版，第384页。

②［法］贝齐亚：《中国之役：1859—1861》，陈建伟译，中西书局2011年版，第97页。

③［英］麦吉：《我们如何进入北京》，叶红卫、江先发译，中西书局2011年版，第191页。

古拉·孔蒂都有过中国之行，但直到葡萄牙航海家瓦斯科·德·伽马的到来，欧洲对这个幅员辽阔的国家才有了积极的认识。在那个年代，我们对中国的所有认识都来自于几个亲眼见过皇宫、京城大道的使者，一些驻扎在中国边境城市郊区的从事大宗买卖的商人以及为数可观的传教士们，他们的身影遍布任何地方，是见证历史的目击者。至于那些他们明显表示不满的事实，则给了我们无尽的想象空间。我们也有一些中国地理书，不过都是些枯燥的目录清单，无法告诉我们所有我们想知道的一切”①。“对中国进行描述并不是一件简单的事，尽管自1842年以来中国已经开放了5个商业港口，与日俱增的联系也使我们对这个奇特的帝国有了更多认识。”② 鸦片战争后，更多西方人陆续来到这个遥远的国度，但怀着美好憧憬的西方人依然缺乏对中国、对北京的深入观察。

1860年英法远征军的士兵、军官及随军的其他人员在自己的回忆中，对于他们凭借武力侵入北京从不讳言，反而有着以武力揭开北京神秘面纱的自得。“在此情况下（指1860年北京条约签订后），欧洲人第一次荷枪实弹地进入这座著名的城池，迫使它摘掉了覆盖多年的神秘面纱。”③ 1860年，这批欧洲入侵者在日记、书信、回忆录中有意无意地观察北京。他们的观察组成了1860年北京独特的国际形象。

单就进入北京城而言，迟至1860年北京条约签订，外国公使才获得了常驻北京的权利，改变了以往外国人在北京的格局。从这个时期

①[法] 阿道尔夫·阿尔芒：《出征中国和交趾支那来信》，许方、赵爽爽译，中西书局2011年版，第150—151页。

②[法] 阿道尔夫·阿尔芒：《出征中国和交趾支那来信》，许方、赵爽爽译，中西书局2011年版，第151页。

③[法] F. 卡斯塔诺：《中国之行》，张昕译，中西书局2013年版，第63页。

开始，这些站在北京门口的陌生人，不再以传教士为主体，在传教士之外，将士、使臣、职员（服务于中国的、外国的）、记者等纷纷进入北京。他们，尤其是英法联军，对北京来说，是切切实实的“闯入者”。这些闯入北京城的入侵者，在进入北京之前，对它的认识停留在此前西方对它的介绍——“‘Pekin’（当地人读作北京）这个词承载了太多的意义，以至于我们这些欧洲人总习惯于将其想象得美妙神奇”①。进入北京城后，这种美妙神奇的幻想被打破了，取而代之的是“亲眼目睹北京后，我想我们军队中所有的人都无一例外地感到失望”②。实际上，早在乾隆年间马戛尔尼使团来华之时，西方人就已经对北京这座富饶的传说之城有了类似观感。1860 年，西方观察者的失望之情集体爆发。法国学者伯纳·布立赛在《1860：圆明园大劫难》一书中专门用一章的篇幅来描述 1860 年闯入北京的英法联军军官和外交官对北京城的观后感，该章的篇名就叫“北京令人失望”。

除了失望之外，1860 年的西方入侵者还开启了全新的角度来观察北京、认识北京、评价北京，得出了此时期对北京更为丰富、直接的观察印象。1860 年的分界在于，在这些入侵者眼中，北京已经不复令人向往；在他们对北京城的观察中，赞叹不再是主流。他们以胜利者之姿，对这座城市品头论足，并得出这个都城在衰落、这个帝国在衰败的结论。“城中的那些庙宇、寺院、运河、湖泊显得非常雄伟，这显示出这个帝国过去的辉煌。然而，现如今，湖泊、河道变得干涸，建筑物慢慢塌陷，甚至在房屋的墙上和屋顶上青黄色的瓦片间杂草丛生，

①[英] 加内特·沃尔斯利：《1860 年对华战争纪实》，江先发、叶红卫译，中西书局 2013 年版，第 178 页。

②[英] 加内特·沃尔斯利：《1860 年对华战争纪实》，江先发、叶红卫译，中西书局 2013 年版，第 181 页。

这些景象让人悲伤，揭露出现如今中华帝国的巨大衰败。”①

进入北京城时曾欢呼雀跃的入侵者们，留下一大批抨击北京的文字后回到自己的国家，也许不再踏入北京城半步，但他们的北京观察引发了西方人对北京印象的重塑。1865 年，赴北京任职的英国使馆官员密福特对北京的想象不再是一座富丽之城，反而“以为，北京这块地方，陆地也是平坦、丑陋且又荒凉的”②。1860 年西方入侵者的北京印象，不仅影响，也几乎代表了同一时期乃至 20 世纪初期西方人对北京的印象。这在一些定居中国的西方人的记载中能得到直接印证。例如，对北京街道路况的深恶痛绝，不断在随后而来的西方人记载中反复出现。海关总税务司的英国人赫德，在其日记中不止一次抱怨北京糟糕的路况③。19 世纪 60 年代，英国使馆官员密福特也在书信中写道：“街道宽阔，但大部分没有经过铺砌，也无人养护。……在这个灰尘和脏物满天飞的地方，冬天和夏天都无比肮脏。”④ 普特南·威尔

①[法] 瓦兰·保罗：《远征中国》，孙一先、安康译，许钧校，中西书局 2011 年版，第 173—174 页。

②[英] 密福特：《使馆官员在北京——书信集》，叶红卫译，中西书局 2013 年版，第 28 页。

③1863 年 6 月 10 日，在海关总税务司任职的赫德拜访了总理衙门的官员恒祺。他简单描述了北京的路况：“坐马车去他家绝不是一件舒服的事情：路途遥远，烈日当空，马路很差。”（[英] 赫德：《步入中国清廷仕途：赫德日记（1854—1863）》，傅曾仁等译，中国海关出版社 2003 年版，第 340 页。）1863 年 7 月 6 日，赫德在日记中写道：由于北京下雨，“大街小巷泥泞不堪，到处是坑洼积水”。（[英] 赫德：《步入中国清廷仕途：赫德日记（1854—1863）》，中国海关出版社 2003 年版，第 369 页。）1864 年 8 月 3 日，“今日上午往访陈道台，‘路途长’，道路差，到时他已外出，因而不得不折返。在车中连续蜷坐两小时，疲累之至”。（[英] 赫德：《赫德与中国早期现代化：赫德日记（1863—1866）》，陈绛译，中国海关出版社 2005 年版，第 215 页。）

④[英] 密福特：《使馆官员在北京——书信集》，叶红卫译，中西书局 2013 年版，第 31 页。

（海关职员、《泰晤士报》记者）也是一个对北京路况深恶痛绝者。他在1900年5月12日描摹北京的道路道："其在四达之衢及城门之间，则重笨之骡车、臃肿之骆驼往来交错，时时挤塞，不能通行，车马既众，则灰尘亦愈甚。吾人居于此间，似无卫生之可言矣。"①

同文馆暨京师大学堂西学总教习、美国传教士丁韪良从1863年开始定居于北京。他认为北京"要比世界上任何地方都更像我的家，我很可能会在这里结束自己的朝圣之旅"②。在中国度过了数十年，丁韪良笔下的北京描述已经变得较为客观——"北京并不缺乏粗野而又光彩照人的景色，就生活便利程度而言，这个著名的京师还比不上西方世界的一个乡村。它大致与费城处于同一纬度上，只不过这里更为干燥、炎热和寒冷。这里的气候如此上乘，以致虽然没有一套公共卫生系统，但北京人的死亡率仍低得惊人"③。但长期定居带来的好感也掩盖不了他第一次踏进北京城时体验到的败兴之感。丁韪良引用拜伦在《恰尔德·哈洛尔德游记》中对葡萄牙首都里斯本的描述，来形容自己对北京的第一印象，并在1906年依然认为即使北京在城市条件上有了一些改善的迹象，但那几句精确描述现实与想象的巨大反差的诗依然可以描述北京城。这些用于描摹大航海时代赫赫有名、领先于其他西方国家的葡萄牙首都里斯本的巨大落差的句子，的确诗意而又精准地概括了1860年西方入侵者见到的曾在中古时期领先于世界的中国都城北京的印象：

①［英］普特南·威尔：《庚子使馆被围记》，上海书店出版社2000年版，第1页。

②［美］丁韪良：《中国觉醒——国家地理、历史与炮火硝烟中的变革》，沈弘译，世界图书出版公司北京公司2009年版，第35页。

③［美］丁韪良：《中国觉醒——国家地理、历史与炮火硝烟中的变革》，沈弘译，世界图书出版公司北京公司2009年版，第34页。

无论谁来到这个城市，
远看过去光耀万里，宛若天庭，
但走到近处仔细一瞧，便觉败兴，
他会目睹众多不堪入目的景象。
无论茅舍抑或宫殿都一样肮脏：
邋遢的居民在污秽中养家糊口；
不论贵人或贱民均不会在意
外衣的体面或者是衬衣的清洁①。

## 三、西方闯入者对北京城观感变化的原因

1860 年这批特殊的西方观察者，与其说是观察者，毋宁说是入侵者。他们对北京城的观感经历了从期待到失望的转变，中古时期西方游历者及传教士构建的富庶之城的幻想开始坍塌，西方人对北京城的观感集体表述为大失所望。

西方入侵者对北京城的失望，更多来源于此前传教士群体、个别欧洲旅行者对北京城的美好描述与映入眼帘的脏乱街道形成的巨大落差。正如英军军官斯温霍所言，“北京古城，顺天府的中心，中国的大都市，一直以来被耶稣会的传教士及其他外国人描述得天花乱坠，结果它只是一个非常乏味的地方”②。法军 102 团的一名士兵也感叹道：“北京，一座非常粗鄙、非常肮脏的城市。唉！原来对它产生的想法，

①［美］丁韪良：《中国觉醒——国家地理、历史与炮火硝烟中的变革》，沈弘译，世界图书出版公司北京公司 2009 年版，第 35 页。

②［英］斯温霍：《1860 年华北战役纪要》，邹文华译，中西书局 2013 年版，第 199 页。

真是大错特错……”①

1860年西方入侵者们对北京观感的失望，还来自于入侵者对紫禁城的失望。北京的皇宫此前被西方人描绘得美轮美奂，他们认为这才是北京城的特色所在。对比遭到侵略者劫掠的京郊皇家园林圆明园中充满了可供侵略者掠夺的奇珍异宝，紫禁城，虽然也是充满奇珍异宝之处，但它在1860年仅向入侵者们开放了年久失修的外围部分。英法军队进入北京城，虽然是在兵临城下、驾炮相逼的情况下，但他们进城的主要目的是与清政府签订北京条约，而不是纵容士兵展开抢掠。对带着满城尽是珍宝希冀的参观者而言，仅仅参观了紫禁城年久失修的外围宫殿，失望之情是不可避免的。正如法军中一名伯爵米特雷西在《北京之行》中描述的，“乍看上去，人们还能想象一下，这座巨大的城池该掩藏着多少奇珍异宝。一旦走近，便大失所望”，“总之，北京的景象向我表明，它根本配不上它在欧洲的显赫名声”②。

1860年的西方闯入者对北京的失望，也与他们接触的中国其他地区的人们对北京的推崇形成了巨大落差相关。英国远征军的一员加内特·沃尔斯利指出，他们对北京的失望来自太高的期待。“因为我们到达北京之前好长一段时间里，每个人都对北京充满了美好的想象和期待。”而这种想象和期待，不唯是此前欧洲人的描述带来的，更多的是中国人对首都的推崇带来的——“我们中有一些人在中国待了好些年，经常听到中国人不断高谈他们的京城，把它比作人间天堂，高墙之内

①[法] 伯纳·布立赛：《1860：圆明园大劫难》，高发明、丽泉、李鸿飞译，郑德弟等校，浙江古籍出版社2005年版，第306页。

②[法] 伯纳·布立赛：《1860：圆明园大劫难》，高发明、丽泉、李鸿飞译，郑德弟等校，浙江古籍出版社2005年版，第306页。

是一幅美丽、壮观的景象”①。

除了因为传闻而想象，再被现实与幻想的落差击败，带来近代西方人北京观感的急剧变化之外，观察角度的变异，更是这种观感变化的重要原因。

无论英、法，在1860年均已完成工业革命，其社会主流思想对现代化极为推崇。这便导致了他们对未开启现代化之地的鄙视。他们目睹传统中国遗留下的北京城墙，虽然赞叹有加，但又认为“我们脚下的城墙是多么庞大的一项工程，但是面对现代化的武器又有何用，在我们武器的攻击下，顷刻间就化为尘土，而土木工事相对不易受影响。但是面对太平天国叛军攻打北京的武器，城墙仍能起到极佳的防御作用，而且我看不出叛军如何能进入北京……”②

西方入侵者一方面以现代化先行者自居，对未开启现代化的北京充满了鄙视；另一方面，他们还以现代文明使者的姿态，自比救世主，以向北京传播现代文明为能。法国全权代表葛罗男爵在写信给英国全权代表额尔金勋爵时称：“在我看来，在北京城复兴基督教和向中国派遣欧洲使团都是为了让现代文明能迅速传播到这个国家。”③ 查理·德·穆特雷西在出版其远征中国的日记时，也在序言中称这次战争为传播文明的战争。他写道：“我们为这场传播文明的战争鼓掌欢呼，因为

①[英] 加内特·沃尔斯利：《1860年对华战争纪实》，江先发、叶红卫译，中西书局2013年版，第181页。

②[英] 麦吉：《我们如何进入北京》，叶红卫、江先发译，中西书局2011年版，第192页。

③1860年10月13日葛罗致额尔金函。见［法］蒙托邦：《蒙托邦征战中国回忆录》，王大智、陈娟译，中西书局2011年版，第323页。

它为直至彼时依然互不相识的强大人民开辟了广阔视野。”① 鉴于他们对北京城市设施落后、官员堕落、民众贫苦的观察印象，1860 年的入侵者以救世者自居，试图以宗教传播福音之说解释自己远征的正当性。“但愿这次远征能给这些偏远地区带来其他正面效果，希望我们能启发民智，使之领悟福音书中的种种善行。”② 侵略者热衷于反复提及这种传播福音的思想，试图以救世者形象出现在北京城，淡化这场战争的非正义性，淡化他们的侵略形象。法军代表葛罗甚至在他的日记里，兴致勃勃地描述一些北京人表明基督徒身份的情形道：“有好几群人朝我的轿子俯下身子，好让我看得更清楚，他们都手画十字，表明自己是基督徒！我十分感动。”“这是我漫长职业生涯中最美好的回忆之一，我双眼含着泪水，幸福的泪水！”③ 在如此笔调下，英法联军进入北京城，仿佛不是击溃清军、兵临城下、驾炮相逼的结果，而是一次受到北京当地人诚心信教、真切欢迎的参观之旅。

1860 年之前的西方观察者，例如传教士们，多数是以“宫廷供奉”的名目进入北京。他们小心翼翼地遵循中国礼俗，一点一滴地认识北京这座城市，慢慢地深入中国宫廷，在官方准许下游览园林、进出宫殿。与此前的观察者们不同，1860 年这批西方观察者，是带着炮舰、伴随着战争而来的入侵者。他们并未遵循中国礼俗，而是无所顾忌地闯入北京，开始对北京进行肆无忌惮的观察。

在 1860 年的战争中，真正的入侵者对自己的侵略行径少有反思。

①［法］查理·德·穆特雷西：《远征中国日记》，魏青巍译，中西书局 2013 年版，前言。

②［法］F. 卡斯塔诺：《中国之行》，张昕译，中西书局 2013 年版，第 64 页。

③［法］葛罗：《黄皮书日记》，赵勤华译，中西书局 2011 年版，第 116 页。

他们抢掠并焚毁圆明园的行径一直被中外舆论指责[①]，最出名的指责是当时的法国文豪雨果关于两个强盗的直言——“两个强盗闯进了圆明园。一个强盗洗劫，另一个强盗放火。似乎得胜之后，便可以动手行窃了。对圆明园进行了大规模的劫掠，赃物由两个胜利者均分”，“将受到历史制裁的这两个强盗，一个叫法兰西，另一个叫英吉利”[②]。然而，侵略者自身甚少赞同这种批评，少数的自省者即便认识到劫掠行为的野蛮，也拿清政府虐待战俘来为自身的侵略行径开脱。一直以文明自居的西方入侵者在解释自己在1860年侵华战争时期的野蛮行径时，欲盖弥彰地说：“这种惩罚表示我们对他们践踏人权这种野蛮行径的愤恨之情”，“摧毁圆明园绝对不是针对这个民族的行动，而是只针对犯下这些野蛮行径的中国政府。这次行动将会沉重打击这个政府。此外，从人类情感角度出发，也没有任何理由可以指责这次行动”[③]。法国的海军上尉帕吕在评论英法联军与其自诩文明相悖的侵略行径时，将责任推给清政府道：“野蛮战争的邪恶，必然导致这些与我们自诩的文明格格不入的行径，不论是火烧皇宫，还是有步骤地洗劫圆明园，都无法带给大清军队想要通过战争找寻的和平，只有和约，一份在4亿双眼睛见证下盖有玺印的和约，才能铺就和平之路。”[④] 法国人夏尔·于贝尔·拉佛莱在评价1860年的战争时，无法自圆其说地辩解道：

---

①1865年，法国记者指出，“人们指责额尔金勋爵命令焚毁了圆明园。在法国，几乎全部都是对他的指责；在英国，也有许多指责的声音”。见［法］夏尔·于贝尔·拉佛莱：《1860年中国战事》，应远马译，中西书局2013年版，第67页。

②［法］维克多·雨果：《就英法联军“远征”中国给巴特勒上尉的信》（1861年11月25日）。见［法］伯纳·布立赛：《1860：圆明园大劫难》，高发明、丽泉、李鸿飞译，郑德弟等校，浙江古籍出版社2005年版，第383页。

③法国英文翻译官埃利松录英军统帅格兰特写给法军统帅蒙托邦的信。见［法］埃利松：《翻译官手记》，应远马译，中西书局2011年版，第268页。

④［法］帕吕：《远征中国纪行》，谢洁莹译，中西书局2011年版，第134页。

“在这个事件上，谈论人权、文明和宽容似乎让我们觉得有点不合时宜。”①

这些凭借炮轰京城的威逼而闯入北京城的侵略者，充满了胜利者的自豪。法军的英文翻译阿尔芒·吕西在写信给他的父亲（法国的一名上将）时，洋洋自得地表达了这种心态：“法兰西的旗帜正飘扬在这个天朝帝国京城的围墙上，我肯定您心中激荡着一个获胜战士的喜悦之情。”② 这些西方入侵者无不认为“我们即将成为北京城的主人”③。诸如“联军已然成为京城的主人”④、“13 日的时候我们就得到了一座城门的控制权，这样我们当然就得到了这座城市”⑤ 之类的记载，反复见于这批入侵者的书信、日记当中。他们心中满怀胜利者的骄傲。“联军还占领了北京城的城墙，将两国国旗插在城头之上。当我们凝视着法国国旗与圣乔治十字旗第一次飘扬在这个拥有两万人口的帝国首都上空时，心中不无骄傲之情。”⑥

他们既对比此前传教士们探寻到的一鳞半爪的城市印象，亦将眼前这座被他们强行闯入的城市与他们的都城相比较。这种比较包含了各个方面，从城墙、街道、铺面到人的精神面貌。带着胜利者的自得，

①［法］夏尔·干贝尔·拉佛莱：《1860 年中国战事》，应马远译，中西书局 2013 年版，第 67 页。

②［法］阿尔芒·吕西：《军旅回忆：1860 年征战中国之私密家信集》，王眉译，中西书局 2013 年版，第 84 页。

③［法］葛罗：《黄皮书日记》，赵勤华译，中西书局 2011 年版，第 91 页。

④［法］L. F. 朱以亚：《中国战争纪行》，赵珊珊译，中西书局 2013 年版，第 107 页。

⑤1860 年 10 月 27 日八下里在北京写给妻子的信。见［英］莱恩·普尔、狄更斯：《巴夏礼在中国》，金莹译，广西师范大学出版社 2008 年版，第 264 页。

⑥［法］L. F. 朱以亚：《中国战争纪行》，赵珊珊译，中西书局 2013 年版，第 107 页。

他们深入观察这座被占领的城市后，得出了和此前传教士们笔下的辉煌、繁荣截然不同的结论——即便这座城市依然拥有雄伟的城墙城池，然而这座城市的辉煌已是犹如巴比伦一般的历史陈迹。他们认为“清廷在物质上和精神上久已停滞不前”①。这种消解北京昔日荣光的做法，在侵略者的视角下尤为突出。即便过去了40年，1900年率领军队侵入北京的八国联军统帅、德国元帅瓦德西在《瓦德西拳乱笔记》中亦称：“此处表现出一种昔日庄严伟大之态，但亦久已趋于颓废凋残。”②

1860年的西方入侵者不同于中古时期进入北京的西方游历者、传教士或使团，他们开始以前所未有的视角——胜利者及现代文明使者的角度重新观察北京。在这批西方入侵者的记述中，北京与此前西方记载中富庶、伟大的城市有所出入，虽然他们依然推崇北京宏伟的城墙，赞叹部分城区繁荣的商业，但他们的笔触更多揭示了北京城与此前西方世界所形成的富丽想象之间的巨大落差。他们的北京观察不再以赞叹为主流，而致力于传播这座都城的衰败与落后——糟糕的城市建设、皇宫的衰败、人口数量名不副实、人民的贫困与麻木之貌。这一时期他们所描绘的北京印象，开始取代中古时期少数游历过北京城的西方人笔下的富庶之城，重建了19世纪后半期至20世纪初期西方人眼中的北京形象。历史的巧合还在于，正是这一时期，清政府迫于内忧外患而进行洋务运动以自救，开启了北京缓慢的现代化历程。此后，更多西方人以传播现代文明的面相进入北京，继续淡化1860年这批入侵者刻意撇清的侵略者形象，继续强调1860年他们所形塑的、北

---

①[法] 乔治·德·克鲁勒：《进军北京》，陈丽娟、王大智、谭思琦译，中西书局2013年版，第101页。

②[德] 瓦德西：《瓦德西拳乱笔记》，上海书店出版社2000年版，第45页。

京在时代大潮中停滞不前的印象。

然而，在同一时期来到北京的东方邻国游历者眼中，北京城与西方人眼中的停滞模样不尽相同。1860 年，朝鲜使团先于英法联军，于当年的五月廿三日抵达北京。他们眼中的北京城是“（朝阳）门设瓮城，瓮城之上建二层谯楼，凡十二间，不设虹霓开闭，旁有小门逶迤而入。正门之楼即是三层，与曲城谯楼相对。马额砖上刻‘朝阳门’三字。‘阳门’二字已剥落久矣，五剧三条，廛铺连亘，朱轮翠盖，人肩共摩。城阙之宏丽，物华之殷盛，骇瞩盈视，悦惚眩耀”①。虽然朝鲜使臣留意到使团进入京城的朝阳门匾额有剥落之处，显出一丝颓丧气氛，但整体而言，在朝鲜使团眼中，北京城还是富庶繁华的。他们惊叹于北京人口众多、商业繁盛，将北京城物阜民丰的景象形容为“骇瞩盈视，悦惚眩耀”。在北京停留期间，使团成员更是抓紧时间周游北京名胜。比如六月初九日当天，三使（正使、副使、书状官）前往圆明园参加圣节进贺礼，随后听戏茶歇，结束公务之后又不顾辛苦“即到宿处治装还馆，与上使、书状乘车行十余里，历入觉生寺，即所云‘大钟寺’也”②。在他们笔下，处处可见京城商业繁盛的记载：“廛铺之制自边门之皇城虽有侈俭之不同，而规制则一也”；“绣户纹窗，举皆奢丽而宏畅”；“店壁必大书其姓曰某家老店、安寓客商、麸料俱全、不误主顾等语。楣额上亦必大书店号”；“铺法最重字号，若有以假货伪冒他人铺号，则抵死争之为其假之乱真也”③。同样是在 19

①［朝鲜］朴齐寅：《燕槎录》，《燕行录全集》，第 76 卷，首尔东国大学校出版部，2001 年，第 161—162 页。

②［朝鲜］朴齐寅：《燕槎录》，《燕行录全集》，第 76 卷，首尔东国大学校出版部，2001 年，第 201 页。

③［朝鲜］朴齐寅：《燕槎录》，《燕行录全集》，第 76 卷，首尔东国大学校出版部，2001 年，第 268、277、279 页。

世纪后半期来到北京的日本僧侣小栗栖香顶，留下了关于北京的游记《北京纪事》、《北京纪游》。在他笔下，北京紫禁城附近的景色并未如西方闯入者所描绘的那样衰颓，反而是“景山屹然耸立。绝顶筑三层楼，左右架二层楼，金碧晃耀”，“（西华门）门外有太液池，三层塔耸池上。有一殿，为圆形，杨柳垂垂，绿波蘸影。处处设亭，据胜占景……宛然画况”①。

1860 年鸦片战争结束后，外国公使依据《天津条约》被允许常驻北京。虽然此后外国人来京的限制有所放松，但是除了服务于外交使团、海关、传教团的人员以及各类学堂聘请的外国教师外，其余身份的外国人还是很难进入北京长期定居，即便进入北京，他们也只能暂时居住在使馆区。直到 1912 年中华民国政府成立，北京才专门划出一片供外国人居住以及从事商业活动的区域。

## 第二节　社会剧变与 20 世纪前期的“国际北京”

1911 年辛亥革命的爆发，对于中国来说，是一个重大的历史转折点，中国结束了千年的帝制，进入共和时代。西方人预料，辛亥革命会给这个古都带来翻天覆地的变化。1911 年辛亥革命前夕，法国画家里什来到中国旅行，并留下了大量画作。这些作品被法国《画报》的编辑视为“关注了那个传统的中国、那个可能需要赶紧记录下来的

①［日］小栗栖香顶著，陈继东、陈力卫整理：《北京纪事北京纪游》，中华书局 2008 年版，第 182 页。

中国”①。

然而，西方人很快发现，辛亥革命虽带来中国政体的变革、政权的更迭，却并没有因此削弱19世纪后期以来外国人所获得的特权。北京城虽然经历了政权更迭，但在地位如初的外国人眼中，清政府统治下的北京与北洋政府统治下的北京，乃至南京国民政府统治时期的北京，对拥有特权的外国侨民，尤其是西方侨民来说并没有什么区别。从中国政局变幻而言，对辛亥革命以后进入北京城的外国人来说，进入共和时代的中华民国与清末对外国人“无区别”，甚至因为政权更迭及国内政治局势的变换纷繁而放松了控制。这种现象，自19世纪后期一直维持至20世纪初年。美国汉学家费正清在《观察中国》一书中，将“辽、金、元、清”等王朝中少数民族统治者，等同于1860年闯入北京的西方人。他写道：“1860年，当英法军队行进在北京宽广的街上时，他们与以往的征服者只在外貌上有差别。”② 对北京城拥有“征服者”视角，这是1860年之后来到北京乃至中国的西方人的通病，虽然1900年的义和团运动让这些现象有所缓解，但并未根除。

与20世纪初期中国政局的变动几乎同时，世界政局变幻。民国初年，尤其是1914年至1918年的第一次世界大战，让许多外国人，尤其是西方人对西方物质社会带来的物欲与战争、工业化成就带来的巨大杀伤力以及欧洲中心论产生了怀疑，甚至出现了《西方的没落》之类的书籍。在这种氛围下进入北京的西方人，其对北京城的整体印象，

---

①《印象中国》，《画报》1912年5月25日。转引自赵省伟、李小玉编译：《遗失在西方的中国史：法国彩色画报记录的中国（1850—1937）》，下册，中国计划出版社2015年版，第437页。

②[美] 费正清：《观察中国》，袁晓梅等译，四川人民出版社1992年版，第38页。

与19世纪后期以来的印象有了极大不同。这又是北京国际形象一个崭新的重塑期，而这种重塑既有中国自身政治经济文化变革的因素，更有观察者原生社会文化变化的因素。

## 一、北京的变化

民国时期，北京城的变化主要有三个方面：其一是城市政治地位变化及由此产生的城市经济、文化上的变化；其二是城市因为适应现代生活进行的旧城改造，逐步改变了它的古都风貌；其三是政体变革带来皇家禁苑的开放，原来的禁区变成公园，可供游人自由游览。这些变化也被西方观察者捕捉到了。

虽然丧失首都地位对于吸引外国人没有太大影响，但1928年后的外国人依然捕捉到北京城因政治地位改变而产生的变化。1931年结束了北京留学生涯的吉川幸次郎前往南京旅行，将新首都与北京相比较道："与此相比，北京是非常寂寥，长时间作为国都，而今失去了它应有的地位。因此当时报纸上有议论，要把北京作为'文化城'而发展。"① 1935年，鲍润生（Francis X. Biallas，1878－1936）在北京创办《华裔学志》，称："现在的北京作为中国古老文明的中心，也正在成为科学运动的焦点。"②

伴随着城市化进程，北京城的古都风貌正日益被新建筑破坏。民国时期，北京的旧貌虽然大部分得以保存，但不可避免地会受到时代

①［日］吉川幸次郎：《我的留学记》，钱婉约译，中华书局2008年版，第86－87页。

②转引自张建华：《〈华裔学志〉的创办及其对中西文化交流的影响》，《北方论丛》2004年第4期。

20 世纪 20 年代的前门大街①

的冲刷，产生一些新的变化。1914 年，北洋政府大借款中的一笔中法实业借款，其用途之一即为“改造北京街市”②。

日本作家芥川龙之介曾在 20 世纪 20 年代初游历中国，最喜欢的中国城市就是当时依然古香古色的北京。然而，他依然感叹道：“这是我第一次来到中国，来了之后便觉得要是更早一点去就好了。中国若是不快来，随着时间的流逝，那些古老的东西就都被毁掉了。”③ 喜仁龙观察到，“唯有洋式或半洋式的新式建筑，才敢高耸于这些古墙之上，像一个个傲慢的不速之客，破坏了整幅图画的和谐，蔑视着城墙的庇护……而且这些建筑的数量正在迅速增加着”，“古老的北京城正被迅速地破坏，它已失去昔日皇城的面目”。喜仁龙看到古都这种变

①引自《旧京图说》，北京日报出版社 2016 年版，第 10 页。从图中可见新式交通工具——电车已经引进北京，街市的外观已经发生大的变化。

②《中国大事记》，《东方杂志》第十卷第十一号，1914 年 5 月。

③[日] 芥川龙之介：《中国游记》，秦刚译，中华书局 2007 年版，第 166 页。

化，不仅追问道："北京的雄奇壮丽和图画般的美究竟能维持多少年?"[①] 喜仁龙指出，古都风貌的消逝是由于这座城市的现代化发展——"古老的住宅被夷为平地，而让位于半新式的三四层砖造建筑"、"古老的街道被展宽"、"皇城周围华丽的粉红色宫墙为了铺设电车轨道而被拆毁"，而这一切的根源在于"没有一届政府去设法保护它那最值得骄傲、最珍贵的古迹"[②]。

美国人刘易斯·查尔斯·阿灵顿（L. C. Arington，1859－1942）于1933年出版了《寻找老北京》。他在书中也不无遗憾地指出"北京已经历了太多的变化和毁坏……"[③] 阿灵顿说："这种破坏不仅在城内延续着，城外也是一样的。精美绝伦的寺庙被废弃，极好的雪松、柏木和举世闻名的北京银杏树也被砍伐当作一般木材卖掉！在北京城墙和西山之间约20英里的地方，曾经是极美的旅游点，现在已长满了野草，一片荒芜。"阿灵顿认为，北京古都风貌被破坏是"因为中国人自己，尤其是政府当局对待如此丰富的北京历史文物的态度"[④]。他将北京古都风貌的消退归结于中国人尤其是政府当局对这些历史文物价值的忽视。

政治革命的爆发急剧而快速，社会经济的变迁则相对迟滞。辛亥革命带来了中国政体的迅速变迁，也使首都北京旧貌换新颜。然而，

---

①[瑞典] 奥斯伍尔德·喜仁龙：《北京的城墙和城门》，侯仁之译，北京燕山出版社1985年版，第29—30页。

②[瑞典] 奥斯伍尔德·喜仁龙：《北京的城墙和城门》，侯仁之译，北京燕山出版社1985年版，第29—30页。

③[美] 刘易斯·查尔斯·阿灵顿：《古都旧景——65年前外国人眼中的老北京》，赵晓阳译，经济科学出版社1999年版，介绍。

④[美] 刘易斯·查尔斯·阿灵顿：《古都旧景——65年前外国人眼中的老北京》，赵晓阳译，经济科学出版社1999年版，前言。

北京的外观变迁并非一朝一夕之功。民国时期的外来观察者既捕捉到了北京的变化，也更深入地体验了它的古都魅力。在这一时期，19世纪后期以来西方人所重建的北京国际形象又产生了新变化。在这一轮重塑中，北京作为东方文化的结晶，其独特的魅力被反复强调。

## 二、北京的魅力

1911年，法国画家里什在北京之行中绘制了大量的北京风景，包括颐和园的石舫、石桥与天坛、北京街头的商贩。1912年5月25日，巴黎《画报》在登载他的作品时，称："北京真是一座奇特的城市，既有大都市的线条，又有乡村龌龊、肮脏的一面。这里的一切都是互相矛盾又古里古气。外表宏伟、光鲜夺目的建筑，其内饰却令人作呕、破烂不堪。宽阔的大街一下雨就变得泥泞不堪，路面一干又满是尘土。然而，这座多变的城市却也令人难以忘怀。这边天际珍珠般的光亮在高大的城墙映衬下显得更加清晰，另一侧远处的青山又给天边涂抹了一层暗青色。"① 这种对北京城美丽与肮脏相交织的矛盾描绘，与19世纪后半期西方人的印象大体一致。但是，这种描述并不代表同时期和稍后北京国际形象的主流。

辛亥革命爆发后不久，德国社会哲学家赫尔曼·凯泽林（旧译盖尔沙）也来到了北京。他写道："我来到北京后的第一个傍晚时光是在天坛里度过的。巨大的大理石祭坛孤独地耸立在一片荒芜、空白的沙地上，几株瘦弱的松树零零散散地分布于四周……整个地区看上去仿

①《印象中国》，《画报》1912年5月25日。转引自赵省伟、李小玉编译：《遗失在西方的中国史：法国彩色画报记录的中国（1850—1937）》，下册，中国计划出版社2015年版，第437页。

佛与世隔绝。人们可以感受到：在这里，仅仅是已经发生的、具有重要转折意义的事件方才成为历史。”[①] 虽然意识到中国已经发生了具有重要转折意义的事件，但赫尔曼依然观察到，北京“这里的共和气息何其之少”，并且他在“穿行于宽敞的街道之间，走过一座座古香古色的古迹，亲身体验中国帝王权势的精神的伟大”之后，“对新的共和政体油然产生了敌视的情绪”。在这种心态下，赫尔曼笔下的北京“与中国南部和中部的大城市相比，北京的街道看上去没有那么风景如画，但它们却要显得更加大气”。他赞赏北京的庞大与肃穆，认为它彰显王气，而北京城“这些巨型的城门，这些巍峨的城墙，这些高耸云天的宫殿和寺庙，他们都是一个统治者驻地所在的象征”[②]。

1912 年，继里什之后，法国的旅行者继续观察这座政体更迭后的都城。他们将北京形容成“尘埃之都”。他们观察到“扬尘天行走在这令人窒息的大街上，行人之间都会互相撞上”。与天气相比，政治风险更让人们紧张，“尽管如今在街头人们能够遇到许多戴礼帽的人，但大多数的居民还是很紧张，因为在这里砍头的情况可比剪掉辫子更常见”[③]。在法国旅行者笔下，政体变革后的北京城，其古都风貌精彩绝伦。从法国旅行者对北京的描述中，可以看出强烈的民族色彩，诸如“使馆区满是矫饰浮夸的德国建筑，一点都不吸引人”、“令人憎恶的”德式风格的建筑破坏了中国的“仙境”。在法国旅行者笔下，“一走出

①［德］赫尔曼·凯泽林：《另眼看共和：一个德国哲学家的中国日志》，刘姝、秦俊峰译，福建出版社 2015 年版，第 78 页。

②［德］赫尔曼·凯泽林：《另眼看共和：一个德国哲学家的中国日志》，刘姝、秦俊峰译，福建出版社 2015 年版，第 82—83 页。

③《在北京度过的一个月》，《画报》1913 年 1 月 25 日。报道描述的是 1912 年 5 月的事。转引自赵省伟、李小玉编译：《遗失在西方的中国史：法国彩色画报记录的中国（1850—1937）》，下册，中国计划出版社 2015 年版，第 444 页。

使馆区，经过天安门，就等于走进了仙境。主干道和我国的街道一样宽阔，两边都是些小店铺，装修得风格各异，连招牌也千奇百怪。这真是一座绝妙的城市!”①

进入民国后，越来越多的外国人来到北京，他们对这座城市有着不同的体验。英国作家迪金森曾于1913年到访北京。留居北京的他给朋友E. M. 福斯特写信说：北京虽然比较脏，“到处是泥塘水泊，即使乘人力车也是不可能的”，但“北京的房屋精致得无以形容”，“环游北京，真仿佛置身于意大利一般”②。1919年，英国作家毛姆来中国游历了4个月，途经北京等地，陆续发表了一系列涉及中国的作品，如戏剧《苏伊士之东》、散文集《在中国屏风上》等。毛姆笔下的北京是神秘的东方古都，百姓优雅，风度翩翩；一条商店鳞次栉比的狭窄街道上，“许多木雕铺面都有它们精美的格状结构，金碧辉煌。那些精刻细镂的雕花，呈现出一种特有的衰落的豪华”；就连驶过的马车都“满载着东方的神奇与奥秘”③。北京作为东方古都的魅力，在瑞典学者喜仁龙笔下尤为细致详尽。

瑞典学者奥斯伍尔德·喜仁龙（Osvald Siren，1879—1966）基于20世纪20年代的实地考察，于1924年在伦敦初版了《北京的城墙和城门》。该书是海外汉学家描写北京的第一本著作。它将北京的城墙和城门作为历史文本来解读，极力去诠释那些灌注在砖石中的中国文化

---

①《在北京度过的一个月》，《画报》1913年1月25日。报道描述的是1912年5月的事。转引自赵省伟、李小玉编译：《遗失在西方的中国史：法国彩色画报记录的中国（1850—1937）》，下册，中国计划出版社2015年版，第444页。

②［英］雷蒙·道森：《中国变色龙》，常绍民等译，时事出版社1999年版，第300页。

③［英］毛姆：《在中国屏风上》，陈寿赓译，湖南人民出版社1987年版，第3页。

思想。这一时期，北京城的城墙依然是西方人眼中最具吸引力的建筑之一。喜仁龙尤其喜欢这些外观分外古朴、绵延不绝的城墙。在他笔下，城墙是北京“最动人心魄”的建筑。“当你逐渐熟悉这座大城市以后，就会觉得这些城墙是最动人心魄的古迹——幅员广阔，沉稳雄劲，有一种高屋建瓴、睥睨四邻的气派。”① 喜仁龙不仅在城墙下观察雄伟的城墙、拍摄城墙，他还经常登上城墙，在上面漫步。喜仁龙在清晨的城墙上俯瞰北京城，将城内连绵起伏的稠密建筑形容为海洋：

> 当晨雾笼罩着全市，全城就像一片寒冬季节的灰蒙大海洋；那波涛起伏的节奏依然可辨，然而运动已经止息——大海中了魔法。莫非这海也被那窒息中国古代文明生命力的寒魔所震慑？这大海能否在古树吐绿绽艳的新的春天里再次融化？生命还会不会带着它的美和欢乐苏醒过来？我们还能不能看到人类新生力量的波涛冲破那古老中国的残败城墙②？

20 世纪 20 年代的西直门

他还在风和日丽的天气里，在明媚的阳光下登临北京城墙，饱览

①[瑞典] 奥斯伍尔德·喜仁龙：《北京的城墙和城门》，侯仁之译，北京燕山出版社 1985 年版，第 28 页。

②[瑞典] 奥斯伍尔德·喜仁龙：《北京的城墙和城门》，侯仁之译，北京燕山出版社 1985 年版，第 11—12 页。

北京城的奇妙景致。这种绮丽景色在喜仁龙笔下一一展现：

> 掩映在万绿丛中、黄色屋顶闪闪发光的故宫和庙宇；覆盖蓝色和绿色琉璃瓦的华美宅邸；带有前廊的朱红色房屋，半掩于百年古树下的灰色矮小平房；横跨有绮丽牌楼的商业繁庶的大街，以及一片片有牧童放牧的开阔场地……①

民国时期，北京的古都风貌绝大部分得以存留，乃至在 1937 年北京（北平）尚未沦陷前，曾经留居北京的法国驻朝鲜领事迪博斯克认为“直到今天（1937）北京还是世界上最奇特的城市”，北京并没有发生改变，“最多不过是多几辆汽车、几根电线罢了”。法国人埃米尔·施赖伯在其后的旅行中也印证了这一点。他认为一百多年前的北京风貌依然得到保留，并称北京是“一座如同博物馆般的城市”。他写道：“我们一来到北京就被遍布全城的各种漂亮的街道、树木、古迹，当然也有尘土震撼到了。这里的古建筑物数量之多、规模之大、建造之精美是亚洲其他任何一个城市都无法企及的。”②

20 世纪二三十年代，北京政局动荡。在 1928 年后，北京一度失去了首都的地位。但对于大多数外国人来说，北京并未因此丧失吸引力。正如《泰晤士报》记者莫理循在 20 世纪 30 年代所观察到的那样，“尽管首都迁到了南京，但绝大多数外国人仍旧留在了北京，有外交人员、传教士、大学教师、使馆卫兵、商人集团，以及被北京的魅力及在那

---

①［瑞典］奥斯伍尔德·喜仁龙：《北京的城墙和城门》，侯仁之译，北京燕山出版社 1985 年版，第 28 页。

②《100 年前的北京与 100 年后的北京》，《画报》1937 年。转引自赵省伟、李小玉编译：《遗失在西方的中国史：法国彩色画报记录的中国（1850—1937）》，下册，中国计划出版社 2015 年版，第 532 页。

里能享受到的舒适与有趣的生活所吸引的一小部分流动人口”①。中国的政权更迭并未影响北京的魅力。1928 至 1931 年，日本汉学家吉川幸次郎到北京留学，在这座城市生活了 3 年。他写道：“其间的回忆，最是栩栩如生地呈现在眼前的，并非戏院和饭馆，而是旧书店街。城内的隆福寺和城外的琉璃厂消磨掉我在北京的三分之一的时光。”② 同样是在 1928 至 1931 年在北京留学的美国汉学家毕乃德，晚年回忆其留学生涯尤其惬意。“北京的时光真是美好。我们随时向中国学者请教，翻阅各类参考书和档案文献，联系从华文学校学来的口语，游览各种宫殿、庙宇、书店、市场，在城墙上漫步，到西山远足，偶然还去北京之外的地方参观。”③ 1934—1936 年留学中国的日本汉学家小川环树，也在北京定居了一年。他认为“赞美北京秋天的人很多，但是就像 M 教授时常说的，北京的春天却比秋天更美”。他回味着北京春天的各种植被、气味，称赞道：“在这匆匆忙忙的一个多月里，各种颜色、芳香飘荡在城里城外……期待春的到来，惋惜春的离去……北京的春天，依然有一种唤醒期待与哀怨的力量。”④

费正清在《中国观察》中还一针见血地指出了即使北京丧失了首都地位，这些外国人依然喜欢北京的更深层次原因。“1901—1937 年

①［澳］莫理循：《洋镜头里的老北京》，董建中译，北京出版社 2001 年版，第 8 页。

②［日］吉川幸次郎：《来薰阁琴书店——琉璃厂杂记》，见青木正儿、吉川幸次郎等：《对中国文化的乡愁》，戴燕、贺圣遂选译，复旦大学出版社 2005 年版，第 131 页。

③转引自 Sherman Cochran and Charles a. peterson, “Knight Biggerstaff (1906—2001)”, *The Journal of Asian Studies*, Vol. 60, No. 3 (Aug., 2001), p. 934. 顾钧：《美国第一批留学生在北京》，大象出版社 2015 年版，第 60 页。

④［日］小川环树：《中国的春与秋》，见青木正儿、吉川幸次郎等：《对中国文化的乡愁》，戴燕、贺圣遂选译，复旦大学出版社 2005 年版，第 196—197 页。

间，北京任何一位社交广泛的英国人都能享受最大限度的自由去干自己想干的事，而不必担心后果。”① 对于外国侨民，尤其是西方人来说，政体变革后的北京与辛丑条约签订后的北京，对他们而言并没有太多变化，他们在这里无拘无束地生活，北京简直是一座自由之城。

除了舒适、有趣的生活，莫理循还提及北京充满吸引西方人的“魅力”。在 20 世纪 30 年代曾经留居北京的美国汉学家费正清眼中，这种魅力源于北京作为少数民族王朝都城的地位。“由于近一千年来北京一直是外族征服者的首都，所以本世纪初，北京对西方人特别有吸引力。”② 此外，这一时期西方人重塑了 19 世纪后半期以来的殖民者眼中的北京，欧洲中心观、现代化优胜的色彩淡化，其笔下对北京的魅力赞不绝口，认为北京的文化、艺术成就不仅仅是中国，还是远东历史最优秀的部分。“北京的诱惑力、在世界上的声誉和魅力是经世不衰的。近 3 个世纪以来，她一直是古老中华帝国的首都，是最有能力、最有文化、最具艺术赏鉴力的地方。为了装点这座城市，中国人用尽了心机和力量，耗尽了巨大钱财。在这里人们创造了不仅是中国、而且是远东历史中最优秀的部分”，“即使在今天，失去了昔日辉煌的她仍充满了浪漫传说，是世界艺术的朝圣地，对旅游者来说，即使不是远东，至少也是中国最具魅力的地方”③。

---

①[美] 费正清：《观察中国》，袁晓梅等译，四川人民出版社 1992 年版，第 40 页。

②[美] 费正清：《观察中国》，袁晓梅等译，四川人民出版社 1992 年版，第 38 页。

③[美] 刘易斯・查尔斯・阿灵顿：《古都旧景——65 年前外国人眼中的老北京》，赵晓阳译，经济科学出版社 1999 年版，介绍。

# 第四章

## 当代视野下的北京国际形象之变革（1949年至今）

## 第一节 1949—1979年：新中国与“新北京”

### 引言：政治目标下的城市形象建构

1949年10月1日，当毛泽东在天安门城楼上宣布中华人民共和国成立之时，北京这座古老的城市迎来了身份的转变。从近千年的帝国京师到短暂的民国北平，作为社会主义共和国的北京必然随着新中国的建立快速走向世界，而此时的北京国际形象在很大程度上是与“社会主义新中国”这一国家形象密切相关的。因此，在相当一段时间内，北京的国际形象因其社会主义性质这一身份特征而必然带有鲜明的意识形态色彩。

这种社会主义特征首先体现在对北京的城市功能定位和具体规划方案上。社会主义城市的一大特征就是“城市功能以经济为主，即城市要是生产型的，具体地，城市要成为完成中央和地方经济规划的工业中心”①。在对北京城区的具体规划上，苏联专家组在1949年提出了一系列关于北京市的总体规划方案。其中，最关键的一点就是北京作为社会主义国家的首都应该是集行政、文化、科学、经济为一身的大型城市。在苏联专家的规划方案中，特别强调了北京应该是一个大的

①薛凤旋、刘欣葵：《北京：由传统国都到中国式世界城市》，社会科学文献出版社2014年版，第456页。

工业城市。同时，苏联专家搬出莫斯科的规划模式，将以“红场—克林姆林宫”为城市中心的苏联模式应用到北京的规划上。具体来讲，就是在北京旧城区的基础上通过拆迁旧建筑和利用现有空地建立行政区域，进而将天安门广场规划为北京的中心。而1950年，由陈占祥和梁思成提出的著名的“梁陈方案”则极力反对以旧城区为行政中心的模式，提出应该在北京西郊建设新的行政中心，而旧城区应该全面保存。梁思成还认为，北京作为首都，应效仿美国的华盛顿，不发展工业，城市的定位应该是政治、文化中心。这个当时被视为保守甚至落后的城市规划方案很快败下阵来。1953年通过的《改建与扩建北京市规划草案》表现出了鲜明的“苏联模式”，即“使首都成为适应集体主义生活方式的社会主义城市”，“对古建筑采取一概保留，甚至使古建筑束缚发展的观点和做法是极其错误的”①。可以说，自此以后，这种在社会主义原则指导下强调快速发展的城市规划模式长久地占据了北京城市规划者的思路。

由于北京市的规划与发展被纳入了中华人民共和国成立后的第一个五年计划，北京很快进入了大规模建设阶段，而打响“改造北京城的第一枪”的便是对长安街的改造。民国期间，虽然北洋政府以及后来的日军对长安街都进行了或多或少的改建，但整体上仍延续了清代以来的整体面貌，街道周围布满了极具文化价值的古代建筑。1949年以后，为了适应社会主义集体生活方式——不影响游行队伍，在对长安街的改建中，那些构成北京城古老街道景观的牌楼、城门、牌坊等都被拆除了。此外，旧长安街不过十几米宽，而1954年规划新长安街

---

①薛凤旋、刘欣葵：《北京：由传统国都到中国式世界城市》，社会科学文献出版社2014年版，第86页。

时，最终的宽度竟超过了100米。对此，梁思成从不利于市民日常生活的角度提出了质疑。而据后来的资料表明，当时由于抗美援朝战争的影响，长安街在规划上还有着相当的军事上的考量。这种“大马路主义”的城市规划模式是中华人民共和国成立后北京城市发展的一个缩影。

除了大量古建筑或被拆除或被移作公用，由于工业化的调动以及之后“大跃进”的影响，北京城区内出现了大量的工业厂区。中华人民共和国成立之初，出于国防方面的考量，北京并没有迅速进入大工业基地的建设，而1957年的《北京城市建设总体规划初步方案》则明确指出“迅速地把它建成为现代的工业基地和科学技术的中心”。据统计，在“大跃进”期间，“北京共建了六个重型及轻型的工业区，在1960年已经成为一个工业行业齐全的工业基地，几乎全国所有的工业都能在这里找到”①。可以说，这样的局面印证了当年彭真在天安门上对梁思成所说的话——“毛主席希望将来从这里望过去，要看到处处都是烟囱”。工业的畸形发展必然导致基础设施建设等与居民日常生活相关的发展严重滞后。虽然1961年以后这种盲目的大工业发展模式有所减缓，但之后的“文化大革命”又将北京这座城市笼罩在另一种狂热的氛围中。

在中华人民共和国成立的前30年中，在华外籍人士见证了一系列的政治运动，而正是这些政治运动促使他们对新中国与“新北京”产生了新的看法。政治运动在某种情况下左右着国际视野中北京形象的建构。

---

①薛凤旋、刘欣葵：《北京：由传统国都到中国式世界城市》，社会科学文献出版社2014年版，第91页。

## 一、1949－1966年："新北京"与新首都

### （一）新旧交替的北京——1949年前后外国人在北京的动荡体验

中华人民共和国的成立拉开了"新北京"的序幕，大量长期生活在北京的外国人见证了这一历史性时刻，他们不仅是历史的见证者，更是政权更替的亲身经历者。历史巨变下产生的震荡感是新旧北京交替时期外国人对北京的第一个印象。

于1948年到达北京的美国学者德克·博迪亲身经历了转折时期北京的乱象。他说："我印象特别深刻的是1948年12月到1949年1月那段黑暗的日子。那时候，几乎整个北京城被包围了，与外界的联系也全被切断了，还断水、断电，连食品也几乎没有了。一到晚上，我们一家三口围聚在一盏老式的油灯下，耳边响着炮弹爆炸声，及机枪扫射时我家玻璃窗的抖动声。"① 德克·博迪的描述代表了当时滞留在北京的外国人对这座"围城"的普遍印象。当时正值解放战争末期，解放军已经对北京形成合围之势，国民政府在经济、政治、文化等各方面都陷入一种崩溃的状况。而北京这种"乱象"正是国民党统治的一个隐喻。1949年1月，随着解放军的和平入驻，一个新政权的活力与生机逐渐在北京这座城市中浮现出来——"在这段日子里，大多数北京人，都洋溢着一种获得新生活后的希望和乐观"②。

但博迪并没有盲目地沉浸在这种乐观的氛围中。在《北京日记》

①［美］德克·博迪：《北京日记——革命的一年》，洪菁耘、陆天华译，东方出版中心2001年版，前言，第3页。

②［美］德克·博迪：《北京日记——革命的一年》，洪菁耘、陆天华译，东方出版中心2001年版，第3页。

中，他以客观真实的笔触记录了北京实实在在的变化。北京虽然迎来了新生，但正如博迪在 1949 年 3 月的一篇日记中所说的，“蜜月似乎结束了”，长期的战乱给北京带来的创伤逐渐浮现出来——“在城墙上，北京昔日的守卫者的破坏清楚地展现在面前：墙上的通道和泥、砖堆里面有着上百个防空洞和枪炮掩体；城墙外，被推倒的房子所形成的灰色垃圾呈一几百码宽的带子环绕着城市……虽然有一两处地方已开始重新建房了，但总的来说仍然是一片荒凉的废墟”①。博迪的记录表明，新北京政府的当务之急就是改变北京这种破败的面貌，不仅要还北京一个新的身份，更要给北京一个新的城市面貌。

虽然博迪在日记中对新政府为恢复北京秩序所做的绝大部分努力都表示了赞叹与钦佩，但作为一个外国人，博迪感受到了在恢复北京秩序过程中所表现出来的鲜明的政治行政色彩。在涉及国民经济调控的日记中，博迪写道：“任何带有资产阶级奢侈情调的东西都会被批判，而勤俭节约和实用主义则成为时髦。”② 在这样的经济政策下，北京传统的商品市场必然发生改变——“一家银器店现在出售化学制品，一家镜子店现在卖鞋，古董店现在卖手表和自来水笔……”③ 在以实用主义为原则的贸易政策下，曾经作为外国使馆人员跑马场的东单广场“成为共产党固定组织集会的场所，最后它成为一个不断延伸的到处是破草棚的贫民窟”，甚至“几乎半个北京城的小买卖都流入了露天

①[美] 德克·博迪：《北京日记——革命的一年》，洪菁耘、陆天华译，东方出版中心 2001 年版，第 108 页。

②[美] 德克·博迪：《北京日记——革命的一年》，洪菁耘、陆天华译，东方出版中心 2001 年版，第 128 页。

③[美] 德克·博迪：《北京日记——革命的一年》，洪菁耘、陆天华译，东方出版中心 2001 年版，第 128 页。

市场”[①]。而对外国人的态度更能体现出一个社会主义政权在建立之初所表现出来的鲜明的意识形态特征——“清华大学和燕京大学的外国教师现已被允许进入城区，然而他们仍未被允许到颐和园、玉泉山和西山上的其他景点去郊游……对外国人的怀疑似乎在加剧”[②]。

在《北京日记》中，博迪尽可能客观、全面地记录了中华人民共和国成立前后北京社会各方面的风貌变化。总的来看，在博迪笔下处于新旧交替时期的北京呈现出来的是各行业百废待兴、急需发展改变的面貌，此期间新政权的一些政策或有激进之处，但都是特定历史条件下的产物。正如博迪在回到美国后所言，“中国的现状既不像《纽约时报》要让我们相信的那样黑暗，也不像《工人日报》描绘得那样光明。它是一幅综合性的画面，在某些方面稍微亮些，在某些方面则稍微暗些，是光与影跳动不定的所在”[③]。

如果说博迪的《北京日记》侧重从宏观角度透视新政权给北京各方面所带来的变化，那么美国教师大卫·季德则以大家族的衰落史折射出政治是如何塑造这座历史文化古城的。季德作为留学生来到燕京大学学习中国文化，并在清华大学短期任教。1949 年，他与民国著名法学家余棨昌之女完婚，在一个特殊的历史时刻进入了余公馆这个大家族。在回忆录《毛家湾遗梦——1949 年北京秘闻》中，季德以外国人同时又是所谓“旧时家族”成员的双重身份见证了 1949 年北京的变化。北京的魔力随着它再次成为首都而重新焕发。为了筹备 1949 年 10

①[美] 德克·博迪：《北京日记——革命的一年》，洪菁耘、陆天华译，东方出版中心 2001 年版，第 128 页。

②[美] 德克·博迪：《北京日记——革命的一年》，洪菁耘、陆天华译，东方出版中心 2001 年版，第 133 页。

③[美] 德克·博迪：《北京日记——革命的一年》，洪菁耘、陆天华译，东方出版中心 2001 年版，第 233 页。

月 1 日的盛大庆典，北京城内一些重要地点都在进行着热火朝天的准备工作。由于社会主义国家对“广场”的特殊情结，天安门自然成了这场庆典中最重要的地点。“原来在广场上种植的桑树已被移走，取代它的是树旗杆的基座。广场周围的钢架上装着照明灯，举世闻名的一对巨大的大理石华表，原先在正门前两旁，为了扩充道路，已经向后移……”① 新政权以天安门作为北京城的中心，除了受苏联的影响，更受传统中国文化中“权力—天下”关系的影响。以天安门为代表的区域，古代属于皇城，是一个王朝的统治中心，长久以来位于北京的中轴线上，象征着权力的至高无上。因此，将开国大典选在天安门，并以此为北京城的中心，体现了传统权力观念的影响。

在季德的经历中，新政权除了因为政治因素对北京一些重要地点进行了改造，更重要的是，新政权对中国传统文化肌理——家族观念的深刻影响。受宗法制的影响，以血缘为纽带所凝结的家族可谓是构成中国传统社会的重要因素。在这样的社会关系中，中国人不仅看重在世的亲人，更重视已故的亲人，因此，中国文化中有一套严格的关于“祖宗”的礼法制度，并且一直延续到民国。在季德的记忆中，他似乎不太理解，为何余公馆在破败之际仍倾其所有修缮祖庙——“为了他们的荣誉和表明诚心而不得不执行生者对亡人的义务。他们决心在父亲去世后，按照传统习俗，把曾祖的牌位迁入祖庙，至少这一代人不会终止祭祀。大家都已十分清楚，他们肯定是祭拜祖先的最后一代人”②。新纪元的开启必然伴随着历史的消亡，在这个意义上，季德

①［美］大卫·季德：《毛家湾遗梦——1949 年北京秘闻》，胡定译，中华工商联合出版社 1996 年版，第 63—64 页。

②［美］大卫·季德：《毛家湾遗梦——1949 年北京秘闻》，胡定译，中华工商联合出版社 1996 年版，第 98 页。

记忆中的那场葬礼更像是对传统文化流失的一种隐喻。

博迪和季德两人关于1949年的北京记忆预示了接下来北京发展的主要特征，即在谋求迅速发展的背后是传统文化的迅速丧失，北京之“新”是建立在与“旧北京”完全对立的基础之上的。

（二）全新气象——新政权下的新北京

20世纪50年代初期，北京政府采取了行之有效的措施，对北京的一些乱象进行了整治，很大程度上使这座饱受战乱摧残的城市步入了稳定的秩序之中。著名翻译家、后来取得中国国籍的沙博理先生目睹了北京的新气象——“堆积如山的垃圾被运走了——在北京90天中清除了20万吨。庭院清扫了，家庭妇女组织起来保持胡同的清洁。街道的外国名字改成了中国名字”①。20世纪50年代初期正是中国向社会主义阶段的平稳过渡期，较为宽松的政策使得北京这座城市散发出难得的安定气氛，甚至增强了其作为古都的历史文化韵味。“在50年代初期，没有哪个城市比北京更富于传统了，它表现出古老、权力和优雅……位于北京正中心的是皇宫，一个包括许多宫殿、院落、游廊层层房屋的庞大的建筑群……城市从这里以几何的精确度向四方扩展……整个城市整洁地布置成有规则的一条条街道和小胡同。”② 在沙博理眼中，中华人民共和国给北京带来的新气象激活了北京身上的传统文化气息。

相比传统的“复活”，新中国给北京带来的新气象更多地表现为一个社会主义国家的新面貌，尤其是1956年以后北京进入了大规模的建设阶段。对于久居中国的外籍人士来说，他们对国家建设的热情也在

①沙博理：《我的中国》，崔思淦译，中国画报出版社2006年版，第71页。
②沙博理：《我的中国》，崔思淦译，中国画报出版社2006年版，第94页。

高涨。李敦白于 20 世纪 40 年代来华之后加入中国共产党，中华人民共和国成立后因政治原因经历了长达 6 年的牢狱之苦，1955 年出狱后进入中央人民广播电台工作。虽然曾遭受冤屈，但出狱后的李敦白仍然对新中国的建设抱有极大的政治热情。在回忆录中，他激动地描述了当时全国人民热情参与建设新北京的情形："这将是我们每个人的会堂——人民大会堂。更重要的，我们要靠自己的力量来建设它。除了少部分的技术工人做一些技术性的指导和工作外，大会堂将由义务的劳动者来完成。每个社区、每个工厂、每个单位都派出了临时工人。首先清理天安门广场周边地区，然后将附近的街道拓宽。"①

由于沙博理、李敦白特殊的政治身份，在他们眼中，北京的新面貌是与中国共产党获得政治上的成功有着密切关系的。因此，他们往往将自己置身于新政权参与者的角度来看待北京在 1949 年以后的变化。在这样的立场下，他们眼中的新北京形象包含了极高的政治热情。

在热情参与建设新北京的呼声背后，同样存在着对旧北京消逝的惋惜。在对新北京的城市规划中，旧城区被划为了行政中心。这就意味着大量的行政机构以及与之相配套的基础设施将要迁至这座布满了庙宇、王府、宫殿等古建筑的区域，对这些旧建筑的拆除和改造也便如期而至。季德一家居住的余公馆位于旧城区的毛家湾胡同。由于政治原因和家族的衰落，季德一家将几代人居住过的宅第卖给了财务部。虽说是对古建筑进行旧物利用，但几乎与拆毁无异。季德是这样描述这座古老宅第的最终命运的："前不久刚漆上鲜艳颜色的门、柱和栏杆都已经被厚厚的白浆所覆盖。那些宽敞的厅堂也被分割成鸽子笼式的

---

①［美］李敦白、阿曼达·贝内特：《红幕后的洋人——李敦白回忆录》，丁薇译，上海人民出版社 2006 年版，第 153 页。

小房间而成了病房……假山被推倒了，几百年前挖掘的池塘被填平了，不久前重新翻新翻盖的德和亭也被拆掉了，所有的古树被砍掉连根挖走……”① 余公馆的命运是北京城众多古建筑的一个缩影。正如20世纪70年代美国驻华联络官戴维·布鲁斯所感叹的，“除了紫禁城、颐和园、天坛和几个其他对公众开放的景点外，现在中国旅行指南没有记载旧的旅行指南提到的许许多多的庙宇、宫殿和游乐场的命运。大多数在战争和革命中被毁，或者为现代住宅区或者现代办公区让路”②。

20世纪五六十年代，中国政府邀请了一些资本主义国家的人士来中国访问。由于政治立场和职业身份的缘故，他们笔下的北京形象更为客观。

加拿大是最早承认中华人民共和国的西方国家之一。虽然两国1970年才正式建交，但来自加拿大蒙特利尔市的两位政治活动家赫贝尔和皮埃尔·特鲁多在1960年就曾受中国政府邀请，对北京等地进行了访问。“它坚固、实用，但是毫无生气。”③ 这是两人对建于1954年的新侨饭店的总体印象，同时也很好地概括了这一时期北京新建建筑的总体风格。由于外国人长期以来对北京的印象停留于文学书籍中的帝都北京形象，因此，对于首次见到“社会主义北京”的特鲁多一行人来说，这个“新北京”多少有些令人失望——“这里所有的东西都是灰色的，也许是因为多少世纪以来，这些冷峻的城墙一直遭到来自

①[美] 大卫·季德：《毛家湾遗梦——1949年北京秘闻》，胡定译，中华工商联合出版社1996年版，第163页。

②[美] 罗伯茨编：《紫禁城之窗——戴维·布鲁斯的北京日记》，潘敬国、张颖译，中央文献出版社2006年版，第147页。

③[加] 杰克·赫贝尔、皮埃尔·艾略特·特鲁多：《红色中国的两位天真汉》，袁筱一、夏灵译，上海人民出版社2005年版，第12页。

戈壁沙漠的满是灰尘的强风的侵袭。现在的政权并没有为皇城增添那种庄严的俊美，但是它将皇城变成了一座现代化的首都，改善了公共设施，增加了大型建筑、大型广场以及宽阔的街道”①。特鲁多在肯定新中国为北京现代化所做的贡献之外，也为古老北京魅力的丧失而感到惋惜。此外，由于两位访问者是来自资本主义国家的政治活动家，因此他们对北京新风貌中的政治气味格外敏感——“除了特殊的日子，东长安街确实是一条永久和平的大道，稀少的车辆谨慎地以每小时二十英里的速度沿街行驶……再者就是匆匆忙忙、不知所措的行人，急于跑回他们更为熟悉的、规模更适合他们的街道”②。两人一针见血地指出了长安街改造背后的政治因素及其不合理的设计给居民日常出行带来的不便。

丹麦在 1950 年就与中国建交了。1955 年，丹麦画家赫尔鲁夫·比茨特鲁普应中苏友好协会和中国美术家协会的邀请，对新中国进行了一次写生旅行。在《一个外国人眼中五十年前的中国》一书中，这位丹麦画家以一幅幅图画和配文记录了新中国的变化。“在古老的城墙外面，到处都是建筑工地。许多地方铺设了柏油马路，正在按统一计划建筑楼房。”③ 这位画家不仅看到了北京市具体规划上的变化，更注重展现生活在这里的人民的风貌。以下这些图片全部是丹麦画家对当时北京市民形象的真实记录。透过人物的表情，我们可以看到社会环境

①[加] 杰克·赫贝尔、皮埃尔·艾略特·特鲁多：《红色中国的两位天真汉》，袁筱一、夏灵译，上海人民出版社 2005 年版，第 12—13 页.

②[加] 杰克·赫贝尔、皮埃尔·艾略特·特鲁多：《红色中国的两位天真汉》，袁筱一、夏灵译，上海人民出版社 2005 年版，第 13 页.

③[丹] 赫尔鲁夫·比茨特鲁普画并文：《一个外国人眼中五十年前的中国》，王立刚、冯屏译，山东画报出版社 2002 年版，第 18 页。

的安定和谐，以及人民当家作主后权利的平等[1]。

工厂里的女工

课间

公园里的人们

（三）乱象丛生——工业大发展下的新北京

在对新北京的规划中，其作为新中国经济和工业中心的定位被确立下来。由于区位因素和历史因素的影响，民国时期的北京并没有建构成一个完整的工业体系，工业基础相当薄弱。正如有学者指出的，“民国北京的大部分人实际上生活在另一个经济世界里——一个手工制品和旧货市场的世界”[2]。而成为首都这一角色的变化为新北京的工业发展提供了政治上的保障，再加上计划经济体制下的国家调控和大规模的苏联援助，北京的工业在中华人民共和国成立后的前两个五年计划中得到了空前的发展。有研究表明，北京“到 1957 年，工业总产值达 23.1 亿元，而现代工业已占总产值的 74.3%”[3]。之后，受“大跃

---

①图片引自［丹］赫尔鲁夫·比茨特鲁普画并文：《一个外国人眼中五十年前的中国》，王立刚、冯屏译，山东画报出版社 2002 年版，第 26、29、17 页。

②董玥：《民国北京城：历史与怀旧》，生活·读书·新知三联书店 2014 年版，第 130 页。

③薛凤旋、刘欣葵：《北京：由传统国都到中国式世界城市》，社会科学文献出版社 2014 年版，第 183 页。

进”、“以钢为纲”的影响，北京“工业总产值在工农总产值的比重，由 1949 年的 55％升到 92％”①。在工业化的大潮中，日本工程师山本市朗亲身经历了北京的工业建设，并且为北京的工业化建设做出了自己的努力。作为工业方面的专家，在山本市朗看来，计划经济体制下的北京工业建设存在着许多不合理甚至“激进”的地方。“这种只是根据上面命令，就在没有任何基础和条件的地方接二连三地建立大工厂的现象，在那个时期是一种时髦。”② 山本将“大跃进”期间这种不顾实际情况、盲目大规模建设的现象形象地称之为“比母鸡还大的蛋”。

由于北京的首都地位，北京的工业面貌自然也就是新中国形象的一部分。因此，在工厂建设中不可避免地存在着出于政治考量的“面子工程”。山本指出，一些工厂被市领导划为中华人民共和国成立后工厂的典型，供外国代表团参观，因此“设计了没有必要的宽阔的厂内干线道路，铺上水泥路面，两侧装饰着漂亮的路灯，看起来很有排场，但工作起来却极不方便”③。除此之外，由于相关领导片面追求生产设施规模的宏大化而缺乏相关配套基础设计建设，使得“广大的田野上逐渐建起了一个又一个同样的光秃秃的工厂”④，导致了交通拥挤、工人生产积极性不高等一系列后续问题。

受“大跃进”期间“三面红旗”的影响，这种片面发展工业的政

---

①薛凤旋、刘欣葵：《北京：由传统国都到中国式世界城市》，社会科学文献出版社 2014 年版，第 184 页。

②［日］山本市朗：《一个日本人眼中的新旧中国——北京三十五年》，胡传德、郑泰宪译，光明日报出版社 1985 年版，第 153 页。

③［日］山本市朗：《一个日本人眼中的新旧中国——北京三十五年》，胡传德、郑泰宪译，光明日报出版社 1985 年版，第 156 页。

④［日］山本市朗：《一个日本人眼中的新旧中国——北京三十五年》，胡传德、郑泰宪译，光明日报出版社 1985 年版，第 157 页。

策进一步走向极端，甚至延伸到了广大群众当中。在大炼钢铁的号召下，每个单位甚至每家、每户都参与进来，“从胡同旁边等空地一直到马路拐弯的三角地带，都垒起了小炉子。就像当时报纸上描写的那样，整个北京的人们，无论男女老少都在各自工作中挤出时间轮流参加大炼钢铁”①。普通群众的生产热情还体现在其他方面。在“除四害”运动中，全国上下展开了对麻雀、老鼠、苍蝇、蚊子的清除——“站在屋顶上的人们，手中握着绑有红布条的竹签，一边大声吆喊着：‘嗨……嗨……’，一边摇着竹签轰赶麻雀”②。在山本市朗的经历中，他既看到了人们因急于改变落后局面而产生的盲目的热情，同时也看到了这一时期劳动者身上可贵的品质——“清晨五时，主要大街上已经出现了上班的人群，干线的交通车辆彻夜不停地行驶”③。

工业发展的片面与盲目必然会造成很大的问题，其中最严重的便是城市的污染问题。由于重工业的畸形发展以及大炼钢铁期间对森林的破坏，北京面临着糟糕的空气质量问题，并且长时间难以改善。20世纪70年代到达北京的美国驻华联络官戴维·布鲁斯就对北京的空气污染深有体会——“每年的这个时候经常刮风，风将树木吹成美丽的曲线，但是也在某种程度上使灰尘旋转，使得支气管有毛病的人带上纱布口罩”④，“北京没有对排放烟煤的污染加以控制，这些烟尘几乎

①[日] 山本市朗：《一个日本人眼中的新旧中国——北京三十五年》，胡传德、郑泰宪译，光明日报出版社1985年版，第169页。

②[日] 山本市朗：《一个日本人眼中的新旧中国——北京三十五年》，胡传德、郑泰宪译，光明日报出版社1985年版，第181页。

③[日] 山本市朗：《一个日本人眼中的新旧中国——北京三十五年》，胡传德、郑泰宪译，光明日报出版社1985年版，第170页。

④[美] 罗伯茨编：《紫禁城之窗——戴维·布鲁斯的北京日记》，潘敬国、张颖译，中央文献出版社2006年版，第85页。

被永不停止的风吹得到处都是”[①]，“不远处化肥厂喷出浓黄色的带状的带有蒸汽的物质。从我的办公室能看到六家冒着大量浓烟的工厂”[②]。

工业的盲目扩张还导致城市空间的资源配置不合理，这一现象在旧城区尤为突出。据 1983 年的统计，“在 87 平方公里的旧城区范围内，集中了 1022 个企业，占地约 19％；平均每平方公里 11.7 个企业”[③]。如此高的企业面积必然会导致住房、交通等公共设施拥挤，更伴随着对旧城区古建筑的不断拆除。“在举世闻名的北京城墙的墙基上已建起了快速公路，两旁盖起了新的但并不很漂亮的楼房。看到这种情景，我并没有感到震惊，却产生了一种为古老文化惋惜的情绪。”[④]正如有论者指出的，“北京古都风貌消失的程度和北京市的建设速度恰成正比”[⑤]。

“红旗灿烂，迎风飘扬；五星灼烁，万丈光芒。天安门上，党声皇皇；多快好省，挺起脊梁。”这是 1959 年建国十周年之际郭沫若作的《颂北京》，表现出对新北京新气象的赞颂和对新北京建设的美好向往。作为新中国象征的新北京，“伟大”二字可以说是国人对首都北京的内心定位。在实际建设中，新北京的发展也确实符合“伟大”的定义。

---

①[美] 罗伯茨编：《紫禁城之窗——戴维·布鲁斯的北京日记》，潘敬国、张颖译，中央文献出版社 2006 年版，第 119 页。

②[美] 罗伯茨编：《紫禁城之窗——戴维·布鲁斯的北京日记》，潘敬国、张颖译，中央文献出版社 2006 年版，第 260 页。

③杨东平：《城市季风：北京和上海的文化精神》，新星出版社 2006 年版，第 147 页。

④[美] 罗伯茨编：《紫禁城之窗——戴维·布鲁斯的北京日记》，潘敬国、张颖译，中央文献出版社 2006 年版，第 173 页。

⑤杨东平：《城市季风：北京和上海的文化精神》，新星出版社 2006 年版，第 147 页。

两个五年计划完成之际，北京已经基本上完成了全国大型工业基地的建设，在城市规模上通过合并以及扩建，“仅在1956～59年间，北京市的领域扩大了三倍，而人口增加了一倍”①。而作为“伟大北京”的另一方面，正如郭沫若诗中所言的“五星灼烁，万丈光芒”，新北京的风貌更代表了一种政治的宣言，或者说新北京的建设是以政治审美为原则，在某种程度上是意识形态的产物。

在这一时期，受新中国外交政策等影响，亲身经历此阶段北京建设的外国人大多局限于中华人民共和国成立前就留在中国的外籍人士，其中大部分在政治上与新生政权有着革命的友谊。因此，这一时期北京国际形象的构建大多包含了见证人的主观革命热情。而对于这一时期获得访华允许的来自资本主义国家的人士来说，他们眼中的北京往往更加客观，能够从不同角度见证新北京的发展。

## 二、1966－1976年：“红色风暴”中的北京记忆

“文化大革命”期间，整个北京都处在一种狂热的“红色风暴”之中。其中也有大量外国人置身于风暴的中心，他们或主动参与，或遭受打击，以亲历者的身份见证了北京的狂热。此外，这一时期中国的外交政策发生了很大的变化——中苏关系恶化，中美关系逐渐缓和。相对于20世纪50年代，这一时期到中国访问的外籍人士数量逐渐增加，最明显的就是来自资本主义国家的人士访华逐渐频繁，其中既包括政客、外交官，还包括西方的知识分子、艺术家。访华外籍人士身

①薛凤旋、刘欣葵：《北京：由传统国都到中国式世界城市》，社会科学文献出版社2014年版，第125页。

份的多样化使他们可以从不同视角观察“文化大革命”中的北京。

（一）疯狂的躁动——被政治风暴笼罩的北京

在“十年动乱”期间，人民群众将对社会主义中国建设的热情完全投入到了开展“无产阶级文化大革命”当中。全国上下进入一种集体的“狂欢”之中，大喇叭、大字报充斥北京城的各个角落。作为这场运动的亲历者，当时在中央人民广播电台工作的李敦白是这样记录北京的疯狂的：“从广播事业局沿长安街走去时，我看到无数红卫兵举着红绸子旗，扛着巨幅的毛泽东肖像，边走边唱朝着广场挺进……长安街两旁装饰的铸铁灯柱上，都挂满了高音喇叭。”[①] 受“造反有理”的影响，全国上下开展了一场场大批判、夺权运动。在“造反”过程中，“大字报”起到了重要作用。“自从天安门广场大检阅后，北京市整个变样了，从广播事业局到天安门，一路贴满了大字报，栅栏上，大门上，电线杆上，每一堵墙上，都糊得满满的。”[②]

“大串连”期间，“红卫兵”可以在全国各地进行造反的经验交流，并且政府免费为他们提供交通、住宿。这样一来，首都北京自然成为了众多“红卫兵”向往的“圣地”。大量人口的突然涌入势必对北京的公共交通、服务设施造成影响。“北京市内各区都设立了接待站，学校、礼堂、剧场、电影院等所有地方都成为他们临时住宿处。尽管如此仍然容纳不了……原来安静的北京，一下子变成墙上贴满大字报，街上满地纸屑，百万红卫兵喧嚣吵嚷，尘土飞扬了。”[③]

---

①［美］李敦白、阿曼达·贝内特：《红幕后的洋人——李敦白回忆录》，丁薇译，上海人民出版社2006年版，第211页。

②［美］李敦白、阿曼达·贝内特：《红幕后的洋人——李敦白回忆录》，丁薇译，上海人民出版社2006年版，第212页。

③［日］山本市朗：《一个日本人眼中的新旧中国——北京三十五年》，胡传德、郑泰宪译，光明日报出版社1985年版，第210页。

在“破四旧”的口号中，古建筑遭到毁灭性的破坏。历来都是商业中心的王府井在“破四旧”的打砸中一片狼藉。“穿着仿制军服的红卫兵将每家店面色彩鲜明的木招牌或霓虹灯招牌拆下来，砸成碎片。还将商店的大门拆掉，将墙壁上的油漆刮掉。任何代表资产阶级情调的古老精致东西都在劫难逃。卖奢侈品的商店、北京烤鸭店以及带有宣扬迷信，或是缅怀旧时代的商店字号都被迫关门，或被砸得粉碎。”①

在这十年间，受中苏关系恶化的影响，全北京进入了一种紧张的战备状态。伴随“文化大革命”的热情，每家每户、每个单位都开展了防空洞的修建。1973 年来到北京担任美国驻华联络员的戴维・布鲁斯在日记中记录了这种在他看来略显可笑的行为——“在北京，人们会经常发现街道两侧横放着大量的混凝土石板。这些混凝土石板是用来在几乎所有的新的建设项目中修建防空洞的。与地狱核轰炸相比，这些防空洞也许对于营造士气更为有效”②。费正清则近距离观察了这种让人哭笑不得的“军事工程”，写道：“当你掀开商店的部分地板，会看到通往下面的楼梯，沿着阶梯向里走大约 20 英尺便是一个防空洞网，装有电灯、厕所，整个构造如同一个急救站。当我们来到里面，里面竟然放着音乐，还在焚香。”③ 更加严重的是，在修建防空洞的过程中伴随着对北京城墙等古建筑的毁灭性破坏。1973 年重访中国的海伦・福斯特・斯诺对此万分心痛，写道：“除了前门和鼓楼等少数城门和城楼以外，北京的城墙已经被破坏……城墙上的砖被用来修建防空

---

①[美] 李敦白、阿曼达・贝内特：《红幕后的洋人——李敦白回忆录》，丁薇译，上海人民出版社 2006 年版，第 213 页。

②[美] 罗伯茨编：《紫禁城之窗——戴维・布鲁斯的北京日记》，潘敬国、张颖译，中央文献出版社 2006 年版，第 120 页。

③[美] 费正清：《费正清中国回忆录》，严亚婷、熊文霞译，中信出版社 2013 年版，第 417 页。

洞和地下铁道。”[①]

“文化大革命”后再次回到北京的大卫·季德目睹了这场运动给北京带来的巨大变化——“原来的北京的特征、店铺的金红色门脸已经消失。居民住宅前和大门上的红漆字被灰浆盖住，甚至北京的天空也变成灰白色”[②]。“文化大革命”的疯狂使得旧北京的风貌几乎被破坏殆尽。美国著名汉学家费正清曾于 20 世纪 30 年代到过北京，而当他 70 年代再次来到北京时，看到的却是巨大的反差——“在我们记忆中存留的北京仍是 40 年前的印象，我们现在以怀旧的心情去寻找那些旧时的地标式建筑物，我们的向导却想要我们参观新修的地铁。北京的城墙除了两座城门外都已经被拆除了，这让威尔玛倍感伤心。城市早已失去了它原本的面貌，尽管故宫（明清时代的紫禁城）修整得比以往看上去更加宏伟壮观。而‘文化大革命’时期，巍峨坚实的外城结构以及 11 座双塔楼城门中的 9 座都已被拆毁”[③]。

与上一个时段政府主导下对北京的规划建设不同，“文化大革命”期间群众的广泛参与，更像是一场无序的破坏。

（二）乱象与齐整——政治风暴下北京的日常

笼罩在政治狂热的氛围中的城市，是这一时期外国人视角下北京的主要形象。除了聚焦于“文化大革命”对北京城市面貌产生的直接影响，一些外国人还通过观察北京市民的日常生活，记录了北京的众生百态。

---

①[美] 海伦·福斯特·斯诺：《重返中国》，刘炳章、王中一等译，中国发展出版社 1991 年版，第 155 页。

②[美] 大卫·季德：《毛家湾遗梦——1949 年北京秘闻》，胡定译，中华工商联合出版社 1996 年版，第 173 页。

③[美] 费正清：《费正清中国回忆录》，严亚婷、熊文霞译，中信出版社 2013 年版，第 417 页。

戴维·布鲁斯在驻华期间的日记中详细记录了他在北京的见闻。除了涉及其工作的政治内容外，他还对北京这座城市的日常运行状况进行了记录。虽然北京在很多方面都有所发展，但在布鲁斯这个来自发达国家的人眼中，北京的落后是很难迅速改变的。首先是交通状况差和落后的出行方式——“尽管700万北京市民有好多步行，也有许多漂亮的公交车，但是卡车和自行车还是引起了交通拥堵”①，“尽管路上的汽车不是很多，但是，在北京市内和市外驾车并不是安静的。我们自己的司机也像其他司机一样不停地按喇叭”②。于1976年到达北京的意大利记者阿德里亚诺·马达罗对北京的第一印象就是拥堵的交通——“通往首都的公路并不宽敞，卡车、马车、拖拉机和自行车拥堵在一起”③。这样的交通状况印证了中华人民共和国成立以来北京城市交通的发展状况，即“虽然道路建设是快速的，年均74公里，但城市交通的情况却每况愈下”④。北京旧城区的道路布局又导致北京城交通建设的空间分布不均。在出行方式上，北京缺乏完备的公共交通，大部分人以自行车为主要交通工具，因此有外国人将北京称为“自行车城”。下面这张照片是意大利记者阿德里亚诺拍摄的午后的长安街——“在长安街以及北京其它大街上的主流人群，是照片上下班的骑

---

①[美] 罗伯茨编：《紫禁城之窗——戴维·布鲁斯的北京日记》，潘敬国、张颖译，中央文献出版社2006年版，第84页。

②[美] 罗伯茨编：《紫禁城之窗——戴维·布鲁斯的北京日记》，潘敬国、张颖译，中央文献出版社2006年版，第87页。

③湖北省博物馆编：《巨变前夜：1976—1979阿德里亚诺·马达罗镜头中的中国》，文物出版社2015年版，第12页。

④薛凤旋、刘欣葵：《北京：由传统国都到中国式世界城市》，社会科学文献出版社2014年版，第350页。

自行车的人和行人”①。

其次，一些公共场所脏乱差的现象难以改变。戴维·布鲁斯指出，“仅有的或有限的浴池和公共厕所如何使人们保持良好的卫生这一问题引起了我的想象。尽管它们看起来是脏乎乎的，并且也许是有臭味的。但是中国人看起来相对是干净的”②。而罗兰·巴特则通过捕捉北京城的气味，简明地指出了北京城现代与落后并存的局面——“气味。天安门广场上卖菜。历史博物馆。一条湿漉漉的狗，驴粪，酸奶”③。费正清则从两方面看待北京的公共卫生，“过去街上随处可见的诸如甲状腺肿大、褥疮以及皮疹等疾病如今都不再出现了。然而，公共卫生发

①文字、图片均引自湖北省博物馆编：《巨变前夜：1976—1979 阿德里亚诺·马达罗镜头中的中国》，文物出版社 2015 年版，第 27 页。

②［美］罗伯茨编：《紫禁城之窗——戴维·布鲁斯的北京日记》，潘敬国、张颖译，中央文献出版社 2006 年版，第 88 页。

③［法］罗兰·巴尔特：《中国行日记》，怀宇译，中国人民大学出版社 2012 年版，第 13 页。

展的同时，人口也急剧增长，革命的成果因此消耗殆尽”①。

与戴维·布鲁斯等人不同，海伦·福斯特·斯诺在20世纪70年代重返北京后更多地看到了新北京的新气象。海伦·斯诺是埃德加·斯诺的前妻。她曾于20世纪30年代初在中国读书并访问延安，40年代回到美国后曾深受麦卡锡主义的迫害，70年代初又重返中国。在两次中国之行的对比中，她记录了新中国、新北京的发展。再次住进北京饭店，斯诺女士看到的是一种全新的风貌——“过去是两排人力车在门口等着，现在我看到的是大批汽车，司机们一边等着送外国客人开始一天的旅行，一边无意识地擦着光亮的车身”②。在重返母校的路上，海伦·斯诺看到了不同于往日的北京之新——“我们驶经政府新建的工人阶级居住区，那都是两三层楼的盒子似的现代建筑”③。与戴维·布鲁斯侧重批评北京的落后不同，海伦·斯诺对新北京有着更多的感情。因此，即便是身处北京拥挤的早高峰，她仍然能够捕捉到北京市民那朴素的脸庞。“北京150多万辆自行车中的绝大多数在早晨一齐涌上街道。我们不断地揿着喇叭从它们中间挤过去，有时还会遇到几辆由邋里邋遢的矮马拉着的农家大车……我对这些华北老百姓饱经风霜的脸庞有着多么强烈的情感呵!”④

虽然处于“文化大革命”之中，但北京市政府并没有完全瘫痪，

①[美] 费正清：《费正清中国回忆录》，严亚婷、熊文霞译，中信出版社2013年版，第418页。

②[美] 海伦·福斯特·斯诺：《重返中国》，刘炳章、王中一等译，中国发展出版社1991年版，第66页。

③[美] 海伦·福斯特·斯诺：《重返中国》，刘炳章、王中一等译，中国发展出版社1991年版，第94页。

④[美] 海伦·福斯特·斯诺：《重返中国》，刘炳章、王中一等译，中国发展出版社1991年版，第94—95页。

在一些突发事件面前，北京市政府仍然做出了迅速有效的应急反应。1976 年，唐山爆发了 7.8 级地震，距离唐山不过 160 多公里的北京震级达到 6 级。当时已经成为中国公民的沙博理见证了唐山大地震对北京造成的影响——“北京许多漂亮的老房子是碎砖填心砌的墙，上面涂一层泥。相当多的房子在最初的震动下就倒塌了”①。同时，沙博理也记录了救灾期间北京市所做的应急措施——“在北京，公园和游乐场里都充满了各式各样临时搭成的小屋，它们排列在宽阔的大街两边，挤在花园和校园里……幸好，北京的供水没有中断。电停过，又恢复每天供电一定时间。电车和公共汽车照常运行”②。

北京的首都地位必然决定政治因素会影响到城市的方方面面，除了城市外观，最不容忽视的就是对北京市民文化的影响，尤其是市民的日常生活方式，其中服装潮流与政治革命密切相关。“在高度集权的‘文革’时期，对社会生活的纯洁性、划一性的要求达到了夸张的程度。”③ 受红卫兵热潮的影响，军装成为了风靡全国的主流服装。与当时在京的外国工作人员在着装上表现出来的生机与活力相比，这样的整齐划一更加突出了这座城市的落寞。“他们（外国工作人员）穿着鲜艳的服装到场乱撞并发出喧闹的声音，这与当地 170 万骑自行车人的宁静举止和一致的服装形成了鲜明的对比。”④

法国著名理论家、批评家罗兰·巴特一行人于 1974 年到中国访问。这位来自时尚之都巴黎的批评家对北京市民的穿着大为震惊，说：

---

①沙博理：《我的中国》，崔思淦译，中国画报出版社 2006 年版，第 228 页。

②沙博理：《我的中国》，崔思淦译，中国画报出版社 2006 年版，第 229 页。

③杨东平：《城市季风：北京和上海的文化精神》，新星出版社 2006 年版，第 208 页。

④［美］罗伯茨编：《紫禁城之窗——戴维·布鲁斯的北京日记》，潘敬国、张颖译，中央文献出版社 2006 年版，第 113 页。

"发型都是规则的。真让人印象深刻！完全没有时尚可言。零度的衣饰。没有任何寻求、任何选择。排斥爱美。"① 与其他外国人停留在表面的记录或者流于感情的抒发不同，符号学大师罗兰·巴特更善于捕捉种种现象背后的逻辑。面对北京市民的千篇一律，巴特指出了"服饰店完全一致所产生的趋变效果。这种情况产生了：平静、清淡、并非粗俗——以废除色情为代价。就像是坐禅的效果"②。巴特将造成这种情况的政治因素与宗教并举，指出了权力逻辑背后对人性的压迫。

对于意大利记者阿德里亚诺来说，到达北京后，第一时间就被这种着装上的整齐划一震惊了。"1976 年 4 月 29 日首都机场旧候机楼。这是我拍摄中国的第一张照片，这座老候机楼当时是一个重要的标志性建筑物。大厅的中央竖立着一座当时几乎在中国各个公共场所都能见到的毛泽东塑像，国内航班的旅客们正在等待登上一架俄罗斯飞机……他们的服装却是惊人的相同，颜色不超过四种：蓝、灰、绿，

①[法] 罗兰·巴尔特：《中国行日记》，怀宇译，中国人民大学出版社 2012 年版，第 11 页。

②[法] 罗兰·巴尔特：《中国行日记》，怀宇译，中国人民大学出版社 2012 年版，第 12 页。

还有少见的棕色。”①

此外，阿德里亚诺的照片还记录了“文化大革命”期间北京公共场合的一个特点，即大量建造毛泽东的塑像。受“个人崇拜”的影响，“文化大革命”中整个北京乃至全国上下都热衷于兴建毛泽东的塑像，一些大学、公园、广场上都树立起一座座大小、造型极度相似的白色塑像。

政治文化对市民日常生活的渗入必然导致传统北京市民文化的消失。作为“古都”的北京，除了表面存在的大量的古代建筑外，更具意义的是渗透在北京人日常生活中的独特生活方式，尤其是受“旗人”文化影响而形成的略带闲适和享受的生活态度。在一些文人笔下，老北京的这种生活方式主要凝聚在鼻烟壶、鸟笼等一些物件之中。但在新北京，这样的生活方式无疑代表了落后与封建，是要被艰苦朴素的革命精神所淘汰的。在革命化的生活方式之下，北京甚至长时间禁止养狗。对此，戴维·布鲁斯写道：“那种达官贵族走进公园，摆动他们的鸟笼让他们的鸟儿呼吸空气和进行运动，或者附在鸽子尾巴上发出的悦耳的笛声的日子已经过去。”② 而老布什就讽刺道：“弗雷德（布什的宠物狗）在中国人眼里成了一种新奇的玩意儿……在北京街头，每当我们带着弗雷德外出散步时，一些中国人就惊奇地指着弗雷德说：‘Mao!’”③

当然，与传统的北京市民生活方式一起消失的，还有承载这种生

①湖北省博物馆编：《巨变前夜：1976—1979 阿德里亚诺·马达罗镜头中的中国》，文物出版社 2015 年版，第 20 页。

②[美] 罗伯茨编：《紫禁城之窗——戴维·布鲁斯的北京日记》，潘敬国、张颖译，中央文献出版社 2006 年版，第 135 页。

③王正和编著：《不可思议的中国人——二十世纪来华外国人对华印象》，花城出版社 2001 年版，第 482 页。

活方式的居住空间——胡同与四合院。“胡同、四合院，是北京市民的居住方式，也是北京市民的文化形态。”[①] 但在中华人民共和国成立后对北京的建设中，这些传统老北京的居住空间面临着破坏。这一趋势在“文化大革命”当中更是走向极端。大卫·季德在“文化大革命”后回到北京，看到的是这样的胡同和四合院——“那宽大的门洞只表明早先庭院里的建筑气派，如今那里到处都搭盖着简陋的小屋和狭窄的厨房，严重破坏了旧式院落的格局”[②]。20 世纪 70 年代回到北京的费正清也发现自己曾经的居所早已面目全非——“如今，这两进院子合二为一，显得破旧不堪，成了一个住有 30 多户人家的大杂院，从前的花园早已被种植的一些蔬菜取代，几乎辨识不出是我们昔日的小院了”[③]。从历史的视角来看，现代化的进程必然伴随着某种传统的丧失，尤其是革命政治因素影响下的国家现代化进程，在某种程度上是以对传统地域文化的消解为代价的。

与西方人以批判的眼光看待“文化大革命”时期的北京不同，这一时期访华的亚非拉人士，则以钦佩的眼光目睹着新北京的种种气象。埃及记者穆罕默德·穆斯塔法·古奈姆在访华期间同样关注着北京普通的居民——“所有的人都勤劳和热诚地工作着……所有的面孔都是愉快的，都在微笑，在所有的长着小眯缝眼睛的面孔上，可以看到一种安详恬静的感觉。所有的外国人都受到绝对友好的对待。同西方宣传所描绘的相反，任何地方都没有敌视的迹象”[④]。

---

①汪曾祺：《胡同文化》，人民文学出版社 1998 年版，第 124 页。

②[美] 大卫·季德：《毛家湾遗梦——1949 年北京秘闻》，胡定译，中华工商联合出版社 1996 年版，第 179 页。

③[美] 费正清：《费正清中国回忆录》，严亚婷、熊文霞译，中信出版社 2013 年版，第 417 页。

④李荣建：《阿拉伯的中国形象》，人民出版社 2010 年版，第 47 页。

古奈姆对北京的印象，可以说，代表了广大亚非拉国家对北京形象的整体期待。他们对北京产生如此印象的原因与新中国的外交政策、亚非拉国家的具体遭遇有着重要关系。首先，由于意识形态的影响，新中国长期处于“外交封锁”之中，而亚非拉等贫穷落后国家成为新中国突破“封锁”的“着力点”。因此，中国格外重视与亚非拉国家的外交关系。万隆会议以后，中国掀起了与亚非拉国家建交的高潮。此外，中国还加大了对亚非拉落后国家的援助，无论是在经济上还是政治上，都支持他们本国的革命建设。其次，亚非拉的众多国家都长期遭受帝国主义侵略，在争取民族解放和国家独立方面，新中国为它们提供了一个良好的范例，因而新中国、新北京便成为亚非拉人士的向往之地。他们从新中国的建设发展中看到了希望，将首都北京的建设发展看作是一面“镜子”。在这样的历史背景下，首都北京在他们眼中是神圣的、完美的。亚非拉人民对北京的热情与向往可以在也门诗人麦克里赫《致北京的吻》一诗中体现——“北京/我心驰神往的绿洲，尽管相隔遥远/我们仍相会在/伟大征途的火把下/在暗无天日的夜里/我们给进军的人希望的火把/巨大希望的火把”①。

（三）封闭与隔膜——迷雾背后的“文化大革命”北京

由于政策的调整，较之 20 世纪五六十年代，70 年代访华的外国人不仅在数量上显著增加，而且访华人士的身份也趋于多元化。出于意识形态的考虑，并不是所有领域都是向这些外国人开放的，接待外国人有一套严格的官方礼仪标准。换句话说，这些访华人士所看到的北京、看到的中国很大程度上是“被呈现”的。在种种束缚当中，很

①《阿拉伯现代诗选》，郭黎译，转引自李荣建：《阿拉伯地中国形象》，人民出版社 2010 年版，第 153 页。

多外国人感受到了看似热情的外表下存在的隔膜。

在华的外籍访问者经常会有一种“隔离”感。“我渴望同饭店中的任何一个客人谈话，但是这不合乎礼节。到处都有一种彼此隔离、秘而不宣的气氛，几乎带有阴谋的味道”；“使馆区设在郊区，是新建的，同外界隔绝”；“所有外国人的消息来源都是新华社提供的材料——除了中文出版物以外。北京的气氛是保密和相互隔绝，外交色彩极浓”①。这是海伦·斯诺第一次踏入新中国时对北京的印象。外国人在北京的处境折射出当时政治环境的微妙。布什夫妇也有同感——“我很快发现，中国似乎不仅只有一种‘长城’，还有别的‘城墙’存在于外交界。比如，外国使节不能随时拿起电话同中国官员讨论国际问题……这堵墙特别挫伤了那些不远万里而来了解中国及其人民的人的积极性”②。

一般意义上，来访的外国人都是在中方相关机构的安排下进行访问。所以，这些外国人所看到的东西很大程度上带有展示性。费正清甚至将其描述为一种公关活动——“中华人民共和国以公费形式邀请外宾访华的整个流程是一种公共关系的表现形式，具体来说，其流程与美国公司不相上下”③。对此，罗兰·巴特是这样形容的：“商店。我们受到了欢迎。水果（苹果，葡萄，梨。气味浓烈。）。带有柳条编织外罩的大热水壶。非常干净，秩序井然。”④ 由于行文风格的原因，我们不应只关

①[美] 海伦·福斯特·斯诺：《重返中国》，刘炳章、王中一等译，中国发展出版社 1991 年版，第 68、69、70 页。

②王正和编著：《不可思议的中国人——二十世纪来华外国人对华印象》，花城出版社 2001 年版，第 481 页。

③[美] 费正清：《费正清中国回忆录》，严亚婷、熊文霞译，中信出版社 2013 年版，第 426 页。

④[法] 罗兰·巴尔特：《中国行日记》，怀宇译，中国人民大学出版社 2012 年版，第 16 页。

注罗兰·巴特日记中记录的那些符号，更应看到在简短的词与词、上句与下句之间的空白，在简洁明了的语句背后，巴特呈现出来的是一副略带异常的画面。同样，海伦·斯诺在参观北京大学时也深有同感："在这间大屋子里可以隐隐地感觉到一种激情，然而这种资产阶级情感不敢表露出来。整个气氛拘谨、刻板，挑不出错误而又不明确表态。"[①]

在这样的环境中，中国政府似乎只给外国人打开了一扇窗子，而这远远不能一窥北京的全貌。正如 20 世纪 70 年代应邀在北京拍摄纪录片《中国》的意大利导演安东尼奥尼在影片开头所说的，"很大一部分中国是可望不可及，非请莫如的。虽然中国人打开了几扇门户，玩起了政治乒乓，我们笑眯眯的导游让我们跟随他们严格规定的路线"。因此，许多外国人试图真正了解北京、了解中国的希望落空，罗兰·巴特甚至感觉不到北京这座城市的存在——"置身迷茫的空间，似乎不是特别令人高兴，没任何城市的感觉"[②]。因此，这些外国人便只能将目光对准普通群众。正如安东尼奥尼在影片中说道："中国的人民就是这部片子的明星，我们不期望解释中国，我们只希望观察这众多的脸、动作和习惯。"在观看表演时，罗兰·巴特就着重留意了观众的表情——"人群平静、放松。没有任何的歇斯底里。但同时也没用色情表现，没有'欢乐'。没有任何的古怪，任何的惊喜，任何的浪漫"[③]。通过巴特的描述可以发现，同人群千篇一律的着装一样，人们在公共场合的行为举止在政治氛围的影响下也令人惊讶地一致。在巴特看来，

①[美] 海伦·福斯特·斯诺：《重返中国》，刘炳章、王中一等译，中国发展出版社 1991 年版，第 96 页。

②[法] 罗兰·巴尔特：《中国行日记》，怀宇译，中国人民大学出版社 2012 年版，第 236 页。

③[法] 罗兰·巴尔特：《中国行日记》，怀宇译，中国人民大学出版社 2012 年版，第 260 页。

这是一种权力对人的“规训”。巴特的看法在一次观看儿童演出时得到了证明。面对“五一”节众多的少儿和幼儿活动，巴特一针见血地指出：“被儿童化的成年人。被成年化的儿童在使成年人儿童化。儿童就像是为成年人演出的节目。”[①] 巴特的知识分子立场使其对权力一直处于抗拒状态，因此，大多数情况下他是以批判的眼光来看待北京的一切事物。在参观北京大学时，由于笼罩在“文化大革命”的政治正确中，这所长期以来以“兼容并包”为特色的大学让巴特一行人大失所望。“这所发起‘文化大革命’和我们认为是最富有智慧话语的大学，完全是空荡荡的，寂静的。”[②]

当然，巴特等人在旅途中也在寻找真正进入北京的方式，那就是尽可能地观察北京人的日常生活。“我们穿过几条小胡同，步行回旅馆。这样做，改变了一切：我们第一次自由地看到了小胡同。月亮，有时胡同是黑暗的，树木，天气很热，来往的人很多，低矮的房子四敞大开，居民们清扫（干的）垃圾。终于，似乎有了一种可能的（闷热夜晚的）色情表现。”[③] 安东尼奥尼在影片《中国》中也将大量的镜头对准胡同里市民们的日常状态。“北京的居民显得贫穷，但不匮乏，他们虽没有奢侈品，但也不挨饿，这里看上去既不焦虑也不着急。”可见，在政治权力之外，北京的市民总体上保持着一种稳定自足的生活。

---

①[法] 罗兰·巴尔特：《中国行日记》，怀宇译，中国人民大学出版社 2012 年版，第 268 页。

②[法] 罗兰·巴尔特：《中国行日记》，怀宇译，中国人民大学出版社 2012 年版，第 291 页。

③[法] 罗兰·巴尔特：《中国行日记》，怀宇译，中国人民大学出版社 2012 年版，第 277 页。

胡同里的小脚老太太（影片《中国》镜头之一）

晨练的北京市民（影片《中国》镜头之二）

与罗兰·巴特知识分子立场所持的批判性视角不同，1972 年访华的美国总统尼克松透过人群看到的是这个社会主义政权强大的政治力量。“回顾在中国度过的那一个星期，我感到最鲜明的印象有两个。其一是在北京观看体育表演时，观众既守纪律又激动得近乎狂热的令人生畏的景象，它证实了我的这一信念，即我们必须在今后几十年内在中国还在学习发展它的国家力量和潜力的时候，搞好同中国的关系。"①

十年"文化大革命"给国家的各个方面都造成了沉重的打击，国民经济停滞不前，人民群众也逐渐看到了政治运动背后的谎言。因此，在"文化大革命"后期，人民群众渴望变革的愿望越来越强烈，尤其对"四人帮"的不满情绪越来越强烈，而这一切随着周恩来总理的逝世上升到了顶点。对于1976年4月5日因纪念周总理而引发的天安门运动，亲历者沙博理先生在回忆录里记录了这个转折点前后人民群众的激动情绪："清明节前，在席卷中国的汹涌激荡等感情中，人们提前开始准备花圈和颂扬周的诗歌。天安门广场中心的人民英雄纪念碑，成为首都自发的悼念活动的焦点……我从来没有看见过像那样一种紧紧抓住北京人民的悲痛和满腔怒火交织在一起的情景。第二天早上，他们成百万的人，或步行，或乘卡车，在许多情况下还是由他们本地方、本单位的共产党书记带领着，潮水般涌进天安门广场。"②

在这10年间，外国人对"文革北京"的观察是全方位的、立体的，为我们展示出了"文革北京"的众生百态。从他们的视角中，我们可以看到他们对"文化大革命"灾难的震惊与批判，也可以看到他们为传统文化的丧失而感到惋惜。在外国人对"文革北京"的描述中最有价值的地方不在于"文化大革命"产生的具体乱象，而是这一期间政治权力与普通群众之间的"暧昧"关系，尤其是罗兰·巴特等知识分子的论述，为我们反思"文化大革命"提供了一个视角。

---

①[美] 尼克松：《尼克松回忆录 中》，裘克安等译，商务印书馆1979年版，第692页。

②沙博理：《我的中国》，崔思淦译，中国画报出版社2006年版，第233页。

## 三、1976－1979 年：历史徘徊期——曙光与新生

随着粉碎“四人帮”，中国从政治的狂热中回到了发展的正规。此时的北京百废待兴，人们除了沉浸在粉碎“四人帮”的喜悦中，更对未来的新生活充满了期待。这一时期的北京形象必然充满着活力与开放。

（一）突破“文化大革命”的牢笼——孕育着自由与开放的北京

“文化大革命”期间，由于政治因素的影响，外国人在北京普遍感到一种封闭与隔膜，而 20 世纪 70 年代末来华的外国人却体验到完全不一样的北京。1979 年到北京的埃及记者默罕默德·坦塔维亲身感受到了北京的开放与热情，并且能够深入了解北京。他说：“我没有感到对行动自由的任何限制，我去过北京的主要街道，拍了我想要拍的照片，中国内部生活的形象开始露出它的面貌……当我走进拥挤的商店时，老百姓便主动把我让到前边。”①

与国人对新生活充满期待一样，这时候来到北京的外国人也感受到了新生活的阳光。法国作家贝尔纳的小说《中国情人：一个外国女人在北京》就讲述了主人公瑞莉对北京的第一印象：“年初的北京充满了阳光。冬天的寒风虽然刺骨而坚硬，却挡不住蓝色的天空所呈现的完美、纯洁的画面。”② 我们可以看到，随着新时期的到来，北京这座文化古城的魅力也逐渐散发出来。“北京的阳光具有明代瓷器般的微妙

①丁海峰编：《中国见闻》，新华出版社 1980 年版，第 244 页。

②[法] 苏珊娜·贝尔纳：《中国情人：一个外国女人在北京》，尹兵译，河南人民出版社 2003 年版，第 3 页。

和温柔，脆弱和透明，在瞬间即逝中永存。”①

然而，十年“动乱”给北京各个方面带来的伤痕是无法在一夜间愈合的。在一些外国人看来，此时的北京在各方面仍然遗存着“文化大革命”的痕迹。在关注北京的政治局势之外，他们能够更加自由地观察普通市民的日常生活，因此，一个完整的北京形象逐渐呈现在世界面前。意大利记者阿德里亚诺就用镜头记录了此时的北京。“20 世纪 70 年代欧洲对中国的报道充满了敌意和偏见，特别提到卫生如何差，街道如何脏乱，可眼前的事实的确让外国人感到吃惊。北京居民房屋入口处根据主人身份通常摆放一对石鼓，或一对石狮。远处 3 个男孩在抛球，近处 4 个女孩在跳绳……胡同生活在蝉声嘈杂的大槐树下悄悄流过，这是一幅多么让人陶醉的景象。”②

此外，政治环境的民主化也记录在阿德里亚诺的镜头当中。“在

①[法] 苏珊娜·贝尔纳：《中国情人：一个外国女人在北京》，尹兵译，河南人民出版社 2003 年版，第 4 页。

②文字、图片均引自湖北省博物馆编：《巨变前夜：1976—1979 阿德里亚诺·马达罗镜头中的中国》，文物出版社 2015 年版，第 60、61 页。

1979 年春吹来一阵新奇的微风：天安门城楼东面的观礼台前出现了一些卖'特殊'报纸的年轻人，报刊多是对当前政治问题的评论。"① 这体现了这一时期人民的民主意识的增强。

天安门广场上买卖报纸的青年们

西单附近的民主墙更是政治民主化的鲜明代表。"文化大革命"结束后刚出狱的李敦白切身体会到了广大市民对政治的参与热情。"民主墙位于西单十字路口，靠近领导住宅和主要购物区，任何人都可以就任何议题在那里张贴大字报。我刚出狱时，正逢民主墙百花齐放的时候，大字报贴满了整片墙，人行道上也拉起一条条绳子，挂满了大字报。"② 与"文化大革命"期间的"批判"、"造反"运动不同，此时民主墙上的大字报预示着新的政治风气的形成。

在经济方面，之前高度集中的计划经济体制出现了松动，一些平民市场开始活跃。"在一个主要的十字路口，过往的人流是快速销售的

①文字、图片均引自湖北省博物馆编：《巨变前夜：1976—1979 阿德里亚诺·马达罗镜头中的中国》，文物出版社 2015 年版，第 32、33 页。

②［美］李敦白、阿曼达·贝内特：《红幕后的洋人——李敦白回忆录》，丁薇译，上海人民出版社 2006 年版，第 295 页。

保证。卖菜农民用三轮车占据了整个路面，除了卖小红萝卜外，还卖小葱和长豆角。这在当时是‘扩大’城市销售网络的试点……这是允许私有制存在的开始。到1979年底，出现了商业街和私人商店，商业逐步走上正规化。”①

古城中的现代化建筑

随着国家的重心转向经济建设，对北京的建设也如期而至。北京开始加速其现代化的步伐，一座座现代化的建筑在北京这座古城中拔

①文字、图片均引自湖北省博物馆编：《巨变前夜：1976—1979 阿德里亚诺·马达罗镜头中的中国》，文物出版社2015年版，第94、95页。

地而起。“远处的地平线被一排排现代化高楼遮挡……这些高楼形成，就是北京城南部和农村之间的边界线，它们像一排排羞答答的广告牌，似乎预告人们，在不久的将来，一场建设热潮的出现将彻底改变城市的面貌。”①

新一轮的城市建设必然伴随着对北京这座古城的破坏。阿德里亚诺就感叹道：“我们到了被称为老北京的‘腹地’的地方，它现在已经不存在了……这些在市中心人民大会堂的背面，带着胡同的四合院，这些有特色的日常胡同生活已经一去不复返了。”②

（二）巨变前夜——北京的现代化雄心与落后现状

虽然北京在十一届三中全会以后开始了轰轰烈烈的现代化建设，但经历十年停滞的北京一时间很难改变落后的现状，北京市的各个方面都存在着与现代化这个宏伟目标不相称的问题。

①文字、图片均引自湖北省博物馆编：《巨变前夜：1976－1979 阿德里亚诺·马达罗镜头中的中国》，文物出版社2015年版，第52、53页。

②湖北省博物馆编：《巨变前夜：1976－1979 阿德里亚诺·马达罗镜头中的中国》，文物出版社2015年版，第54页。

首先是日常生活中的“文化大革命”痕迹。以上图片是阿德里亚诺于 1977 年拍摄的佩戴“红卫兵”袖章的学生，以及墙上的政治标语①。

这样的场景在北京的许多公共场合依然常见，“文化大革命”遗留下来的政治风气仍然浓厚。从天安门望去，“远处的建筑挂着毛主席像以及巨大的红底白字的政治标语，隐喻着北京仍然笼罩在浓厚的政治气氛中”②。

①湖北省博物馆编：《巨变前夜：1976—1979 阿德里亚诺·马达罗镜头中的中国》，文物出版社 2015 年版，第 39、57 页。

②文字、图片均引自湖北省博物馆编：《巨变前夜：1976—1979 阿德里亚诺·马达罗镜头中的中国》，文物出版社 2015 年版，第 30、31 页。

虽然这一时期中外文化交流呈上升趋势，但以全方位开放的心态去接纳外国人仍需要一定的时间。当时外国人居住的友谊宾馆，出于政治方面的考量，与外界总有一些隔膜。贝尔纳小说中的主人公在赞叹北京的开放与自由之余，也指出了在中外交流方面北京仍然存在着的封闭情况——“旅馆住着来中国工作的外国人，以及一些游客和生意人，也有一些中国人，他们也一样，与外界隔绝了”①。

不仅仅是政治因素的影响，作为一个历经千年的“古都”，北京的文化传统固然是其特色，但同时也对城市的发展产生了阻碍。阿德里亚诺在游览北京旧城区时这样说道：“我有幸见到了那个尚能从旧地图上辨认出来的北京城，宏伟壮观的帝国印记，皇城根下的市井百态，还有那如织网密布的胡同和错落其间的四合院。在最初的那些时日里，这一切对于我是那么的浪漫，但同时又是那么令人心酸。中国封闭式的自给自足的社会状态还要维持多久呢？”②

①［法］苏珊娜·贝尔纳：《中国情人：一个外国女人在北京》，尹兵译，河南人民出版社2003年版，第25页。

②［意］阿德里亚诺·马达罗：《老马：一个孩提时的中国梦》，魏彧璋、陆辛译，北京时代华文书局2014年版，第126—128页。

在商业方面，虽然高度集中的计划经济已经出现明显的松动，商业贸易市场开始活跃，但由于生产力水平的限制，一些商品的销售仍然实行配额供应。因此，在一些店面门口经常能看到市民排长队的现象①。

在市民日常行为上，“文化大革命”期间强大的政治控制已经不再常见，但一些不文明的行为甚至较之中华人民共和国成立初期更加普遍。李敦白就曾感叹道：“我回到的北京已不再是我离开时的那个北京，而这不仅是因为十年浩劫。一国之都的干净整齐不见了，呈现在眼前的是脏乱的街道，到处是垃圾。以往促使人们在外宾见到垃圾前自发清理的精神，也已不再。在外国人下榻的友谊饭店对面的市场前，果皮纸屑随处可见。”② 除了普通市民，甚至连军人也失去了原来的纪律素养。“穿着军装的粗鲁小伙子等公车一来，就推开排队的长龙，自顾自挤上公交车。”③

在经济建设中也存在着急于求成的行为。“也有一些新房子在修建中，但是工程偷工减料，新建的高楼一副阴冷潮湿的样子，盖好那天就像旧的。大部分还在等着配上水管电线和电梯。”④ 此外，以经济建设为中心，在某种程度上导致了功利主义的社会风气。经历过革命年代的李敦白对此深有感受。“最大的不同还是人际关系的改变。‘朋友’

---

①图片引自湖北省博物馆编：《巨变前夜：1976—1979 阿德里亚诺·马达罗镜头中的中国》，文物出版社 2015 年版，第 91 页。

②[美] 李敦白、美阿曼达·贝内特：《红幕后的洋人——李敦白回忆录》，丁薇译，上海人民出版社 2006 年版，第 296 页。

③[美] 李敦白、美阿曼达·贝内特：《红幕后的洋人——李敦白回忆录》，丁薇译，上海人民出版社 2006 年版，第 296 页。

④[美] 李敦白、美阿曼达·贝内特：《红幕后的洋人——李敦白回忆录》，丁薇译，上海人民出版社 2006 年版，第 296 页。

两个字有了新的定义，所谓‘朋友’就是能为你带来好处的人……‘后门’也有了新的定义，走后门——利用特殊的人际关系——是办成事情的唯一方法。”①

20 世纪 70 年代末的北京已经表现出新时期北京的某些萌芽，这期间的北京国际形象也预示着改革发展的大潮将如期而至。难能可贵的是，此时在京的外国人能够有效地排除“文化大革命”结束的喜悦所带来的盲目热情，以“旁观者”的姿态，客观地展现出历史过渡期的北京所展现出来的希望以及随之产生的新问题。

## 四、两个典型案例：埃德加·斯诺眼中的北京与马德琳的《共和国北京》

### （一）典型案例之一：埃德加·斯诺眼中的北京

美国著名记者、中国人民的老朋友埃德加·斯诺（1905—1972）分别于 1928、1960、1964 和 1970 年 4 次来到中国，每次访华都会在北京居住并考察一段时间。斯诺在京期间收集了大量社会文化资料，并留下了丰富的在北京观察、生活的文献记录。这些文章和书籍既是西方世界了解北京及整个中国的第一手珍贵材料，也从一个特定视角折射出自 20 世纪 30 年代到 70 年代初，北京近半个世纪的社会变迁。下文以埃德加·斯诺的《复始之旅》、《今日红色中国》、《漫长的革命》3 部著作为中心，对他在北京的见闻和经历略作考察。其中，《复始之旅》集中反映了 1933 年前后斯诺眼中民国时期的北京形象，《今日红

①［美］李敦白、美阿曼达·贝内特：《红幕后的洋人——李敦白回忆录》，丁薇译，上海人民出版社 2006 年版，第 296 页。

色中国》则展现了1960年前后“红色中国”背景下的“红色北京”形象，而《漫长的革命》则突出了1970年前后“文化大革命”时期北京的时代特征。将这3本书中有关北京的描述与回忆组合起来，便可构成一幅较为完整的北京画像。

1. 20世纪二三十年代：“美好”与“落后”并存的民国北京

1928年，应老校友J. B. 鲍威尔的邀请，斯诺以旅行记者的身份到中国采访，先后担任美国《芝加哥论坛报》驻远东记者、美联社远东代表等。1933年3月，斯诺首次定居北京。1936年夏，斯诺在宋庆龄等人的帮助下，越过国民党的军事封锁线，到达陕北苏区的临时首都保安（志丹县)，会见了毛泽东、周恩来、邓颖超、林伯渠等人，采访5个月后回到北平，并于1938年离京。第一次访华期间，斯诺在北京居住了长达5年之久，对北京留下了深刻的印象。他一方面惊叹于古都北京的悠久历史和灿烂文明，一方面也观察到了民国时期的北京掩藏不住的落后守旧以及民族危机下的诸多困境。

斯诺在《复始之旅》的《安家北京》一文中，称北京是“亚洲无与伦比的、最雄伟、最吸引人的都市”，是“具有将近三千年连绵不断的历史文明古国的中心”①。对于北京城的自然人文景观，斯诺更是大加赞赏，称她是“一座设计建造得很宏伟的城市”，一个艺术的宝库，“堪称钟灵毓秀，文雅的所在”②。当然，这座拥有优美自然风景的城市也有它的“不和谐因素”——那就是“从戈壁沙滩不断刮来的风沙

①[美] 埃德加·斯诺：《复始之旅》，宋久等译，新华出版社1984年版，第141页。

②[美] 埃德加·斯诺：《复始之旅》，宋久等译，新华出版社1984年版，第141—142页。

使人睁不开眼睛”，使得“雅致的屋顶上常常积满厚厚的尘土”[①]。值得一提的是，关于北京多沙尘的记述是西方回忆录中的“重要传统”。早在 17 世纪，利玛窦来华时就注意到了人们“在多灰尘的季节戴面纱”的习俗[②]，而到了近代英国马戛尔尼使团访华时，使团中斯当东、安德逊等人也留意到“北京街道都是土路，需要经常洒水以免灰尘飞扬”[③]。这说明北京的沙尘一直颇受外国人的关注。

在社会风俗方面，北京人主要生活在今天的二环以内，“老北京”较为祥和安宁的民风很大程度上得以保存。斯诺认为北京“犹如一个庞大、但是友好和亲密的村子”，人们“似乎彼此都认识”，“愉快地在外城狭窄的胡同里穿行”，“宁可要无赖也不搞邪恶的阴谋”。这里“一团和气”，拥有“惬意的笑声”、“悠闲的生活”和“天伦之乐”。不过，在民族危机和救亡图存的大背景下，北京也面临政局动荡、社会贫富差距拉大的现实。这里有不少的“贫穷和悲哀”，生活在贫民区的市民“对肮脏的环境麻木不仁”[④]。

当时北京的民居大都为四合院，斯诺对这种民居颇有兴趣。他说“我们和多数北京的外国侨民一样，都喜欢住中国的房子”，并对四合院进行了细致的描写：

北京的住宅，四周都有一堵抹上一层灰泥的院墙，院墙一般

---

①[美] 埃德加・斯诺：《复始之旅》，宋久等译，新华出版社 1984 年版，第 142 页。

②[意] 利玛窦：《利玛窦中国札记》，何高济、王遵仲、李申译，中华书局 2001 年版，第 329、330 页。

③[英] 斯当东：《英使谒见乾隆纪实》，叶笃义译，上海书店 1997 年版，第 313 页。

④[美] 埃德加・斯诺：《复始之旅》，宋久等译，新华出版社 1984 年版，第 142 页。

是七英尺或更高一点，用以挡风沙和视线。院墙内，房子环绕一个小庭院，或者由“垂花门”隔开数个庭院，“垂花门”上开有月亮门或者其他形状更奇异的门儿……（第一次住的房子有）红漆大门，外院有一个圆月形的门洞，门后是一道屏门，上面画着威风凛凛的一条龙，用以避邪……屏门后是一个小巧玲珑的院子，栽着各种花卉和果树①。

斯诺对四合院这种民居，尤其是民居中各式各样的“门”产生了极大兴趣，短短几句便有10个“门”字出现，而“垂花门”、“月亮门”等精致的样式更是让斯诺倍感新鲜。作为西方人，斯诺通过对这些门的细致观察和分类，领略到了中国民居“复杂含蓄”的独特魅力。

1934年初，斯诺搬到海淀区，在燕京大学担任新闻系讲师。在那里他接触到了大学里的中国现代青年，也流连于海淀秀丽的美景中，如大钟寺、白云殿、玉泉山、白塔寺、西山丛林、溪谷中名胜古迹众多的“八大处”和颐和园。他赞赏颐和园“夹道的春柳、顺坡而建的楼阁、碧绿的湖泊和石舫”。但他也清楚地认识到，这些更像是令人愉悦的“海市蜃楼”——外国人凭借对他们有利的货币兑换率和治外法权，过着惬意的日子，“幻想中国永远不会发生变化”②。然而“美好”的北京却是与“危机”并存的。西方人以武力打开了中国大门，在外来冲击的影响下，民族危机不断深化，阶级矛盾也日益尖锐，并引发了中国人民救亡图存的抗争。20世纪30年代前期的北京，既是民国政府压制进步青年的重要场所，也已然成为进步青年掀起救亡图存运

①[美] 埃德加·斯诺：《复始之旅》，宋久等译，新华出版社1984年版，第143页。

②[美] 埃德加·斯诺：《复始之旅》，宋久等译，新华出版社1984年版，第156页。

动的重要阵地。斯诺对那些进步青年的印象尤为深刻。他们不畏国民党当局、敢于追求真理、思考国家未来前进方向的使命感和责任感，给了斯诺深深的震撼。斯诺目睹了抗日战争前夕一代中国青年在爱国心感召下迅速崛起，登上了历史的舞台。他为能和他们站到一起而感到骄傲。

在1935年的“一二·九”学生运动中，斯诺起到了重要作用——“这次爱国示威就是在我们的起居室里酝酿和筹划的”[①]。当时，他的学生、燕大学生会主席张兆麟得知驻守华北的国民党将领宋哲元等要宣布华北“独立”（实则倒向日本）的消息后，情绪极为激动。斯诺则建议“要行动起来”，当时也在场的斯诺的朋友尼姆则想到了五四运动，认为全中国人民都在等待着青年们生气勃勃的行动，只要青年们起来，人民就会支持他们。后来，张兆麟、王汝梅[②]、陈翰伯等人又多次同斯诺商讨行动策略和计划。一场轰轰烈烈的学生爱国运动在中共地下党组织的领导和国际友人的相助下，迅速发动了起来。“结束内战，建立抗日统一战线”的口号也首次被响亮地喊出。正如斯诺所预言的，“一二·九”运动标志着“中国正在苏醒”，广大青年的爱国意识更被充分唤醒。经过了血与火的锤炼，那些最有才华、最有爱国热忱的青年们被赶到了“中国最后的希望——红旗之下”[③]。

2. 20世纪60年代初欣欣向荣的“红色北京”

1960年，中华人民共和国已成立了11年，斯诺克服美国麦卡锡主

---

①[美] 埃德加·斯诺：《复始之旅》，宋久等译，新华出版社1984年版，第166页。

②即为黄华，中华人民共和国成立后曾任国务院副总理、外交部部长。

③[美] 埃德加·斯诺：《复始之旅》，宋久等译，新华出版社1984年版，第174—175页。

义的重重封锁与阻挠，再次来到北京，受到毛主席和周总理的亲切接见。此时的北京，已经是实现人民当家做主的“新中国”中的“新北京”，也是“红色中国”下的“红色北京”。不同于民国时期的贫富分化、社会地位不平等，新北京的中下层劳动人民，尤其是工人的地位大大提高：没有“仆人”、“侍者”、“挑夫”之类的称呼，服务性行业的工人统一被称为“同志”；旧社会完全没有可能娶得起媳妇的人力车夫，则蹬上三轮车，娶了在人民公社、工厂工作的媳妇；他们到医院治疗不需要支付医疗费，因为“加入了工会”，他们的儿女被安置在“托儿所”——而“托儿所”是中华人民共和国成立前普通群众完全不曾听说的名字①。

斯诺当时下榻在新侨酒店，那里的服务态度（尤其是礼貌方面）达到了过去“前所未有的水准”——虽然排场并非像以往那样讲究，但是厨房非常清洁；“工人们也相当有礼而忠诚，他们反应敏捷，努力而好学”。他们不再通过打麻将来消遣闲暇时间，而是坐在柜台旁边，孜孜不倦地学习英语、俄语或者其他教科书，准备在放工后参加补习班；有时则练习健身的太极拳。在人民当家做主的国家，这些工人有了较强的主体意识并积极上进。如果想得到酒店管房的特别照应，最好的办法就是“直接称呼他们的名字并且知道他们正在学习着什么”——而若是像西方或者民国传统一样给服务员小费，他们的态度是“有礼貌地宛然拒绝”②。不难看出，中华人民共和国成立以后，人民站起来了，工人们的精神面貌焕然一新并有自己的理想和追求，他

①［美］埃德加·斯诺：《大河彼岸》，新民译，新华出版社1984年版，第10、12页。

②［美］埃德加·斯诺：《复始之旅》，宋久等译，新华出版社1984年版，第10页。

们不贪图金钱，而更注重思想上的进步和精神世界的满足。斯诺在此用西方国家的“小费”进行对比，带有明显的西方文化色彩。

在“红色中国”中的“红色北京”，党组织较为完善地建立起来，党支部的建立让党员的民主生活有序化、规范化。“像酒店等服务场所都是国营的，酒店职工也有自己的党委和支部，每一层楼都设有一个委员会管理的文娱室，那里摆设和张贴着毛泽东的雕塑像和画像、标语、照片、表扬信、提意见和批评的大字报，是党员的活动场所。”① 斯诺写到，定期召开的批评和自我批评结合的党内民主生活会是“热烈而非狂暴”的，而在中华人民共和国成立前，斯诺记忆中的中国人发生争辩时——即使是平时友谊极佳的朋友，也会发生“先而口角，继而动武”的现象。二者相比，反映了国民素质方面的不小进步。

与民国时期斯诺笔下北京仍有“脏、乱”等现象不同，中华人民共和国时期的北京在群众的努力下变得十分干净。酒店里的工人和各阶层人士一般都参加扑灭蚊蝇的持久战；街头上、公园里，儿童们持着蝴蝶网争相追捕树枝上的蝉；街上的狼犬和无主猫也完全绝迹……斯诺评价道：“这些老害虫和鼠、田鼠、蚤、虱等害虫，中国确实比其他大多数国家更有效地控制起来。”② 北京的城市清洁工作能取得巨大成就，非常重要的原因在于这是一场“全民性”的清洁运动。早在中华人民共和国成立之初，北京就广泛发动群众力量，清除全市积存垃圾，从 1949 年 3 月 24 日到 4 月 21 日，北京市共发动群众 27703 人，

①［美］埃德加·斯诺：《复始之旅》，宋久等译，新华出版社 1984 年版，第 11 页。

②［美］埃德加·斯诺：《复始之旅》，宋久等译，新华出版社 1984 年版，第 11 页。

清除垃圾9944809公方①；1951年春季大扫除运动前夕，北京市政府又安排各区卫生委员会组成宣教队，通过各报社、电台、电教队、文化馆等媒介向群众介绍清洁大扫除的意义②；1952年，进一步深入卫生防疫宣传工作，每20个老百姓发一本关于卫生常识的册子，很受欢迎③。这场运动极大地改变了中华人民共和国成立初期蚊蝇跳蚤滋生、民众生活环境和卫生状况较差的局面，使鼠疫、天花、黑热病、霍乱等急性和烈性传染病陆续被消灭或基本消灭，从而极大地促进了人民健康水平的快速提升④。

中华人民共和国成立后的北京城也变得更加"有秩序"和"有纪律"。赌博、毒窟、妓院等彻底消失，市场里的争吵声、街头小贩的讨价还价声、人力车声等都已销声匿迹，一齐沉寂下来。晚上11点以后，戏院休息了，无轨电车也停止行驶，除了偶然听到的一两部汽车和自行车、重型货车和胶轮手推车经过的声音，整个城市到天亮前都是"寂静无声"的。在"非常清洁"的公共汽车上，总有青年人给斯诺让座⑤，而且"盛意拳拳、不易推辞"；司机"谨慎地驾驶"，并"小心地响号示意"；行人们遵守交通灯和交通标示，在安全的地方才横穿

①《北平市清洁运动委员会各区分会运除暂置场垃圾数量统计表》，《北京市政报》1950年第1期。

②《北京市一九五一年春季清洁大扫除运动实施方案》，《北京档案史料》2003年第2期。

③《贺诚、傅连暲就北京市防疫工作给毛泽东的报告》，《党的文献》2003年第5期。

④参见中共中央文献研究室：《关于建国以来党的若干历史问题的决议注释本》，人民出版社1983年版。

⑤在斯诺的英文原著 *The Other Side of the River* 中，斯诺认为公交车上青年人给他让座的原因是"被误当作俄国的同志"，并用括号标出。本书译者翻译时并未译出括号里的内容。具体参见 Edgar Snow：*The Other Side of the River*，New York：Random House，1962.

马路……可见，中华人民共和国成立后人们更加自律，自身素质得到了极大提高①。

与 20 世纪 30 年代斯诺住过的北京相比，新中国的新北京比旧北京大 3 倍，人口达 700 万，城市建设也在老北京的基础上迅速兴起。斯诺在书中对这些城市建设有细致的描写，并以“宏伟的城市”（The Big City）为题，对新北京的城市建设大加褒扬和赞赏，因为他认为“新政府施行的新建设，并没有破坏旧京城的和谐与完整，城中主要的宫殿和其他建筑物，非但原封不动，而且保管得极为妥善”②。即使是对外国游客常常感到惋惜的北京城墙拆除一事，他也只是一笔带过，没有流露太多“惋惜和伤感”。

修建北京市的中心计划是一条由南至北、长达五英里的大道，始于天坛，直达天安门……前面是全世界最大的广场，超过一百万的群众可以在一小时内聚集和分散。两旁是人民大会堂、中国革命博物馆和中国历史博物馆……在这些巨大的“门”附近，现代化的交通网设立起来了——不过要拆卸大部分古老的外城（城墙），代之以四通八达的大道……城市建设计划还规定了建筑范围和高度——目的通常都尽可能保持过去的宽阔开朗和壮观……③

斯诺眼中 1960 年的北京俨然是一个风景秀丽、历史悠久并且逐步迈向现代化的“新北京”。这里有“数十家的博物馆、图书馆、藏书

①[美] 埃德加·斯诺：《复始之旅》，宋久等译，新华出版社 1984 年版，第 10、11 页。

②[美] 埃德加·斯诺：《复始之旅》，宋久等译，新华出版社 1984 年版，第 14 页。

③[美] 埃德加·斯诺：《复始之旅》，宋久等译，新华出版社 1984 年版，第 14、15 页。

阁；有湖泊密布的公园及景色秀丽的园林，寺院林立的西山；有数不清的新旧剧场、电影院、餐厅和娱乐中心”。此外，他还特别提到了“最近新建的体育场（工人体育场）可容纳八万多人，另一个专为迎接一九六一年世界乒乓球锦标赛的体育馆已经及时竣工，可容纳观众一万五千多人”①。这样的场馆在当时斯诺的眼中也是宏大的、值得赞叹的，毕竟北京为迎接 2008 年奥运会建成的鸟巢也不过容纳 91000 人左右。

伴随着城墙外巨大的公路网伸向东、西、南、北四方，北京新城的建设也迅速展开：大量宽阔漫长的林荫大道、数以百计的住宅区和现代化的政府建筑物如雨后春笋般涌现，无数新学校与学院已经建立起来。斯诺认为最大的视觉转变是“外城和郊区”，那里已建立了一个大规模的“工业基地和钢铁联合企业”②。笔者推测，斯诺之所以称之为“最大的视觉变化”，一方面在于北京外城和郊区的建设几乎是从无到有，另一方面也与“工业基地与钢铁企业”这一走向现代化的重要标志有很大关系。中华人民共和国成立后的“一五”、“二五”计划使我国初步具备了独立的工业体系，这种变化在当时意义十分重大。另外，北京当时已经开始出现“住房紧张”的问题。此时产业工人已经达到一百万，虽然住宅面积比 10 年前增加了一倍，计划在郊区兴建的住宅面积可以平衡人口密度，但很多家庭仍然要挤在一两间小房间里。不过，当时的房子是集体分配，“住房紧张”也主要表现为“人均住房面积小”，并没有达到“无房可住”的程度。

---

①以上两段引文参见［美］埃德加·斯诺：《复始之旅》，宋久等译，新华出版社 1984 年版，第 15 页。

②［美］埃德加·斯诺：《复始之旅》，宋久等译，新华出版社 1984 年版，第 16 页。

斯诺曾受邀拜访了毛泽东在中南海的家。中南海是“皇城”的一部分。斯诺从新华门入城，穿过一条柳荫婆娑的马路，绕过人工湖和一丛丛剑花和菊花，一直到达那座“优美的旧式单层黄瓦面的住宅”——丰泽园菊香书屋。毛泽东的客厅宽敞舒适，家具全部都是中式的，装饰得很别致。客厅旁是一个小饭厅、书房和几个睡房，毛泽东和斯诺对饮了少量茅台。斯诺写道，毛泽东平时也拿出中国红酒奉客，这种红酒“在华北的酒庄有售，售价为人民币一元”①。斯诺认为，毛泽东和其他官员的家，并不像台湾批评家所描述的那样奢侈。“他所谓的舒适，充其量不过等于一个成功的长岛保险商，在牧场有凉台的平房中的享受一样。”而这里的政治局委员，都在简陋的房子住过，吃过最简单的军粮。他们在熬过最艰苦的生活后，“仍然过着较为简单的生活”——这与国民党统治时期的官员腐败现象大不相同。在斯诺看来，他们拥有实权，喜爱在毛泽东的领导下，“每天工作十二至十五小时，他们的夫人只是穿着平凡而不昂贵的衣服”，既不像国民党统治家族那样“拥有副业的银行或生意”，也没有“利用公共基金进行私人的投机生意，或操纵黑市的市场”。当然，在计划经济背景下，当时的政治局委员可能根本没想过诸如“公共基金”、“投机生意”、“操纵市场”这样的事，这种事在当时的时代背景下也是难以理解的②。

总之，斯诺笔下 20 世纪 60 年代初的北京，是“新中国”的“新北京”，也是“红色中国”下的“红色北京”，无论在精神上还是在物质上处处呈现出欣欣向荣的局面。

---

①[美] 埃德加・斯诺：《复始之旅》，宋久等译，新华出版社 1984 年版，第 113、114 页。

②[美] 埃德加・斯诺：《复始之旅》，宋久等译，新华出版社 1984 年版，第 115 页。

3. 20世纪70年代中美和解前的“文革北京”

1969年前后，中苏关系恶化，毛泽东和周总理希望找到一个“传话者”，缓解和美国的关系，并试探美国的态度。斯诺因为其记者身份，以及对中国的特殊感情等因素，成为合适的人选。后经中国驻法大使黄镇的联系与协商，斯诺夫妇于1970年再度来华。这次访华的经历和见闻都集中载于《漫长的革命》一书。斯诺于1972年在瑞士日内瓦因病逝世后，该书的遗稿经由他人整理并出版。

《漫长的革命》开篇便是对1970年国庆节斯诺在天安门城楼上受毛主席接见的记述——“我安详地坐在挤满了人的天安门城楼上，忽然觉得有人拉了一下我的衣袖，转过身来，看见了周恩来总理”①。斯诺和妻子被周总理带到毛主席身边，站在天安门城楼上观望，一条大大的横幅映入眼帘——“全世界人民团结起来，打败美国侵略者及其一切走狗!”② 而当时，柬埔寨西哈努克亲王就站在毛主席的另一边。斯诺的妻子洛伊斯·惠勒·斯诺表达了他们反对美国入侵柬埔寨的态度，并且表示这样反战的美国人民“不止他们夫妇两个”。西哈努克亲王随即热情回答：“美国人民是我们的朋友!”

1970年12月25日，《人民日报》在头版发表了《毛泽东主席会见

①[美] 埃德加·斯诺：《斯诺在中国》，伍协力译，人民出版社1975年版，第1页。

②[美] 埃德加·斯诺：《漫长的革命》，伍协力译，人民出版社1975年版，第2页。此句出自1970年5月20日毛泽东发表的“五二〇声明”，是针对美国入侵柬埔寨并支持朗诺政变而提出的。斯诺认为，这是中国“坚决支持柬埔寨的西哈努克亲王反对朗诺的政变和反对朗诺的美国盟友，坚决支持刚刚建立起来的印度支那人民反美联盟”的宣言。

美国友好人士埃德加·斯诺》[①] 一文，并附上了图片，而当日《人民日报》在报眼处的“毛主席语录”内容为：“全世界人民包括美国人民都是我们的朋友。”斯诺对这件事的解释是，毛主席总是把各国“人民”同“政府”分开，他代表着美国的反越战人民，因而被看作“朋友”，他也乐意作为这个“美国反战者的象征”。——但他的心情又是复杂的，认为“又不仅仅是如此”。这可能与他当时已经知道自己此行担负着促进中美和解的使命有关。

斯诺此行和在天安门城楼上与毛主席等人的谈话，常常被看作中国发出的寻求中美关系解冻的信号。斯诺本人也意识到这一点。他在后来评价这一事件时说：“凡是中国领导人公开做的事情都是有目的的。”[②] 而早在 1970 年 8 月 18 日，当第一次在乒乓球场受到周恩来总理的欢迎时，斯诺就问到了“中美谈判”的问题，但周总理只说了一句“我也一直在向自己问这个问题”[③]，并没有正面回答；而在 11 月 5 日与周总理长达 4 小时的谈话中，总理透露“中美可能在北京会谈”，尽管美国 1970 年 3 月入侵柬埔寨受到中国反对，但谈判的门仍然是开着的[④]。斯诺因而可能明白自己此行肩负打破中美坚冰的重要任务，

---

①斯诺在《漫长的革命》中回忆道，这篇文章在《人民日报》上的发表时间为“毛主席七十七岁寿辰”，即 1970 年 12 月 26 日。但笔者考证 1970 年 12 月 26 日的《人民日报》并无此文，应在前一天，即 1970 年 12 月 25 日的《人民日报》上。后文提到的“报眼中的毛主席语录”发表时间亦为 25 日。参见《人民日报》1970 年 12 月 25 日。

②原文为“Nothing the Chinese leaders publicly do is without purpose.”引自 Edgar Snow，*The Long Revolution*，New York：Vintage Books. 1973，p. 3.

③［美］埃德加·斯诺：《漫长的革命》，伍协力译，人民出版社 1975 年版，第 9 页。

④［美］埃德加·斯诺：《漫长的革命》，伍协力译，人民出版社 1975 年版，第 11 页。

他出现在《人民日报》上的照片也绝不仅仅是作为“美国反战人民”的代表，而是北京向美国发出的信号。

《人民日报》发表的斯诺在国庆期间登上天安门城楼的照片，在意识形态化色彩浓重的20世纪70年代初，无疑是一件“国际大事”。因为“北京形象”尤其是“天安门形象”一直被赋予了一种独特的政治和外交色彩。基辛格曾评价该照片的发表说：“这是史无前例的，哪一个美国人也没有享受过那么大的荣誉……”作为资深外交家的基辛格虽然意识到“这位高深莫测的主席是想传达点什么”，但由于中西方思维方式的不同，他和当时的美国政府并未完全领会这一含蓄而模糊的交流方式——“我们在关键时刻理解不到他的真意。事情做得过分微妙反而达不到通信联络的目的”①。

斯诺还认为，1970年中国国庆节的主题是“生产”和“备战”，而且当天的阅兵式组织得十分出色。“人们穿着各种颜色和各种式样的服装，同工人和知识分子日常穿着相同的单调的衣服形成对照……到处有穿着蓝色和灰色军装的人”②，而对毛主席的无限热爱和崇拜也是1970年北京市民、甚至是全国人民的重要精神特征。在斯诺眼中，游行的群众对毛主席怀有极高的崇拜和深沉的热爱。颂扬毛主席的著作、语录、指示的标语牌随处可见，“都是涉及公社、工厂、文化事业和军事生活中怎样遵循他的教导的”，而且“一个胜似一个”。毛主席的全身塑像和半身像也随处可见。经过他面前的游行队伍喊着“毛主席万岁！毛主席万岁！毛主席万万岁！”——甚至很多人（包括青年人和中

①[美] 亨利·基辛格：《白宫岁月》第2册，杨静予等译，世界知识出版社1980年版，第352页。

②[美] 埃德加·斯诺：《漫长的革命》，伍协力译，人民出版社1975年版，第11页。

老年人）眼里都“迸出了热泪”①。

为此，斯诺指着游行队伍（指群众对毛的高度崇拜）问毛主席“印象如何”，毛的反应是“皱一下眉，摇摇头，又说很好”——几个星期后，他才“非常坦率地谈到”个人崇拜是“讨厌的”，斯诺才明白那天毛主席关注的不是成千上万自己的肖像、旗子和鲜花，而是重建党和国家的领导机构，恢复在“文化大革命”期间丧失的生产节奏，加快结束越南战争，扩大中国同外部世界接触等问题。斯诺还看似无心地提及“他是否也想到可能同理查德·尼克松进行对话呢?”②

斯诺对“文化大革命”时期北京人的物质和精神生活进行了多角度的描绘与阐释。物质层面最突出的特征就是人们的衣着具有强烈的一致性和单调性：

> 男女都穿蓝色和灰色的上衣和裤子，冬天则穿上棉衣裤，也有许多穿着陆军或民兵的卡其布和海军淡蓝色衣服的人掺杂其间。除了红星帽和红领章外，军人同老百姓是分辨不出来的。许多妇女在家里穿色彩较鲜艳和较好的衣服，几乎所有的人都藏有一两套丝绸或毛料衣服，准备在节日穿，但是现在在街上看到的服装式样是无产阶级的③。

而这种服装的一致性不是一成不变的。一位老朋友告诉斯诺，“不用多久”就能看到更多的变化——许多妇女都披上新式的头巾，色彩

---

①[美] 埃德加·斯诺：《漫长的革命》，伍协力译，人民出版社1975年版，第3、4页。

②[美] 埃德加·斯诺：《漫长的革命》，伍协力译，人民出版社1975年版，第4页。

③[美] 埃德加·斯诺：《漫长的革命》，伍协力译，人民出版社1975年版，第23页。

更鲜艳。当斯诺去中国一些专业人员家中作客时，注意到他们的妻子正在仔细打量摊在桌上的“几段华丽的印花织物”，而且这些女人正在专心看一本时装书，“是日本出版的，想想看！”斯诺对这一点感到非常惊讶。他似乎看出当时的中国也并非清一色的“土衣土布”，没有任何鲜艳的色彩——而是暗藏着新的变化①。

斯诺特别注意到，他遇见的每个人几乎都佩戴着毛主席的像章。对毛主席的热爱和崇拜已成为当时人民精神生活的重要部分。在一家幼儿园，孩子们快乐地唱起了《毛主席永远和我们在一起》的歌曲，孩子和他们的父母都对斯诺说“他们热爱毛”。斯诺指出，“文化大革命”使中央政府的直属部门由 90 个变得只剩下 26 个，由“革命委员会”统一管理，每一个革委会中都有党的核心小组起领导作用。中央政府的行政人员由 6 万多人变成了 1 万多人，而剩下的人统一被送到了“五·七干校”。斯诺认为，这种下放的效果是“显著”的，知识分子“已经放下了一些架子”，并且小心翼翼地在群众中培养他们的谦卑作风②。

《漫长的革命》也再次提到中华人民共和国成立后医疗卫生状况的改进。到 1970 年，血吸虫病、麻风病都已经被消灭、被控制或者减少，小儿麻痹症、麻疹、伤寒、斑疹伤寒也得到有效预防。而最让西方人感到吃惊的是，连苍蝇都几乎销声匿迹了。当时参观中国的英国医生带回了关于对苍蝇的成功控制、整洁的街道和家家户户都非常清洁的报告，让西方人大吃一惊。斯诺在介绍这些医疗卫生成果时显得

①[美] 埃德加·斯诺：《漫长的革命》，伍协力译，人民出版社 1975 年版，第 23 页。

②[美] 埃德加·斯诺：《漫长的革命》，伍协力译，人民出版社 1975 年版，第 23、24 页。

十分惊讶。当他写到“性病在中国的二十六个省（包括西藏）绝迹”时，特意加上了一句“信不信由你”。看来，斯诺认为西方人对此是很难理解的。——“红色北京”所在的“红色中国”仿佛和西方处在一个完全不同的世界里，到处充满着匪夷所思的事情。

总之，1970 年的北京，是中美和解前夕的北京，是“文化大革命”时期高度“意识形态化”的北京，也是进行了近 20 年社会主义建设的北京。在精神文明方面，人们延续着斯诺 1960 年观察到的主动好学的状态，不同的是，人们对毛主席的热爱和崇拜几乎达到顶峰，“毛泽东思想”几乎成为普通群众心中战无不胜、所向披靡的精神力量；人们依然去公园、博物馆、剧院，参加演讲会、音乐会，但文化产品的内容较为单一，书籍和报刊也充满意识形态色彩；“反对帝国主义”依然是意识形态领域的重要话题，但“美国人民”与“美国政府”已被区别开来，毛主席、周总理也开始向美国发出友好的“信号”；人们对于“性”的态度依然较为保守，男女关系相对中华人民共和国成立前有很大进步，但依然带有一定的封建色彩。

需要指出的是，尽管斯诺不仅同情和理解中国革命，而且以自己的个人行动直接介入和参与了中国革命的进程，并做出了巨大贡献，但他对中国的观察依然没有完全脱离西方人的好奇与猎奇视角。在中华人民共和国成立后，他对北京乃至中国的描述，基本上都是从羡慕、仰视的角度加以介绍的。即使是对于“文化大革命”，斯诺的态度也几乎是全面肯定，称它“也许是毛主席革命领袖一生中最关键和最勇敢的决定”①，对“文化大革命”中的社会乱象几乎没有涉及。他称“文

①［美］埃德加·斯诺：《漫长的革命》，伍协力译，人民出版社 1975 年版，第 3 页。

化大革命”的背景是“党内出现走资本主义道路的当权派”①，党内正“产生一个新阶级，即掌握官僚政治权力的特权阶层，脱离劳动和脱离人民的官僚阶层”②。而毛的根本目的，“就是要使党的思想无产阶级化……推动无产阶级为他们自己真正掌好权”③。关于对毛泽东的个人崇拜，斯诺也采取了一种辩护态度，认为在1964年前后，毛失去了对很多党组织和国家行政机构的实际控制，因此1965年的毛泽东需要通过他的巨大威信和名望重新获得决定革命道路的全部权力。但到1970年，毛显然已经认识到了“崇拜应该降温”的问题④。不难看出，斯诺是全然站在毛泽东本人的立场介绍和评价“文化大革命”，这或许与他到达中国的时间、在中国具体接触的人群有直接关系。他眼中的北京形象，不可避免地带有片面化、表面化的特征，而且打上了鲜明的时代烙印。可惜他未能看到改革开放后北京翻天覆地的变化，如果斯诺亲眼目睹北京城近年来迈向现代化和国际化的快速步伐，不知又会做何感想？

（二）典型案例之二：马德琳的《共和国北京》

每当我们谈及一座城市，特别是一座古都，其历史传统便无法被轻易绕过去。而北京，作为中国近代史上传统与现代的重要交汇点，其“过去”与“当下”，在民国复杂的社会政治、经济、文化背景之

---

①[美] 埃德加·斯诺：《漫长的革命》，伍协力译，人民出版社1975年版，第17页。

②[美] 埃德加·斯诺：《漫长的革命》，伍协力译，人民出版社1975年版，第19页。

③[美] 埃德加·斯诺：《漫长的革命》，伍协力译，人民出版社1975年版，第15页。

④[美] 埃德加·斯诺：《漫长的革命》，伍协力译，人民出版社1975年版，第18页。

下，所呈现出的面貌并不是单纯的二元对立关系。面对“过去”，大规模的改造、轰轰烈烈的排斥与抗拒，终究只是北京社会生活中的一方面，而非全部。不同于“五四”话语所呈现的割裂过去、对西方文明的热切，“过去”以顽强的姿态潜伏于主流意识之下，在民众的日常生活中与“当下”实现了复杂的互动共生。马德琳（Madeleine Yue Dong）教授的著作《共和国北京》（*Republican Beijing*：*The City and Its Histories*）认为，民国北京的历史“要求我们不是在一个将现代与传统对立起来的框架之中去考虑现代性，而是将其视为同时包含了外来与本土资源的一种叙述”①，从互动共生的层面去理解“过去”与“当下”，而非生硬地去割裂二者。马德琳讨论了在城市空间秩序的转换、城市居民的物质生活、城市的文化再现等三个领域中，北京如何对待历史与传统，并创造性地提出“传统的回收”这一概念，以此强调新与旧之间的动态关系。笔者拟根据马德琳的研究思路及主要观点，对该书展开概括和评述。

1. 政府规划与北京空间秩序的转型

随着民国的建立，北京不再是封建王朝的首都，而是拥有了现代都市的新身份，是民国新风尚的重要展示窗口。政府基于将北京塑造成为现代城市的考虑，对北京的行政管理、空间布局都进行了大规模的调整。清朝的北京以地位、身份为标准，对北京进行了内城、外城的严格分区，而商业中心主要集中于外城；民国建立后，传统封建社会对于北京的规划给北京的现代化进程带来了很大的阻碍，于是改善交通条件、拓宽道路成为政府的重要举措。马德琳在书中详细介绍了

①Madeleine Yue Dong. *Republican Beijing*：*The City and Its Histories*. California：University of California Press，2003：17.

当时修建铁路的情况、晚清北京肮脏的街道及政府改善街道的努力，并指出城市的空间转型不仅仅是交通的优化，更是新的等级区分、新的社会分层模式。新的养路技术主要改善的是商业区和富人区的交通条件，而北京的大部分街道仍然保持着肮脏的原貌；贫民区几乎没有沥青马路；在新交规的实行过程之中，人力车受到最严格的限制，汽车则很少受到约束。虽然政府改善交通条件，名义上是为了服务大众、改善民生，但实际上，平民并未得到太多益处，新的交通和街道工程指向的是对社会等级秩序的重新确认。

马德琳通过考察1914—1928年间民国政府在改善交通方面的新举措，透视出空间转型下重塑的社会分层，可谓一针见血。清王朝以等级规划北京城，民国成立后，看似打破了等级，对城市空间进行重新规划，其实只是再塑社会阶级。民生和民权，不仅在民众意识层面未能得到实际意义上的普及，在执政者的空间规划中也让位于等级意识的巩固。

在改造城市空间的过程中，政府的权力与普通居民的利益发生了一系列碰撞。马德琳以宣武门工程、有轨电车系统、胡同命名三个事件为例，探寻了城市现代化进程中，政府与平民基于各自立场的博弈。由于获取信息的渠道十分有限，普通居民只能被动地接受政府的决策，而无法在决策的开始阶段提出质疑。政府出于便利交通的目的，要拆除宣武门的瓮城，需要附近的居民搬迁，然而政府却忽略了居民的赔偿问题，因此遭到居民的强烈抵制，最终没有推进宣武门工程；有轨电车的修建，也因无法平衡各方利益而受到居民的强烈抗议，引发人力车夫砸毁电车的激烈事件；政府对胡同的重新命名只获得了地图上的修改，而居民则坚持使用老名字来称呼胡同。作者通过前两个案例，展现了在改造北京的进程中，复杂化的“公众利益”。马德琳认为，对于“公民”这一概念，政府强调了人们的“义务”成分，而居民却着眼于他们实际的物质利益①。政府在决策的过程中，没有试图将相关信息告知人民，造成了居民与决策的隔绝和被动的边缘化。政府希望在公众利益之上保持政府的强权，而这一举措之后也有相当复杂的因素，比如强权可以省去很多经济方面的麻烦。平民在无法有效获得信息的情况下，更倾向于将政府出于公众利益的决策理解为专制和操纵，从而将眼界局限于自己的短期利益。在双方的博弈中，政府为北京的现代化所做的努力，常常受到阻碍以至于搁浅。第3个案例则让人看到，民间对于政府的决策所采取的弹性适应和反抗。

书中政府与平民间的互动和博弈，体现出北京在现代化过程中的某种阵痛。代表着先进、科学的政府决策，以“公众利益”为名包裹着强权；而普通市民在维护自身利益的过程中，也将目光流于短浅和琐碎。马德琳没有将此种情况归结为政府腐败或是民智未开、人们缺乏公共意识，而是从双方复杂的利益关系出发，充分考虑了市民的作用和主体性。这样的分析可谓相当客观。

如何处理与“传统”的关系，北京经历了从利用和改造传统，到将“过去”上升为民族认同的过程。而1928年恰是北京发展变化的重要转折点。1928年，国民政府迁都南京，北京失去了特权地位，经济状况急剧恶化。1928年前，北京的建设重点在于以现代化代替传统，如将诸多皇家禁苑开放为公园，并用于启迪和教化，建立起一批新的公共空间；1928年后，政府将北平定义为中国传统文化的代表，以此作为寻求文化自信的途径，并大力发展以历史建筑为特色的旅游业。

---

①Madeleine Yue Dong. *Republican Beijing*：*The City and Its Histories*. California：University of California Press，2003：71.

而这一变化也正对应了 20 世纪 30 年代的文化论争。1928 年后“中国本位的文化建设”的要求，与“五四”西化、现代化的传统是存在差异的。综观 1928 年之前和之后北京对待传统的不同态度，作者认为，人们发展现代化城市与利用传统之间呈现出一个动态的过程。1928 年后，更为系统的城市规划和对历史的重建，则显示出“将城市的过去与统一的民族国家历史联系起来”的意图。1928 年后，传统不再被视为落后与累赘，而北京地域的传统也因其曾为元、明、清三朝首都的特殊性，上升为全国性的文化代表，北京被定位成中国文化的中心。

曾经被改造、被替代的传统，在北京丧失首都的特权地位、面临重大转型之时，又成为了可供挖掘的宝藏。出于现代国家在文化认同方面的考虑，北京的传统又成为国家文化的一个符号、一个象征，被重新确认和树立。马德琳因此认为，在 20 世纪前期的北京，传统实际上并不是被简单地清算和驱除，而是作为一种潜在的资源，在必要的时候又会被充分利用、被再次塑造和认识。

2. 日常生活中传统与现代的交织

在新的经济体系中，北京的生产与消费均发生着深刻的变化。马德琳对民国北京的生产体系进行了细致的考察。北京的现代工业在民国时期较为落后。1928 年前，北京的经济主要依靠政府贷款和达官贵人的消费；1928 年后，因丧失了首都的特权，在新的地缘政治中，北京的经济大幅衰退，经济地位甚至逊色于天津，与蒙古的贸易也明显受损，许多工厂倒闭。就进出口状况而言，北京出口的主要是奢侈消费品和一些特殊商品，如景泰蓝瓷器、宫灯、玩具等，而大量进口日常用品，进口远大于出口。在信贷体系方面，现代银行在 1928 年后纷纷只在北京设立分行，对北京经济的贡献并不大，而且给旧式的信贷机构带来了很大的打击。民国时期的北京，机械化生产并没有完全代替手工制品，北京的手工业生产发展很快。二手交易市场则满足了北京下层居民的日常生活需要。马德琳认为，北京被迅速整合进全球经济体系，但进入该体系的方式却十分复杂，甚至对北京产生了许多负面作用。大部分居民都受到了世界经济新体系的影响，然而大多数人仍然依靠手工业经济体系生存。马德琳将北京纳入全球工业体系的整体进行考虑，世界经济的新体系作用于北京的全体居民，但是它对于不同群体的辐射力度是有限的，对于下层居民来说，传统的生产、信贷、消费模式仍然在他们的生活中起着重要作用。

在对生产体系进行分析之后，马德琳又将目光投向消费领域。在现代化的进程之中，北京也形成了新的市场体系，王府井、西单和前门地区是民国时期北京最大的商贸中心，且王府井和西单等新兴的商业中心大有赶超前门之势。不同于晚清，北京外城的商业中心逐渐衰落。王府井以外国商店为主，而以东安市场为代表的中式商店，经营项目从商品到娱乐无所不包。民国时期，政府希望通过组织京师劝工陈列所、国货展览会、香厂市场等活动，带动新式的消费，以此来促进工业生产。消费也构造起新的社会阶层。售卖高级外国商品的王府井市场成为摩登的代表，而许多老字号店铺在新式生意的冲击之下逐渐没落。此时，“钱”成为显示人们身份的直接标志。因此，穷人被排除于北京的新式消费体系之外。庙市也逐渐丧失社会文化功能，成为下层民众和妇女的集市。马德琳对民国北京的消费体系进行了详细的分析，并通过王府井、西单、东安市场、国货展览会、隆福寺、护国寺等不同的市场，描绘出当时北京等级隔离的市场格局。马德琳认为，在民国北京，“参与现代消费、购物不受季节和时令限制，一定程度上显示着地位和身份”[1]，并认为社会和政治因素十分显著地塑造了北京的市场体系。马德琳将消费与都市经济节奏相联系十分有新意。都市经济无视时令的自然循环，不受时令限制，稳定地以日计时，脱离了传统农业经济的季节性循环，而这种新的节奏，正是民国北京现代性进程中的重要标志。被新式消费体系排除在外的下层民众，却在回收业中兼顾传统农业的季节性和新式消费的现代性，以特殊的方式进入了北京的现代消费。

马德琳对于天桥的描述和分析非常精彩。“逛天桥”是民国北京非常有特色的一项活动。相对于民国对公共场所秩序的追求，天桥肮脏混乱，毫无秩序感可言，却能够带给人们特殊的快感。天桥出现于1911年之后，完全是新的时代的产物，却和传统有着密切的联系。天桥充斥着各种假货，商人们常常虚标价格，种种做生意的乱象都在天桥屡见不鲜。这里的购物与社会地位不再具有联系，天桥为人们带来了相当的自由感，却也因假货横生、商人欺瞒顾客而给人们造成巨大威胁，需要人们时刻警惕、保持精明，而正是因此，逛天桥成为令人激动的一件事情。与假货形成对照的是，天桥的艺人大都有着真本事。马德琳详细叙述了大鼓书、莲花落、评书、摔跤等各色表演，将天桥描绘为一个具有浓烈狂欢色彩的乌托邦。天桥的成功与其周边游乐园的失败形成了鲜明的对照。北京城的工作和生活方式，决定了大多数平民没有固定的时间和稳定的收入去逛游乐园，购物之余顺便娱乐的天桥则成为他们的首选。马德琳从天桥的回收业中，阐发出“传统的回收”这一颇有创见的概念，对于我们理解民国北京新与旧之间的动

---

①Madeleine Yue Dong. *Republican Beijing*：*The City and Its Histories*. California：University of California Press，2003：156.

态关系有着重要作用。天桥是二手商品的交易地，那些被抛弃于原有秩序之外的东西，在这里被重新赋予价值。而传统的娱乐形式，在北京现代化的进程中渐渐边缘化和没落，在天桥这里却成为令人瞩目的特色活动。天桥本身也正是一种被“回收”的传统，“逛天桥”的人大多是被排除于现代经济体系的穷苦人，而天桥商品的售卖方式、娱乐表演的组织形式都有着传统社会的深深倒影。这些因素在天桥这里集合、再生，成为具有狂欢色彩的刺激体验。天桥游离于北京现代化的主流秩序之外，并以“回收”的传统提供了一种新的模式，这种模式恰在广大的平民之中有着深刻的基础。

以天桥为镜，真正参与到北京的现代化中并受益的，其实只是社会中上层的少数，下层平民因消费能力而被排除于新式的经济体系之外，成为真正的“他者”。马德琳在分析天桥时，对逛天桥的人从天桥获得权力感却最终受制于贫穷这一现象，有一定的提及。而笔者认为，经济的困窘正是天桥存在和繁荣的一大原因。平民选择天桥并热爱天桥，与他们极低的收入和穷苦的生活是分不开的。马德琳更多地关注了天桥带给人们的快感和刺激，却仿佛以局外人的身份，放大了天桥的狂欢，而削弱了贫穷带给人们的影响。平民因经济原因，来到天桥，他们的购物方式、对娱乐的选择，都受制于贫穷。可以说，天桥的狂欢只是平民庸俗生活中的一点点变异，而这带给我们的也许更多是悲哀之感。

3. 城市文本中的理想与怀旧

文本以不同的视角记录着城市的发展与变迁，带着特定的目的和选择，建构起关于一座城市的记忆。马德琳透过社会学家、历史学家、文学家这三类人的文本，探究他们眼中不同的北京想象。

社会学家的主要任务是诊断北京城迫在眉睫的城市病。民国时期的北京社会，面临着贫穷、卖淫和犯罪三大问题。关于贫穷，部分社会学家认为其根源在于个体道德的缺失和社会系统的问题，他们对真正的乞丐报以一定的同情，而对“职业乞丐”报以唾弃的态度；一部分社会学家则认为北京经济的困境是贫穷的主要原因，许多贫民就算有努力工作的意愿也得不到就业机会。针对犯罪问题，政府推行了监狱改革，设置工厂，将犯人转化为生产性人口。针对卖淫问题，政府加强警察的监督，并让妓女接受医疗人员的检查，然而制度松懈，收效甚微；对妓院征税的决定也意味着政府默许了北京的道德沦丧。社会学家将希望寄托于改善北京城的整体环境，然而在他们的社会学分析中地方共同体的角色是缺乏的。社会学家的重心最终趋向于支持强势政府、弱化社会的角色。因此，社会学家的调查和研究只能被称为一种理想。

历史学家的文本则记录和缅怀着北京的传统。早在明清，就有诸多来京的知识分子对北京的日常生活、风俗习惯进行着私人化的记述。民国的林传甲、陈宗蕃、余棨昌等人专注于空间，以空间讲述历史的延续和变迁。而金受申、齐如山等生长于北京本土的知识分子，执着于北京的地方风俗和日常生活。他们所记叙的诸多北京饮食、节俗、行业的生活细节，面面俱到地呈现着北京独特的地方风格。本土知识分子们细致的讲述，流露出的实际上是对过去无比强烈的追忆。

与历史学家们对北京浓郁的怀旧情结不同，新知识分子们的文学作品关注的是现代化进程中的新北京。新知识分子们大都是从外地来北京求学、任职的，他们将自己与北京本地人区分开来，其文本中抒发的是建立理想城市的愿景。从民国建立到20世纪20年代中期，他们从社会公平、城市管理等方面关注北京如何实现“文明”；在20年代中期至30年代中期，他们对北京的自然历史景点倾注了更多的个人感情，将自身与北京市民隔离开来，对北京的本土文化特质不屑一顾，呈现出带有精英化特质的表达；直到 30 年代，当抗日战争带来新的民族危机，新知识分子才开始关注北京本地人的世界，为北京的本土文化注入国之象征的文化意义。在外敌入侵的背景之下，知识分子将北京置于国家的视角，以北京作为精神上的故乡，并在国家层面上对北京的本土文化有了更多的认同感。于是，新知识分子和北京本土的学者在此时拥有了默契。

在社会学家、历史学家、文学家三者的文本之中，社会学家和文学家更多抒发的是一种关于城市的理想，老北京学者们则专注于北京日常生活中的历史因素，而这在新知识分子眼中是落后的。新知识分子即便是进行民俗学运动，最终目的也是让民俗适应新的意识形态，从而得到改良和提升。精英文化对北京本土文化似乎很难建立起认同感。只有面临民族存亡的威胁、远离北京而回望时，新知识分子才更多从国家和乡土意义上来理解北京的本土文化，并与老北京学者们实现合流。

4. 余论

马德琳教授的著作《共和国北京》，虽然在日常生活范畴对北京的历史进行考察，却丝毫没有流于平庸和琐碎，而是透过日常生活整合了宏大的国家力量、社会视野，在对现象的叙述、分析中挖掘出规律性，见解深刻而独到。

在对民国北京城的历史进行叙述时，马德琳关注了民国北京交通、经济、文化的诸多侧面，对“过去”在“当下”的地位及影响做了细致的阐述。马德琳将“过去”与“当下”置于一个动态过程中来考察。对于民国北京来说，传统并未被轻易抹去和搁置，而是时不时被翻出和改造，成为应对当下的一种重要的资源。“五四”以降，轰轰烈烈推翻传统的态度很容易让我们将割裂传统误认为民国的全貌，然而在历史的真实中、在城市的日常中，传统却具有相当的韧性，长时间地保留在人们琐碎的生活和思想意识中。这一点不能简单地用民智未开、传统的残余等词汇来形容。正是"过去"强大的生命力，让每一个从传统走来的人，在方方面面都深受其影响，无法割舍。在民国这个急剧变化、动荡不安的年代，传统给予人的安全感、对过去的依恋之情，正是普通人面对一个日益陌生、难以融入的社会，所希求的一份熟悉和安宁。

马德琳在前言中提及"无论我们思考一座城市的过去还是现在，居民的体验是应当被首先考虑的"①。这种人文尺度也贯穿了全书，成为该书的重要特色。新的道路技术传入民国的北京，受惠最多的终究还是有权有势者，平民居住的地区仍然肮脏混乱，交通条件极差；当政府以"公共利益"的名义进行城市改造时，普通居民对决策知之甚少，大有"被民权"的成分；政府南迁后，许多平民无法获得工作机会，一贫如洗，以致走上犯罪的道路。马德琳在书中始终对平民的生活及利益给予了密切关注，并赋予了他们高度的主体性。这种平民视角令人读之动容。

《共和国北京》一书生动地展现了在北京的现代化过程中，各方力量之间的对话和对峙。在城市改造过程中，政府、殖民势力、普通居民从自身利益、文化认同方面进行着诸多斗争和谈判。而政府的决策在民间也会遭遇弹性的抵制，如胡同命名的案例。政府常常以"公共利益"为名推进许多项目，实际上却无法实现对民权的保障和承诺，

---

①Madeleine Yue Dong. *Republican Beijing*：*The City and Its Histories*. California：University of California Press，2003：Preface，XXI.

甚至以民权为伪装捞取利益。政府和平民在许多方面并不能达成认同，而是各自着眼于自身利益。

马德琳对日常生活的关注，呈现出广大的北京平民群体所受到的现代化的影响。现代化对中上层的影响是显而易见的，从政治决策、开办实业到新式消费、文化教育，中上层自觉推动或是主动参与到现代化的过程当中。然而，北京社会的多数，即下层平民群体，却也被北京的现代化进程所影响着，这种影响在很多方面是负面的或是有害的。在贫困、农业社会传统等诸多因素的裹挟之下，现代化在平民阶层的日常生活中催生出诸多变体，游离于主流秩序之外并为其提供新的可能，天桥就是一个例子。

但马德琳在叙述民国的历史时，似有将群体简单化的趋势。书中主要涉及的对象即为政府和下层平民，而在二者之间还存在知识分子、财阀军阀、各行业的精英阶层以及外国殖民势力。书中第三部分虽然包括了知识分子的内容，但主要关注的是他们笔下的文本。将民国社会群体主要理解为政府和平民，相对于当时复杂的社会状况而言，有理想化的成分。

民国是北京由传统社会迈向现代化社会的一个重要过渡时期，既有较为温和的改良，也存在激烈的变革，后者甚至非常频繁。在此种情况之下，“过去”与“当下”是否常常有被截然割裂的情况？它们在什么条件下实现互动循环的模式，又在什么层面上存在二元对立的可能？笔者认为，新旧之间的动态关系，在特定的层面才可能得以实现，而该书仅仅呈现了二者循环的过程和结果，对其存在的条件并未进行一定的探讨。

# 第二节 1980—1999年：新与旧的更迭

## 引言："地心引力"的召唤

如果说1972年尼克松访华为美国人进入中国打开了一扇窗，改变了美国以及以美国为主导的西方语境下的中国形象的话，那么，20世纪70年代末的改革开放无疑敞开了国门，不同国家、不同身份的人纷纷前往中国，对这个"大墙"① 后的国家一探究竟。

20世纪80年代初，中国仍未对外国个人游客发放签证，来华旅行必须参加旅行团，且按照规定的路线和方式旅行，活动自由受到一定限制。1983年，中国政府宣布了第一批对外国个人旅客开放的31个城市。英国著名游记作家考林·萨布伦1986年到达中国时，"几乎整个国家都可以让旅行者自行深入其中。超过250个城市和地区在突然间开放，穿梭期间的火车、轮船和汽车，为你提供了各种消失于这片未开化的土地中的方式"②。

①瑞士记者斯塔奇1964年在《大墙之内的国土》中称，有无数道无形的墙将中国与外界隔离开。

②[英] 考林·萨布伦：《大墙之内——中国见闻录》，梅子满译。转引自周宁编著：《中国形象：西方的学说与传说》，学苑出版社2004年版，第838页。考林·萨布伦于1986年到中国，1987年出版游记。此书颇为畅销，曾由BBC广播电台整部连播，在英国国内影响较大。书中不乏丑化中国之言论，但也确有一些客观呈现的内容。

来中国的缘由各有不同，但或多或少地都有着考林·萨布伦的心理——开放的中国无可忍受地撩拨着我的心。这就像在一幢已经住了一辈子的房子里，突然发现了一个新房间一样。这种心理被意大利记者阿德里亚诺·马达罗称为“神秘的牵引力”。英国诗人斯蒂芬·斯彭德则保持着警惕——我们的中国之旅只不过是调节西方生活的一个空隙罢了①。

20 世纪 90 年代，随着改革开放的逐步深入，北京的外国人人数呈现急剧上升的趋势，在京工作、学习以及长期居住的外国人数量越来越多。1996 年，被称为“继何伟②后，描述和诠释中国最好的作家和媒体记者”的欧逸文③还是美国哈佛大学的一名学生。他以交换生的身份到北京学习汉语，“每回往中国一游，起因都是‘地心引力’的故事。出生在天津市传教士家庭的美国作家赫西（John Hersey）把它称为‘召唤’（the Call）”④。

---

①[英] 斯蒂芬·斯彭德、大卫·霍克尼：《中国日记》，李博文译，浙江人民美术出版社 2017 年版，第 9、12 页。斯彭德（1909—1995）是英国现代主义诗人，1965 年当选为美国桂冠诗人，1983 年在英国接受授勋而成为爵士。大卫·霍克尼（1937—）为英国画家。

②彼得·海斯勒（Peter Hessler），中文名何伟，曾任《纽约客》驻北京记者、《国家地理》杂志等媒体的撰稿人。何伟出版有中国纪实三部曲（《江城》、《甲骨文》、《寻路中国》），《江城》一经推出即获得“奇里雅玛环太平洋图书奖”，《甲骨文》则获得《时代周刊》年度最佳亚洲图书等荣誉。何伟本人被称为“关注现代中国的最具思想性的西方作家之一”。

③欧逸文（Evan Osnos）1998 年从哈佛大学毕业后投身新闻界，1999 年加入《芝加哥论坛报》，2005 年开始担任《芝加哥论坛报》驻京记者。2008—2013 年，欧逸文继何伟后担任《纽约客》驻北京的特派员。《野心时代：在新中国追求财富、真相和信仰》是欧逸文的第一本个人著作，获 2014 年美国国家图书奖之最佳非小说奖。

④[美] 欧逸文：《野心时代：在新中国追求财富、真相和信仰》，潘勋译，台湾八旗文化出版社 2015 年版，第 31 页。

在新时期中国的心脏——北京逗留期间，人们或惊喜，或赞叹，或不解，或不屑，有对“东方帝都”不再的怅惘，有对“红色中国”迷雾的追寻，有对现代化之路的探问。20世纪八九十年代，外国人的北京印象集中代表着对整个中国的观感，有阴暗，有光明，若有若无，将信将疑，但总体而言，在这个一度神秘、封闭且笼罩着“毛主义”乌托邦神话的地方，他们发现这里有着“我们共同的人性”，“我们的感情是相似的：爱、怜惜、幻想，等等”①。

## 一、1980—1989年：改革初期的新旧蜕变

### （一）都市中的乡村——窘迫的经济状况

20世纪80年代，以美国为代表的西方世界以及东邻日本、韩国都已基本完成了漫长的现代化历程，先后步入后工业社会，而此刻的北京却百废待兴——“这里俨然是都市里的村庄。兴建高楼大厦前，远离喧嚣和拥挤的胡同里的生活是简单愉快的，非常近似乡村生活”②；“从外观上看，北京有如村庄般僵滞。没有电话号码簿，也鲜

①斯彭德在《中国日记》中写道：“来自西方的我们不可能理解中国人，因为作用于他们的整个思考方式和行为模式是在作用于我们的整个思考方式和行为模式的语境之外的。大卫很愤怒。‘我一点也不相信这件事，’他说，‘这样的想法否定了我们共同的人性。’”“我想，在我们的旅途中，我与大卫得以相互矫正，他能够将我从低落的倾向中拉回来，或提醒我不要太把貌似不可超越的障碍或不可解决的问题当回事，不要生活在由难以理解的事物或不可被理解的信息形成的黑云之下。”见《中国日记》，浙江人民美术出版社2017年版，第12页。阿瑟·米勒亦曾说“证明共同的人性是我此行的动机”。见［美］阿瑟·米勒：《阿瑟·米勒手记——“推销员”在北京》，汪小英译，新星出版社2010年版，第89页。

②［意］阿德里亚诺·马达罗：《一个意大利记者眼中的北京（1976—2008）》，陆辛译，人民出版社2008年版，第72页。

有街区示意图”①；“整个城市由一群如村落般的居住区构成，只有一两处有着大宾馆的街区，才给人毫无特色的大都市的感觉”②。

20 世纪 80 年代初期，北京的最高层建筑仍旧是建于 70 年代的北京饭店东楼。一批较为现代化的建筑，如 1988 年评选的 80 年代“北京十大建筑”，基本都尚未开工，北京仍旧是一个看起来像农村的城市。

20 世纪 80 年代，北京的交通工具基本上就是自行车，连长安街上都绝少汽车的影子，更遑论私家车。美国前总统布什描绘的场景最为脍炙人口——“显然，这里是自行车的王国，在某些时刻，你总能目睹铺天盖地的自行车像海洋一样淹没城市”。中华人民共和国成立初期，汽车工业发展迅猛，但以重型汽车为主。改革开放后，我国的汽车工业进入发展完善阶段。1980 年，轿车的产量达到 5418 辆。为了迅速提高轿车生产能力和技术水平，中国在 20 世纪 80 年代初开始走上与国外汽车企业合作，引进外国先进技术的发展道路。1983 年，第一个合资企业北京吉普成立。1992 年，中韩建交后，北京开始与韩国现代汽车进行合作。

除传统畜力马车外，自行车无疑是改革开放初期最便捷的出行工具，尤其是在汽车工业尚未起步的 80 年代。马达罗用他的柯尼卡相机记录下了在早上和下午的上下班高峰期间大街上潮水般的自行车洪流，“数不清的车铃发出丁零有节奏的悦耳声”。“那时出租车也很少，而且不可以在马路上停车载客。如果要用车的话，只能到北京几家屈指可

---

①周宁编著：《中国形象：西方的学说与传说》，学苑出版社 2004 年版，第 849 页。

②［美］阿瑟·米勒：《阿瑟·米勒手记——“推销员”在北京》，汪小英译，新星出版社 2010 年版，第 124 页。

数的宾馆去办理包车手续。”①

除开经济原因，自行车洪流的产生与北京特殊的地形不无关系。北京城区地势平坦，骑行较为便利。彼时胡同林立，自行车穿行于大街小巷自有其独特优势。1983 年，受邀来华执导巅峰之作《推销员之死》的美国剧作家阿瑟·米勒发现“小至青菜，大到整张的复合板，几乎所有的东西都能用自行车携带”②。斯彭德甫一进入北京也注意到北京市民以自行车作为交通工具出行的盛况。导游李小姐告诉他，“在 900 万北京市民中，300 万人拥有自行车”，“大卫在事后翻阅照片时说，‘自行车，自行车，自行车。’”③

这种状况在 20 世纪 90 年代随着经济的逐步发展而略有改观，但北京真正的“汽车年”要到 2000 年后才出现。“出租车很少或不情愿移动，而公交车则挤得快要爆炸了。”于是，考林·萨布伦租了辆自行车，“闪到街上，晃悠于车道上那流动迟缓的自行车洪流中。有些自行车加上了婴儿坐的侧斗或是供老太太坐的后托，有的则干脆改造成了黄包车的模样。不过，绝大部分车的外观都近乎一致。没有车灯，马达亦无齿轮（我骑的那辆连刹车也没有）。这似幻似真、梦一般的洪流让人心醉。所有的人都缓缓地移动着。在十字路口，我们或是和那些一声不吭的捣蛋鬼一起悄悄地从别人身边滑过，或是一起堵住那些迂

①[意] 阿德里亚诺·马达罗：《一个意大利记者眼中的北京（1976—2008）》，陆辛译，人民出版社 2008 版，第 7 页。

②[美] 阿瑟·米勒：《阿瑟·米勒手记——“推销员”在北京》，汪小英译，新星出版社 2010 年版，第 123 页。

③[英] 斯蒂芬·斯彭德、大卫·霍克尼：《中国日记》，李博文译，浙江人民美术出版社 2017 年版，第 20、24 页。

回绕道者，或是将那些快乐的行人淹没在我们迟缓的丁零声中”①。

1988，北京，长安街

（引自［法］阎雷：《昨天的中国》，北京联合出版公司 2015 年版，第 25 页）

除了交通工具和城市面貌方面的落后，20 世纪 80 年代初的北京还保持着强大的国有惯性。1982 年夏，时为日本大学二年级学生的新井一二三②到北京短期留学。“虽说改革开放已有几年，但是集体所有制仍非常巩固，中国首都还没出现民营企业、商店。当时，整个北京城的饭庄、食堂，只有中午和晚上固定的几个小时才开门，如果错过了时间，就得挨饿。但即使在午饭晚饭时间，没有粮票的话，有钱也

①周宁编著：《中国形象：西方的学说与传说》，学苑出版社 2004 年版，第 850 页。

②新井一二三为日本女作家，出版过《新井，心井》、《东京人》、《樱花寓言》、《可爱日本人》等书。她用中文创作写日本，用日文创作写对中文的着迷，文字真诚、细腻。

不行，吃不到饭。可怜的外国人只好在路边的副食品店买块干巴巴的面包塞进嘴里……当时，除了北京饭店、民族饭店等国营饭店以外，中外合资的建国饭店已经开门，去那里就可以吃到外国食品。”

1983年在北京“兴奋地努力地工作”的阿瑟·米勒不止一次地倾诉了对竹园宾馆“滑稽的接待”的沮丧——“有时一下子上来三位漂亮的服务员小姐，相互帮忙着记下菜名，然后就全然忘掉”，“如果说清心寡欲是中国人传统的性格特点，餐厅的十几个十六七岁的女服务员就显得太奇怪了。她们接点菜单的水平已经到了空前离奇糟糕的地步”。对于为了剧院“多来点好猪肉，新鲜的鸡，少来点烂葱头”① 而把《推销员之死》第一次彩排的票送给供货单位的举动，阿瑟·米勒也只好表示无奈的理解。

但一切都在悄然改观，阿瑟·米勒注意到了电视上正在做的饼干、糖果、卫生棉和演出的广告，也经常在报上读到个体商人白手起家的故事——养鸡，把生意扩展到鸡药和其他产品上。1984年初秋再次来到北京，新井一二三发现“街上开始出现个体户小餐厅或杂货店，西单、西四等地方很热闹有活力。好像一切都要从现在重新开始，中国人对未来很有信心的样子”。考林·萨布伦也感觉到了整个城市新增的商业气氛。“城市的某些地方似乎已成为一个巨大的自由市场，人行道和火车站月台上随处可见兜售牙刷、苹果、香蕉什么的小贩——何处是它的终点?”

改革初期的北京与国外的现代化大都市相比，呈现的是一幅凋敝的乡村景象，但在这样的景象中，异国到访者亦觉察到了迥异于现代

①[美] 阿瑟·米勒：《阿瑟·米勒手记——“推销员”在北京》，汪小英译，新星出版社2010年版，第218、222、238页。

工业快速流水线的慢生活。慢生活下的北京显得安静、恬淡、质朴和富有人情味，“在这里，人们在街上停下脚步，从容地聊天。让我们回想起美国南方一些地区的生活：这种生活方式的失落，令许多移居到喧闹的纽约或芝加哥的人们感到惋惜”。“昨天，我和英格骑车在城里转了三个小时。尽管有不少贫穷和落后的景象，整座城市让人觉得如此亲切。街上有人聊天，路边有人买卖东西，沿街的店铺有人闲逛，……对比之下，新建的住宅楼显得冷漠萧索，少了小院的人情味。古老的小院，铺着砖地，这里众人品评着众人的花草，无疑更知道彼此的隐私。”①

（二）含苞的希冀——思想的迁变

1793年，英国使臣乔治·马戛尔尼出使北京时，对中国人的蓝布衫和宽袍长裤印象深刻，并形象地将中国人比喻为蚂蚁。1955年，受邀到中国采访的法国记者罗伯特·吉兰在《红旗下的六亿中国人》中仍如此比喻道：“一座蚂蚁山，的确如此，他们已经变成了蚂蚁山——蚂蚁，蓝色的蚂蚁。这一比喻恰好能够表现那种令人难以置信的景象。”② 1974年，在北京旅行的罗兰·巴尔特概述道：“爱美之荒芜。服饰的完全一致所产生的趋变效果。”③

这种“蓝色与土黄色的森林”④ 在1983年春阿瑟·米勒来到北京

---

①［美］阿瑟·米勒：《阿瑟·米勒手记——“推销员”在北京》，汪小英译，新星出版社2010年版，第123、124页。

②周宁编著：《中国形象：西方的学说与传说》，学苑出版社2004年版，第181页。

③［法］罗兰·巴尔特：《中国行日记》，怀宇译，中国人民大学出版社2012年版，第12页。

④［法］罗兰·巴尔特：《中国行日记》，怀宇译，中国人民大学出版社2012年版，第295页。

时已经有了一些变化。“与四年前相比，现在的街景可算是五颜六色：女人们把自己装扮起来，尽量远离毛时代单调的灰黄制服。”“这一切让英格感觉似乎身处一个刚刚结束了战争的国家……我也有这样的感觉……每个人都吃不饱，但仍然急着用多一点的色彩来装扮自己。”①

改革开放似春雷唤醒了深埋几十年的爱美天性，人们急于摆脱无色彩、无性别意识的单色时代，时尚率先与国际接轨，审美追求显而易见。20 世纪 80 年代初期，受经济状况的制约，服装流行与变化的速度相对缓慢。80 年代中后期，“取决于私有制企业的快速发展，这些私企以生产消费品为主，特别是服装行业”②。市场机制臻于成熟，服装款式变换很快，喇叭裤、蝙蝠衫、踩脚裤、棒针衫、幸子衫、牛仔裤、蛤蟆镜纷纷登场，服饰尤其是女性服装呈现出多样性、多元化的特点。

西装仿佛是中国改革开放的宣言。十年“动乱”期间，西装被批判，几乎在中国大陆绝迹。阿瑟·米勒发现北京人艺“服装组最擅长制作四十年代西式服装”③。1983 年，时任中共中央总书记的胡耀邦带头穿西装，不久全国掀起西装热，照相馆里也常见西服婚纱照。

---

①[美] 阿瑟·米勒：《阿瑟·米勒手记——“推销员”在北京》，汪小英译，新星出版社 2010 年版，第 11、17 页。1978 年，阿瑟·米勒和夫人英格·莫拉斯受中国对外友好协会之邀到访，此次中国之行的内容详细记录在 1979 年麦格劳一希尔公司出版的 *Chinese Encounters* 一书中。此书文字部分为米勒所著，保存有英格当时拍摄的大量珍贵照片。

②[意] 阿德里亚诺·马达罗：《一个意大利记者眼中的北京（1976—2008）》，陆辛译，人民出版社 2008 版，第 124 页。

③[美] 阿瑟·米勒：《阿瑟·米勒手记——“推销员”在北京》，汪小英译，新星出版社 2010 年版，第 11、17 页。

1985年，北京八达岭长城，新人在拍摄结婚照

（引自［法］阎雷：《昨天的中国》，北京联合出版公司2015年版，第46页）

1988年，天安门广场的模特表演

（引自［意］阿德里亚诺·马达罗：《一个意大利记者眼中的北京（1976—2008）》，人民出版社2008年版，第135页）

1979年，时装大师皮尔·卡丹率一班法国模特在北京民族文化宫举行了一场时装表演。自此，“时装模特”的概念被引入中国，时装表演队如雨后春笋般盛极一时。上图图右是马达罗拍摄到的1988年时装模特表演首次出现在天安门广场。到20世纪90年代中期，模特已然成为一种国人习以为常又无比艳羡的新兴职业，象征着时尚以及人们对国际化的美好想象。

除了在服饰等方面反映出爱美之心的觉醒，在20世纪80年代的北京街头，到处可见进行体育锻炼的人们。从北京饭店5楼的房间向外望出去，斯彭德总是能看到在不远处一个院子里锻炼的人们。“不同于仅知道通过慢跑进行锻炼的美国人，中国人进行广泛而多元的锻炼活动。无论共产主义能对心灵产生何种效果，共产主义倒的确在中国实现了身体的民主。似乎，对于每个人来说，人不仅应当为了自身的健康而锻炼身体，而且也应该为了整个群体而锻炼自身。”①

马达罗也经常看到清晨在公园或在街边练操、打太极拳的老人们，“另外一些人在舞剑，他们挥舞系着红丝带的木制宝剑；而年轻人则在庄严的进行曲中练功习武，犹如在和一个假想中的敌人搏斗”②。

20 世纪 80 年代，北京街头的健身方式多种多样，除了传统的太极拳外，气功、健身操、霹雳舞都曾风靡一时，后者源自 1984 年美国街舞电影《霹雳舞》的传入。气功热则俨然是一场群体癔症。初期，人们练气功多为强身健体，但随着诸多无节制的炒作，气功开始被吹嘘为治疗各种疑难杂症的灵丹妙药。1986 年，中国气功科学研究会在北京成立，更加热了全民气功的热度。直至 20 世纪 90 代中晚期，气功热才逐渐消退，较为“正统”的气功才慢慢回归。

健身热固然与经济状况好转后人们对自身健康的关注密不可分，但在 20 世纪 80 年代的语境下，增强国民体魄也有着一雪百余年来“东亚病夫”耻辱的重大意义，国际体育赛事上的胜利有效提升着整个中华民族的自信心。中国女排的五连冠、洛杉矶奥运会上许海峰的夺冠都成为了举国上下的骄傲，更成为中国在 20 世纪 80 年代腾飞的象征。

一如人们对身体的关注日益加强并为此展开各种实验，在整个 20 世纪 80 年代，政治氛围相对宽松，社会文化气氛较为自由，各种文艺创作也异常活跃起来。20 世纪 80 年代初的创作虽大部分仍集中于对

---

①［英］斯蒂芬·斯彭德、大卫·霍克尼：《中国日记》，李博文译，浙江人民美术出版社 2017 年版，第 27 页。

②［意］阿德里亚诺·马达罗：《一个意大利记者眼中的北京（1976－2008）》，陆辛译，人民出版社 2008 版，第 7 页。

“文化大革命”历史的反省和回忆，但自我意识逐渐复苏，人的主体性地位渐渐凸显，不少作品中有了对自我表达的诉求。

在杨宪益与格莱蒂丝夫妇家的文人小聚会上，阿瑟·米勒与作家张洁谈及她那部很受欢迎的、“被格莱蒂丝收入了女作家小说集，还被拍成了一部成功的电影”[①] 的作品——《爱，是不能忘记的》。这是张洁发表于《北京文学》1979 年第 11 期的短篇小说，讲述了一位大龄未婚女青年对已故母亲的回忆以及其母“爱却不能”的故事。这部作品在当时最为人瞩目之处是对人的社会历史命运以及人与人之间关系的反思，同时还在时代变迁的背景下探讨了人类的情感尤其是女性的心灵，阐释、表现了女性意识。时至今日，其所传达的婚恋观念仍令人颇有共鸣。阿瑟·米勒提到了自己的感受——“晚上读几位中国女作家的小说结集。很奇怪，小说里新出现了一种悲剧的调子，而不是无产阶级的现实主义风格”。

1984 年，新井一二三和一群自称为“80 年代现代派”的摇滚青年成为了好朋友。他们“当时住在首都剧场里面，白天排练英美日和中国港台地区的摇滚乐、流行歌曲以及自己创作的曲子，傍晚出去吃饭喝酒打架，深夜回到剧场里睡觉”[②]。

基于斯彭德与大卫的身份，他们的北京之行安排了两次艺术交流。第一次是与中央美术学院的教职员工及学生交流，涉及艺术家在中国的地位。汤沐黎[③]言辞犀利地表达了政府对艺术生出国进修的不重视。

①［美］阿瑟·米勒：《阿瑟·米勒手记——“推销员”在北京》，汪小英译，新星出版社 2010 年版，第 167 页。

②［日］新井一二三：《独立，从一个人旅行开始》，上海译文出版社 2011 年版，第 53 页。

③时为中央美术学院学生。

随后，“汤沐黎展示了学院派的、盖着遮羞布的男女人体绘画”。在《诗刊》杂志编辑部的座谈会上，斯彭德发现李小雨“并没有坚持认为现实主义就是唯一正当的诗歌类型。她说年轻的诗人用不同途径写诗。有些想表达自己的个人感情和思想，凸显自己的思考方式”。裘小龙①的诗作《今天》则让斯彭德体会到“诗人对明天的感觉中其实蕴含着一种不安”②。

20世纪80年代前后，各种西方元素在北京渐次登场。与商业元素同步的，是对西方文化的引介。十年浩劫结束，长期沉寂的思想等待着雨露的滋润，经济开放促成了出版界的繁荣，恰逢其时地为80年代的读书人提供了一场盛宴。在阿瑟·米勒到北京之前，中国国内已经有数个外国话剧上演。1980年，上海人民艺术剧院黄佐临导演还首次将米勒的剧作《萨勒姆的女巫》搬上了中国舞台。“现在的观众——尤其是占其中绝大部分的青年观众——都渴望看到新的艺术形式。”英若诚告诉米勒，“现在，谁都看过外国电影和电视，对西方生活知道得很多。我们觉得，就是《推销员之死》的意识流手法，中国观众也有心理上的准备。他们会很喜欢这出戏的。”③

除了商业、文艺资讯上的日益开放，20世纪80年代的北京还表达出对现代化的美好憧憬与热情想象。“这个国家正想得到一切，赶超

①这次座谈会上，《诗刊》方面的代表有3位。邹荻帆（1917—1995），当代诗人和翻译家，时任《诗刊》杂志主编。李小雨，时任《诗刊》杂志编辑，后曾任《诗刊》常务副主编、中国诗歌学会副会长兼秘书长。裘小龙，当时师从著名翻译家卞之琳先生，早年以翻译西方印象派诗歌知名，20世纪80年代留学美国，现在美国华盛顿大学教授中国文学。

②[英] 斯蒂芬·斯彭德、大卫·霍克尼：《中国日记》，李博文译，浙江人民美术出版社2017年版，第32、46、48页。

③[美] 阿瑟·米勒：《阿瑟·米勒手记——“推销员”在北京》，汪小英译，新星出版社2010年版，第26页。

外国，实现现代化”，“‘现代化’是当下通行的口头语，是打开中国当代历史困境的‘钥匙’，因此，它便成了解决一切问题的灵丹妙药”①。实现工业、农业、交通运输业和国防的四个现代化的任务始现于1954年召开的第一届全国人民代表大会。20世纪80年代初期，新时期社会主义现代化建设的总设计师邓小平重申，要“继续坚持实现四个现代化的奋斗目标，并明确提出要走一条中国式的现代化道路”。然而，中国式的现代化道路究竟如何，却是“摸着石头过河”。“事实上，许多卷进中国转型急流的人发现：他们已经别无选择，只有跳进去，尽快地游，而对岸有什么东西，他们的感受至为模糊。”②

这种模糊或者迷茫被80年代到访的西方人士敏锐地捕捉到了。面对日渐明显的资本主义“曙光”，考林·萨布伦和阿瑟·米勒都提出了自己的质疑。“我戏说道，‘中国和英国正相像起来……资本主义。’……邓明陷入了沉思，我则在一边喋喋不休。他的国家是否能够吸收西方的体制却又不出现西方的多元、腐败和自由？然而他只是像蛇一样耐心地将头摇过来又晃过去，然后说道：‘我们必须找到我们自己的路。’但历史并未标明，每个中国人对西方的弊端皆具有免疫能力，我争辩道。看到国家的贫乏，没人会对西化持怨恨之心，当然他得付出代价。……‘那就是生活’。‘确实。’我的声音听起来比他还悲哀。许多事情在中国都是‘生活’。”③

作家张洁对阿瑟·米勒的回答“有些尖刻，‘美国的东西并不适合

①[美] 阿瑟·米勒：《阿瑟·米勒手记——“推销员”在北京》，汪小英译，新星出版社2010年版，第135、206页。

②[美] 欧逸文：《野心时代：在新中国追求财富、真相和信仰》，潘勋译，台北八旗文化出版社2015年版，第48页。

③周宁编著：《中国形象：西方的学说与传说》，学苑出版社2004年版，第862、863、864页。

中国。我们不一样。我们要寻找自己的道路……'”然而，“我们自己的路”究竟是一种什么样的路，谁也没有那么笃定。对于这条路的前景，那首让斯彭德体会到“诗人对明天的感觉中其实蕴含着一种不安”的诗作《今天》或可解答一二——“不仅仅因为昨天冰封的记忆，/不仅仅因为明天含苞的期冀，/我们才这样热爱你呵，今天。/因为除了今天，生活还在哪里？/不爱你，一意耽于昨天的幻灭，/生活也就是一声叹息——犹在梦里，/不爱你，只愿坐等明天的出现，/生活也就是一个呵欠——进入梦里。”[①]

## 附录：《阿瑟·米勒笔下的北京形象》[②]

美国当代戏剧大师阿瑟·米勒曾于1978年、1983年两度到访中国。第一次的中国之行详细记录在1979年麦格劳一希尔公司出版的*Chinese Encounters*[③]一书中，此书文字部分为米勒所著，图片为米勒夫人英格·莫拉斯所摄，可谓20世纪80年代中国社会风貌的实录，颇为珍贵。1983年，米勒受时任北京人艺院长曹禺盛情邀请，再次到北京执导其剧作《推销员之死》。排演结束，米勒留下了《阿瑟·米勒手记——“推销员”在北京》[④]，详细记录了在京期间的所观、所感、

①[英] 斯蒂芬·斯彭德、大卫·霍克尼：《中国日记》，李博文译，浙江人民美术出版社2017年版，第47页。

②此文作为阶段性成果发表于《汉语言文学研究》2017年第4期。

③此书在国内未见译本，英文本亦少见。《水流云在——英若诚自传》中将此书的书名译为《与中国的接触》，汪小英在《阿瑟·米勒手记——“推销员”在北京》中译本的介绍中将书名译为《遭遇中国》。因未找到中文译本，本文所引文字皆据英文本而译，且对此书名暂只使用英文名称。

④[美] 阿瑟·米勒：《阿瑟·米勒手记——“推销员”在北京》，汪小英译，新星出版社2010年版。以下简称《手记》。除有说明外，本文引文均来自此书。

所思，对彼时北京的经济状况、精神风貌、文人心态、社会发展等方面都有着清晰呈现和多维思考。在经历了从农业社会向工业城市的蜕变，逐步完成后现代世界中的现代化追赶并日益国际化的今天，再次翻检阿瑟·米勒的这些文字，不由对其笔下的北京形象有更新的认识和更深刻的理解。透过米勒的视角，或许我们亦可寻迹北京近 40 年发展历程中的得与失，感受新旧更迭过程中“一些平常中国人心境”蜕变的痛楚。这些无疑将为当下北京社会文化等方面的发展提供不同的启发。

一、贫穷与亲切

描述北京气候的糟糕，似乎是西方在华回忆录中的“重要传统”，从 17 世纪的利玛窦到近代访华的马戛尔尼使团，再到 20 世纪 30 年代定居北京的埃德加·斯诺，无一例外地受到了北京风沙和尘土的困扰。米勒对北京空气污染的印象也极为深刻，“跟布拉格一样，北京人取暖、做饭用的是煤炭，空气因此总是灰蒙蒙的”。然而，对于“兴奋地努力地工作”的米勒而言，最为困扰的还属北京的贫穷。他不止一次地在《手记》中提及北京窘迫的经济状况。

走在街上散步，所见街景使米勒想起第二次世界大战刚刚结束时的欧洲，而更多时候米勒眼中的北京与 20 世纪 20 年代的美国相仿，甚至在很多方面类似 100 年前的美国。在米勒看来，北京的街道，最让人难以忍受的是公共厕所所散发的强烈臭味。“即使在黑暗里，人们也能凭着嗅觉找到它们。那股臭味很刺鼻，带着强烈的氨水味，可是人们似乎已经习以为常，不以为怪。”北京街道的另一个明显特点是昏暗。虽然路灯昏暗，但米勒观察到北京的治安却比较好。“他（英若诚）的家在一条曲折的胡同里，昏暗里穿着胶底鞋的人影无声地走动。没有什么不安全的感觉，也看不出哪儿有治安警察。”对此，1978 年在京时米勒也曾非常好奇地问导游苏刚（音译），为什么大街上自行车没有挂锁，苏刚回答后轮上锁，实际情况也是极少被盗。

北京人艺各项设备的陈旧与落后可以说完全超出了米勒的想象。服装组最擅长制作的是 20 世纪 40 年代的西式服装，因为那个年代之后再也没有上演过外国戏；剧院只有两个跟踪聚光灯；布景像 30 年代的临时收容所一般简单破烂；道具冰箱是纸糊的；下水管道不断溢出水；青绿色的墙壁已经好多年没有粉刷过；全北京只有北京广播电台才有首演音乐所需要的录音设施。如此种种，似乎都彰显着这个剧院捉襟见肘的境况以及全国范围内的资源匮乏。

剧组试妆

（引自［美］阿瑟·米勒：《手记》）

除此之外，国有单位的服务水平“空前离奇糟糕”。竹园宾馆服务员的接待“滑稽可笑”。为了剧院“多来点好猪肉，新鲜的鸡，少来点烂葱头”，第一次预演的票全部送给了剧院食堂供货单位。这些都凸显着计划经济的痕迹，“阴影已经重复了一代又一代，而且，走出这些阴影尚需时日”。不过自由贸易确是“带着原始的兴奋”回来了，“在这个阳光明媚的早上，每条街道旁边都有一群一群的人——有时候是一大群——围着卖东西的平板车。小贩们的生意挺红火。他们贱买贵卖，不知不觉间把商品分配到需要它们的地方去”。转型期的北京让米勒感觉“这里的人们似乎同时生活在几个不同的世纪之中”。

虽然对于物质条件的不尽如人意再三表示出失望，米勒总能报之以同情的理解，并提出只有具备“历史的眼光”才不会产生误会。“幸亏是感情而不是物质使人类相通，不然我一定会对中国首演极其失望。”他一再安慰自己，此行的动机是“证明共同的人性”。在《手记》一书中，米勒多次提到北京浓厚的“人情味”和亲切感。他看到了街上停下脚步从容聊天的人们、不时有人闲逛的沿街店铺、古老的铺着砖地的小院、携带着各式各样物品的自行车。他和英格也骑着自行车在北京的大街小巷穿行，体会着北京城的生活。“尽管有不少贫穷和落后的景象，整座城市让人觉得如此亲切。”“我们喜欢在北京有规律的起居生活，觉得这比到处观光更让人放松。”“对比之下，新建的住宅楼显得冷漠萧索，少了小院的人情味。……这里众人品评着众人的花草，无疑更知道彼此的隐私。”“从无数神态安详的脸上，从静静闪烁的无穷智慧里，我感觉这个城市的人似乎个个都是贤者。”

米勒的亲切感与其两度来访有关，某种程度上也流露出米勒的怀旧情绪。20 世纪七八十年代，美国已完成现代化历程，步入后工业时代，社会的急遽发展带来的是安全感的缺失，威利·洛曼正是无数美国幻梦破灭者的代表。经过麦卡锡时代的白色恐怖、60 年代的社会动荡、70 年代的经济衰退，20 世纪 80 年代前后，重摇滚、朋克音乐盛行，人们更注重自我的表达，人与人之间愈发疏离。此刻的北京百废待兴，俨然一幅都市中的乡村面貌。"穿越经济发展的光年"，回到前现代时期的北京，米勒最感兴趣的不是红墙绿瓦、阡陌桑田，而是村落般的旧时面貌，让他不由怀念起20年代的布鲁克林以及前工业时代的纯净、简朴。

二、封闭与开放

如果说物质上的窘迫尚且可以理解的话，精神上的封闭则让米勒大跌眼镜。首次访华时和乔羽[①]的一番对话让他震惊于我国文艺界在外国文学尤其是欧美文学方面的贫乏认知。"通过三天不断的谈话我终于确信了他们对西方文化的近乎全然无知。"[②] 和中央戏剧学院前校长金山及女演员郑振瑶座谈时，他对座谈对象年龄偏长表示不悦，但当得知年轻一代因为"文化大革命"而教育中断时，他非常惊讶，而座谈双方对彼此的一无所知则让他感到尴尬[③]。但是，同样让他惊讶的还有北京书店门前排着的长龙[④]，以及人们对外国文学的渴求和对外部世界的向往。

20世纪80年代前后，各种西方元素在北京渐次登场，可口可乐、

---

①即词作家、剧作家乔羽。根据资中筠的回忆（见《北京青年报》2005年3月4日《关于阿瑟·米勒的点滴回忆》一文），当时友协特意请一位作家全程陪同米勒，乔羽或是作协决定的人选，但乔羽其实不是剧作家，选择他的原因可能是因为他刚好写了一个关于杨开慧的剧本。另外，那时可以被批准陪外宾的作家并不多。另据 *Chinese Encounters* 一书记载，米勒当时和乔羽聊天，提到了一些外国作品，乔羽表示知之甚少；米勒还提到一些作家，如福克纳、斯坦贝克、陀思妥耶夫斯基等，乔羽很茫然。所以，米勒才会有如下的结论。

②Inge Morath/Arthur Miller：*Chinese Encounters*，McGraw — Hill Ryerson Ltd.，Toronto，1979，p. 13—14.

③Inge Morath/Arthur Miller：*Chinese Encounters*，McGraw — Hill Ryerson Ltd.，Toronto，1979，p. 15—16.

④Inge Morath/Arthur Miller：*Chinese Encounters*，McGraw — Hill Ryerson Ltd.，Toronto，1979，p. 28—29.

肯德基等相继进驻中国，与商业元素同步的是对西方文化的引介。1980 年，上海人民艺术剧院黄佐临导演首次将米勒的剧作《萨勒姆的女巫》搬上了中国舞台。1983 年，这种状况有了更大改观。“现在的观众——尤其是占其中绝大部分的青年观众——都渴望看到新的艺术形式。”英若诚告诉米勒，“现在，谁都看过外国电影和电视，对西方生活知道得很多。我们觉得，就是《推销员之死》的意识流手法，中国观众也有心理上的准备。他们会很喜欢这出戏的。”

英若诚的乐观并未给米勒十足的信心。对观众能否理解《推销员之死》一剧，米勒始终持一种半信半疑的态度。“跟这里的观众谈话时，我听见的只是些 19 世纪的优秀剧作家的名字——契诃夫、高尔基、易卜生、托尔斯泰，似乎他们都被做成了琥珀标本。”在看完了同期排演的《绝对信号》后，米勒对长期以来形成的程式化表演惯性更是充满担忧。《绝对信号》为刘会远等编剧、林兆华导演，由北京人艺于 1982 年 11 月以小剧场的形式在北京首演。此剧在当时颇受好评，可谓实验戏剧的代表作。然而对于在现实主义基点上有意识不断变换写作手法的米勒而言，《绝对信号》是一部“天真而粗糙”的作品——心理发展如此天真，情节如此荒诞，以至最严肃的地方也惹人发笑。这部剧作反映了 20 世纪 80 年代国内诸多创作的普遍形态，形式技巧上进行着有益的探索与借鉴并展现出朦胧的现代意识，内容上却依旧保持着夸张的戏剧冲突，并过于注重宣传教育。米勒感受到了这种挣脱旧有枷锁的努力，但并未持乐观态度——“我知道邀请我来执导《推销员之死》的人们迫不及待想要最终突破这种只把戏剧当成单纯的宗教伪装的做法。但我必须质疑，这些人本身带有的使艺术服从于政治的终身习惯是否已经治愈”。

“假发风波”让米勒对剧组艺术水准的不自信几乎到达顶点。米勒坚持《推销员之死》的排演要中国化，“不要模仿，就以中国人的面目演一部美国作品。这个原则没有商量的余地”。假发组的人一来，整个剧组“抛弃了经营六周的真实世界，终于进入了假发的天堂”。假发风波的出现固然与20世纪50—70年代剧组演员们长期形成的舞台脸谱化经验有关，但另一方面也反映出米勒对中国传统戏曲的不甚了了，对传统戏曲与西方戏剧观念之间的碰撞不甚了了。传统戏曲虽经新文化运动的荡涤，但从未销声匿迹，而是经过无数次改良后与“新文学”齐头并进，并拥有着更为广泛的群众基础。传统戏曲注重表意；西方戏剧注重写实，强调现实生活的舞台再现。20世纪80年代初的国内戏剧舞台上，不仅有西方艺术手法的大量借鉴，亦有传统手段的再现。《绝对信号》的导演林兆华即借助中国传统戏曲的假定性，“通过东西方艺术元素的交融，创造性地拓展了中国话剧艺术的新天地”（童道明语）。然而，米勒并未像布莱希特那样借重中国传统戏曲，相反，其作品有着非常强烈的现实性，这难免与20世纪80年代初国内戏剧舞台的审美状况发生龃龉。

20世纪80年代是改革开放初期的10年，亦是中西方文化强烈碰撞的10年。国门初开时的懵懂与稚气扑面而来，思想深处的旧有因袭依旧存在，意识形态思维模式处处可见，但正如米勒所见，北京正呈现着诸多变化：新刊物大量涌现，个人亦可创办；戏剧团体不断成立，小剧场活动兴起；新兴的非主流戏剧开始出现；杨宪益家中出现文人的小聚会，米勒还第一次碰到了离婚的中国人——作家张洁，而漫画家华君武说实际上离婚越来越普遍了。现状的改变虽尚需时日，但“中国像一艘轮船正大胆地开向公海”。

三、“文化大革命”与现代化

米勒年轻时即抱持左翼思想，为此麦卡锡主义盛行时期屡遭骚扰。

当然，也正因为如此，他才能在意识形态色彩还比较浓厚的 1978 年就受邀来中国参观访问。他始终是带着一种探寻的眼光来解读北京乃至整个中国的。

1978 年的中国之行中，米勒对于“文化大革命”的发生及其所带来的后果充满了好奇、惊讶和不解。“文化大革命”始于何时？如何阻止此类事件卷土重来？他问金山，问韩丁[①]，无人能确切回答。

1983 年排戏间隙，他和英若诚等人继续探讨。大家都肯定运动的初衷是为了横扫官僚主义，是一种纯粹的理想主义，但理想何时变质无人知晓，黑暗和光明似乎仅一步之遥。站在竹园宾馆据说是康生私人刑讯室的洞口前，米勒想到“餐厅的前廊就在五步之外的高处，阳光普照，这种时刻人们只能感叹……有很多事情难以用一个简单的概念理解”。

疑惑的确不仅仅是中国的，米勒将“文化大革命”置于世界浪潮中去考虑。他回想起 1968 年在巴黎街头所见到的景象：法国学生涌上街头，砍倒古老的栗树，揭起铺路的鹅卵石，冲向挥着棍棒的警察。中国的集体精神对他们确实很有吸引力。面对美国的层层封锁和苏联的威慑，20 世纪 50－60 年代的中国确乎开辟了第三世界另类发展的道路，吸引了不同社会群体，尤其是西方左翼和全球第三世界力量的广泛关注，甚至成为代表着人类发展方向的社会主义乌托邦。然而时移世易，“文化大革命”本身作为一种革命理想不仅存在一定危机，并

---

①即威廉・辛顿（Willam Hinton），美国宾夕法尼亚州人，农业机械专家。1947 年，韩丁随联合国救济总署到河北冀县为解放区培养农机人员，第二年又以观察员身份亲历了山西张庄村土改，并据此创作了长篇纪实文学《翻身》。1953 年，他从中国回到美国，时值麦卡锡主义盛行，惨遭政治厄运。中美建交后，他多次往返中国，除《翻身》外，还有《深翻》、《分山》、《犹在镜中：美国观点中的中国革命》等著作。

且引发了深刻的社会矛盾。更重要的是，“文化大革命”时期所面对的紧张的世界格局发生了一系列变化，资本的全球流动使得第三世界与殖民帝国对峙的空间格局改变，“文化大革命”作为早期革命的遗留已经不合时宜，因此，才会有了“现代化”的再度启用①。

1983年的北京表达着对现代化的美好憧憬与热情想象。“这个国家正想得到一切，赶超外国，实现现代化”，“‘现代化’成了通行的口头语”。一位读过剧本的年轻人甚至问米勒，威利·罗曼是否因为无法采用现代化的方式做业务而自杀？米勒在书中反问道：“现代化”难道就是打开中国当代历史困境的钥匙，是解决一切问题的灵丹妙药吗？回顾整个20世纪80年代，强烈的“现代化”冲动和理想化的现代化想象充斥其间。在市场社会已然成型、大众文化日益兴起、中国完全卷入“全球化”格局的今天，再次回望这种当时看似天经地义和自然而然的普遍意识，会发现它实际上正是被设置为“文化大革命”的对立面来寻求其合理性，是被用于填补“文化大革命”作为理想坍塌后的空白的另外一种社会理想。米勒在1983年的发问显得如此不合时宜，然而今日读来，却看出他作为文化学者的警醒。

对方兴未艾的城市化，米勒也表示出隐忧：“五年前开阔的田地不见了，代之以正在兴建的公寓楼房，有些已经有人入住。……北京的城市布局已经非常像美国，平房中杂以六层的公寓楼房。让威利百感交集的社会变迁，这里的人们是否一样熟悉？”“‘下一代人会不会再做改变，离开楼房去寻找老式的四合院？’我问道。他（英若诚）笑了，说很有可能会出现这种情形。他知道，这种建筑上的复古运动已经在

①此处参考贺桂梅《“新启蒙”知识档案——80年代中国文化研究》中提及的美国德里克的观点，北京大学出版社2010年版。

伦敦、旧金山、纽约和其他地方出现了。”时至今日，身处混凝土森林中的我们或许会对彼时米勒的这番话产生深切的共鸣。

四、反思与迷惘

如果说 1978 年的米勒感受到了关于“文化大革命”的集体创伤记忆的话，那么 1983 年的米勒则捕捉到了知识分子被裹挟到新的浪潮中的迷惘。在米勒与剧组演员的一次讨论中，朱琳[①]道出了对自己心态变化的困惑。“文化大革命”以前，如果丈夫要去条件艰苦的地区支援建设，她会义无反顾地支持，而此时她却坚决反对。米勒笔下的杨宪益带着些许自嘲道：“我在开会，决定给什么人什么职位、什么奖励。我在做官僚，我在做这件事。”米勒感觉到了杨宪益的精神困苦，说：“这里的许多知识分子的处境和他一样，但他们并不抱怨，一点也不。他们是茫茫人海里地位低微的一个小部落，但至少他们不再为这种降格辩护，甚至把它看成历史性的伟大事业的必要组成部分。”

预演前一日，曹禺邀请米勒到家中做客。早在 1978 年，曹禺就见过米勒，并提出了合作意向。他并不比英若诚更熟识米勒，但无疑惺惺相惜，对米勒旺盛的创作力也羡慕不已。曹禺 23 岁时就以《雷雨》震惊中国文坛，然而此刻的他……知识分子的社会使命感使诸多现代文坛上的大家自觉融入新社会，现实消磨了才情。挚友巴金就曾提醒过曹禺，要少些应酬，多些创作。黄永玉的批评则更为犀利、直接，说曹禺为权势所误。

阿瑟·米勒以其微妙的感受力捕捉着中国戏剧同行及友人心中的迷惘与痛楚。杨宪益和曹禺的痛苦不仅是他们个人的，更是整个 20 世

---

①《推销员之死》剧中林达即威利·洛曼妻子的饰演者，北京人艺著名话剧女演员，被誉为“中国话剧皇后”。

纪80年代甚至直到今天仍存在的。“谨慎已经成为生存的必需融入到了人们的血液中。”米勒一贯主张“戏剧是一项严肃的事业，它使人类和应当使人类更加富有人性，也就是说，使人类不那么孤独”。这一点与曹禺的创作主张不谋而合。《雷雨》长期以来一直被解释为社会问题剧，对此曹禺再三否认，并强调要读《序幕》和《尾声》。对1980年前后文学中出现的感伤气氛，曹禺并不赞同。他说：“这对戏剧创作来说，只能引到一条狭窄的小道上”，“我总觉得应该创作出一些更深广的剧作”。米勒不一定能体会曹禺和杨宪益的矛盾纠结，但旁观的他有着自己的清醒认知。他读出了张洁《爱，是不能忘记的》背后的悲剧意味，在座谈会上不假思索地发言：“你们推崇尤金·奥尼尔，可你们知道吗？——在20年代他创作的黄金时代，他对美国的经济繁荣冷眼相看，看穿它的乐观主义，质疑并谴责它深层的欲望。”这番话即使放在当下，又何尝不令人警醒呢？

1983年5月，《推销员之死》在北京公演，大为轰动，成为中美文化交流史上的重要事件。首演当日，米勒便回国了。他说：“我把自己的‘无事生非’、误解和错误的判断都原封不动地留在这里。”事实上，在《手记》中，米勒一直尝试着不带任何偏见地观察并记录北京这座城市中人与事的变化，并发表着自己独到的见解。米勒在《手记》的序言中动情地说道：“古老的中国不会倒下，她会沿着曲折的历史道路继续前进——时而是世界的师表，时而是笨拙而固执的学生。”

《推销员之死》的排演，正赶上中国社会转型之时，米勒认为“在这所剧院看到的也许是一个社会的缩影”。米勒笔下的人物肖像如此力透纸背，一如他对剧作的严肃认真。他的北京“手记”为比较文化视野的观察预留出无限的空间，堪称当代中国纪实的典范。21世纪前后被褒奖的彼得·海勒斯、迈克尔·迈尔、欧逸文等对北京生活的刻画中不难寻到米勒《手记》的痕迹。

改革开放以来，北京日益现代化、国际化，逐步实现了与世界同步的梦想，但城市化建设却让人和故乡越来越模糊。面对眼花缭乱的商品经济和困顿浮躁的生活状态，重温米勒对人艺、对北京乃至整个中国社会变迁的“惊鸿一瞥”以及对“一些平常中国人心境”的映照，我们很难不为这样一位异域文化学者的冷眼旁观触动。喧嚣的市场浪潮中我们迷失了什么？我们的精神原乡又该在哪里？这大概就是阿瑟·米勒留给我们的启示吧。

## 二、1990—1999年：亚细亚的太阳

### （一）亚洲雄风——重新理解中国的渴望

20世纪80年代末，中国的社会主义市场经济经过10年的发展，逐渐成为全球市场不可分割的一部分。与新经济现状并行的，是相对宽松的政治及文化环境，西方各种社会思潮纷至沓来，国内逐渐形成了一股资产阶级自由化思潮，自由化分子煽动学生发起了1989年的政治风波。

此后一段时期，北京形象在美国部分“精英”中从一个极端（具有深厚的历史与美好的未来）走向了另外一个极端。纪思道、伍洁芳夫妇1989至1994年曾担任《纽约时报》驻北京记者，返回美国后，二人合著了《中国守灵》① 一书。书中，他们刻意夸大这一事件的影响，中国这种负面形象在某种程度上迎合了当时美国的公众期待。

①*China Wakes*：*The Struggle for the Soul of A Rising Power*，另译为《中国觉醒了》。

1995年秋，新华社记者李希光就目睹了纪思道夫妇为这一新著演讲时的轰动场面。"他们在台上绘声绘色地演讲，特别是他们编造的那些在中国惊心动魄的采访经历和书中对中国人的丑化，博得了会场内一阵又一阵雷鸣般的掌声。"①

20世纪90年代的北京形象在美国精英中的陡转直下并非单纯因为1989年的政治风波。90年代初，东欧社会主义阵营先后解体，全球冲突的冷战时代结束，但冷战思维并未随之消失。1972年打破中美坚冰的尼克松于1988年和1994年先后出版了《1999年：不战而胜》和《超越和平》两部著作。在书中，他提醒美国人，"中国的重要性不仅仅在于经济"②。美国《时代》周刊和多伦多《环球邮报》前驻北京记者伯恩斯坦和芒罗于1996年出版了《即将到来的美中冲突》一书。该书形容中国为"势必不再是美国的战略友邦，而成为它的长期敌人"③。冷战思维作祟下的"中国威胁论"使这一时期的北京形象变得错综复杂起来。这种北京形象在很大程度上是中国形象的集中体现。总体而言，1989年的政治风波虽然在一定程度上影响了北京的国际形象，但北京对外交流的步伐并未因国内外政治气候的变化而停滞，1990年亚运会的召开就是一次希望与挑战并存的征途。

到1990年，亚洲运动会已举办过10届，有40年的历史，但占亚洲版图五分之二的中国却一直未作过东道主。1983年3月，北京市政府向亚洲奥林匹克理事会提出申请，积极争取第11届亚洲运动会的举

①李希光、[美]刘康等：《妖魔化中国的背后》，中国社会科学出版社1996年版，第23页。

②[美]理查德·M. 尼克松：《超越和平》，范建民、郑志国、文棣译，世界知识出版社1995年版，第101、103页。

③[美]理查德·伯恩斯坦、罗斯·芒罗：《即将到来的美中冲突》，隋丽君、张胜平、任美芬译，新华出版社1997年版，第15页。

办权。在北京申亚的过程中，亚奥会主席谢赫·法赫德·艾哈迈德·萨巴赫亲王给予了大力支持。不过，北京遇到了强劲的对手——日本广岛。广岛是日本在战争废墟中重新建造的一个现代化城市，是世界和平活动的重要地点，而1990年又恰逢广岛建城100周年。因此，广岛市也是势在必得。为保证北京取得举办权，同时不损害中日两国友谊，法赫德亲王在1984年洛杉矶奥运会期间，亲自安排中日双方协商，并最终达成了广岛退出此次申办、主办1994年亚运会的协议。1989年，受天安门事件的影响，一些不了解中国实际情况的国家怀疑中国能否成功举办第11届亚运会。法赫德亲王力排众议，亲临北京视察筹备工作，并主持了亚洲手球锦标赛的开幕式。当记者问道："你视察亚运会筹备工作最深的印象是什么?"亲王斩钉截铁地说："来北京前，我一直关注对北京的报道，可是亚运会筹备情况几乎没有，到这里一看，真不简单，他们做了大量的工作。"除了赞扬筹备工作，法赫德亲王还提出了许多改进意见，例如组委会定期举行新闻发布会、缩短组委会公报的发布间隔等①。

1990年9月22日，亚运会如期举行。开幕式上名为《相聚在北京》的团体操表演可谓气势磅礴，《欢庆锣鼓》、《春江花月》、《中华武术》、《童心闪烁》、《体坛英姿》和压轴的《亚运之光》的精彩表演也赢得了外国朋友的关注。瑞士雷达表被用于亚运会指定计时。雷达公司56岁的迪逊先生对开场的安塞锣鼓表演印象深刻。他说："我不能说这是我所看到的开幕式中最好的，但它却是使我最受感动的。当那些来自中国边远地区的农民那样自信地敲起鼓时，我想起了我的父亲，

①此处参考刘济民、郑慧新、刘蓓：《北京亚运大观》，学苑出版社1990年版，第44—52页。

他也是一位农民”，“正像我理解我父亲在收获时的心情一样，我觉得我开始了解中国了，从这些让人一眼就能看出来是真正的农民的中国人身上，我看到了一种人类真正的本质，这种本质在很多人身上已经消失了，而中国人仍像他们的祖先那样保持着最初那种使他们，或者说是使人类不断有所收获的品质，这就是中国告诉我们的。当然，我们不会仅仅在3个多小时里真正懂得中国和中国人以及清楚他们对我们，对世界意味着什么，但有一点我想可以得到确认，中国人绝不想让世界误解他们”。印度报业的记者则称赞道：“这个有着不同于我们，更不同于大多社会的意识形态的共产主义国家在开幕式上没有让人感到咄咄逼人和显示某种让人难以接受的实力，相反，他们几乎用最古老的方式来表现他们自己，这使在场的中国人深受感动。”①

北京亚运会是中国第一次组织大型综合国际运动会，意义和影响巨大。它向全世界展示了北京这座城市与外界交流的真诚渴望，使1989年政治风波影响下的北京形象有了很大改观。更重要的是，通过北京这扇窗，中国重新得到了世界目光的瞩目，成功地向全世界展示了中华民族悠久、灿烂的文化和十年改革开放所取得的各项成就。日本《读卖新闻》在报道完亚运会后感慨道：“我们要重新理解中国。”②从国内来看，亚运会像黏合剂一样增强了国民凝聚力。为解决资金缺口，北京市政府曾向香港同胞化缘；同时，国内也展开了大规模的集资活动。全国捐款者达两亿多人次，各行各业捐款的热情高涨。另外，亚运会极大地增强了民族自信心。正因为有了此次亚运会的成功经验，中

①达阳：《我们要重新理解中国——外国朋友眼中的第十一届亚运会开幕式》，《体育博览》1990年第10期。

②达阳：《我们要重新理解中国——外国朋友眼中的第十一届亚运会开幕式》，《体育博览》1990年第10期。

北京亚运会吉祥物盼盼　　　中国奥委会主席何振梁迎接萨马兰奇

（图片来源：新浪网—新浪体育—中国亚运四十年）

国政府和北京政府才下定决心要把握契机争取2000年奥运会的主办权。虽然1993年北京与奥运会失之交臂，但蒙特卡洛的遗憾并未阻挡北京前进的步伐。20世纪90年代，北京以9.5%的年经济增长率高歌猛进。“翻天覆地”这一词汇在20世纪最后10年的北京有着最感性的表达。

（二）守不住的天际线——城市建设的提速

回首20世纪，跨世纪的最后10年无疑是北京城市面貌产生日新月异变化的划时代历史时期。随着经济实力的增强，北京人的热情逐渐转移到了城市规划方面。这一热情的助攻是1992年邓小平的南行讲话。虽赶不上沿海地区的发展速度，但得益于首都优势，20世纪90年代的北京正式步入巨变时代，呈现出帝都、新城的复杂面相。

这10年间，北京的旧城改造全面提速，新兴建筑层出不穷，就连“神州第一街”——长安街两侧也开始高楼林立，上演着中外建筑师之间的智力角逐。中国建筑师们在民族与现代之间徘徊，并努力保持一种平衡。这种平衡的集中展现是在现代建筑材料（混凝土、钢材、玻璃等）的外面拼贴一些中国建筑中的传统元素或概念，比如建于1994至1998年间的北京图书大厦。根据设计说明，四面突出的实墙如同传统牌坊中指向天空的石柱；东西斜面的延长线相交于主立面中部上方的屋脊线上，由此形成一面无形的山墙；复杂而碎片化的屋顶斜面则是传统“歇山”顶的局部。在设计说明中还可以看到，北京图书大厦采用了类似中国民居大门的传统装饰元素，以达到“现代生活、文化传统和地方特色”三者的有机结合。

中国国家大剧院经过半个多世纪沸沸扬扬的争论后，在1999年最终确定采用法国巴黎机场公司总建筑师保罗·安德鲁（Paul Andreu）的设计方案。这个被戏称为“大笨蛋”的现代建筑是一个巨大的钛金属玻璃壳体。虽然方案的公布引起了广泛的争论，但这个现代建筑还是在21世纪如期建成。长安街上在20世纪90年代竣工的现代建筑亦不在少数。中国工商银行（1994—1998），由SOM公司与北京市建筑设计研究院合作完成；中国银行（1996—1999），由贝聿铭事务所与中国建筑科学研究院合作完成；远洋大厦（1996—1999），由APEC/NB-BJ设计公司和机械工程设计研究院合作完成。以上3家外国设计公司全部来自美国，合作完成是因为当时法规的要求必须如此①。

天安门两侧的其他地区也经历着蜕变。马达罗的镜头见证着王府井的变迁——“1994年，王府井大街上东安市场被拆除了，1997年，它被改造成为一个新式大型综合商业中心。老北京的胡同，包括市中心的和郊区的商业地区，为了尽快修建21世纪的新首都，大部分都被

---

①此处参考于水山：《长安街与中国建筑的现代化》，程博、于水山译，生活·读书·新知三联书店2016年版，第242—293页。

夷为平地了”[①]。1996年到北京作交换生的欧逸文觉得“最好的建筑物之一是‘建国饭店’，建筑师自豪地描述它乃是美国加州帕罗奥图市的假日酒店的完美复制”[②]。

整个20世纪90年代，北京城中乡村般的宁静被现代化的突然提速渐次打破，到处是飞扬的尘土、高耸的塔吊、轰鸣的混凝土搅拌声，高楼大厦逐步突破新高。1985年，北京市出台《北京市区建筑高度控制方案》，提出以故宫为中心、分层次由内向外控制建筑高度。《北京城市总体规划（1991至2010年）》也强调控制建筑高度，保护历史文化名城。但这些规定就连北京城中心位置的建筑高度也未能阻挡住，如坐落于东长安街1号这一绝佳位置的东方广场东西绵延480米，高度接近70米；恒基中心则高达110米，是规划高度的两倍多。1978年，阔别祖国30年的贝聿铭站在景山上看到了被一片绿海覆盖的北京城。时隔两年，这一景象仍盘旋在其脑海。1980年，在纽约为清华大学访美代表团作演讲时，他仍无限感慨地发出赞叹——“现在看到的是多么壮丽的天际线啊”！1999年，与新华社记者王军回忆起往事时，他只能发出阵阵苦笑[③]。

2001年，20世纪90年代的“北京十大建筑”评选结果揭晓，北京恒基中心、新东安市场、首都图书馆新馆等当选。在这次评选中，“夺回古都风貌”已经成为了北京建筑的引导方向。可见，建筑业的现代化走在了最前端。20世纪结束前，从故宫开始，北京的大多数历史

①[意] 阿德里亚诺·马达罗：《一个意大利记者眼中的北京（1976—2008）》，陆辛译，人民出版社2008版，第72页。

②[美] 欧逸文：《野心时代：在新中国追求财富、真相和信仰》，潘勋译，台湾八旗文化出版社2015年版，第32页。

③此处参考王军：《拾年》，生活·读书·新知三联书店2012年版，第21—28页。

古建筑开始维修，但有一些地方（如马达罗镜头下的国子监街）暂时避开了现代化的狂风暴雨，虽然周边的高楼大厦已对其逐渐形成了包围之势。

宁静的国子监大街

工人们在故宫进行文物修复

（引自［意］阿德里亚诺·马达罗：《一个意大利记者眼中的北京（1976—2008）》，人民出版社2008年版，第147、155页）

对于新兴的现代建筑，赞赏者有之，异议者、痛惜者则更多。“如何将建筑文化遗产融入未来，如何将人性化特点融入当代建筑？”“这些问题在世界上任何一个高速全球化的国家都不可避免，当然在中国这样一个正在神速发展的国家就更加明显。”为揭开这些问题的答案，被誉为当代女“马可·波罗”的意大利人加博列拉·波尼诺在北京建外SOHO的工作室采访了在中国工作了10多年的意大利建筑师赛尔乔·乔孔蒂。乔孔蒂认为“北京是一座大实验室，是一块能使设计师拥有无限机遇，能充分发挥想象力的宝地”，“这里缺少的是对人类历史记忆的敏感性”。他重提20世纪50年代梁思成对北京城的设想，“虽然无法想象自己仍然住在胡同那些破旧房子里，但也是不容忽视的观点，将古老与现代融合起来，就像罗马那样。中国需要高度敏感性，要清楚地明白保存有代表性的建筑，利用其他建筑创造未来，新旧共存”①。

20 世纪是一个多变的世纪。北京，这座拥有 3000 多年建城史、800 多年建都史的城市，在 20 世纪可谓命运多舛。清王朝的终结、中华民国的起落、中华人民共和国的诞生、红色革命的幻灭、改革初期的懵懂、跨世纪的交互整合……北京城拖着沉重的步履在这个漫长的世纪中承受着一次又一次沧海桑田的变迁。在世纪末的 20 年，在全球化浪潮的袭击下，北京更是上演着翻天覆地的旧貌换新颜，旧日人烟稀少的穷乡僻壤成了人口喧嚣的居住新城，遍布城区的高楼大厦无不显露出北京从传统的农村社会跻身现代化大都市的艰难蜕变。

在新、旧更迭过程中，北京与纷至沓来的外来者之间发生着一场又一场或爱或恨的纠葛。虽然对这个城市乃至整个国家不甚了解，20 世纪 80 年代到京的外来者大多保持着对彼时北京相对清晰、客观的呈现。无论是斯蒂芬·斯彭德、阿瑟·米勒，还是马达罗、新井一二三，都用相对独立的、带距离的视角来看，来思考。在他们眼中，这片“未开化”的土地也好，“都市中的乡村”也罢，有着迫切改变现状的渴望，有着积极进取的激情。他们笔下的 20 世纪 80 年代北京展现着理想主义的双翼。1989 年政治风波一度使北京蒙上了意识形态的阴霾，北京亚运会谱写的激荡民族魂，再次改变了外界对中华民族的理解，激发了他们重新理解这个冉冉升起的亚细亚太阳的渴望。根据《北京统计年鉴》等有关数据统计，1995 年从北京入境的旅游者为 207

①[意] 博尼诺·加博列拉：《当代女“马可·波罗”的中国日志》，裘丽宁译，中国国际广播出版社 2011 年版，第 27—31 页。

万人次，1999年在京的外资企业职工则有23万之多[①]。北京以更开放的姿态向四面八方的来客敞开怀抱，并在外来者的无限感慨中呈现出帝都、新城的另一种时代风情。

## 第三节 2000年至今：新北京，新奥运

### 引言：新世纪、新机遇、新挑战

刚刚进入21世纪的北京，被申奥成功的巨大喜悦包围着。申奥口号的第一句即“新北京、新奥运”。“新北京”指在全国率先把北京建设成为现代化、国际化的大都市。“新奥运”则是指全面贯彻“绿色奥运、科技奥运、人文奥运”的理念，把2008年奥运会办成历史上最出色的一届奥运会。自申奥成功的那天起，北京便开始着手为奥运做准备，在城市建设、人文环境、对外交流等各方面快速、稳步、逐年推进，直到“在奥运期间即将笼罩北京的骄傲与轻松的情绪已经盎然于大街小巷，整整七年了，这座城市终于可以停止旷日持久的准备工作，享受这国际盛事带来的荣耀”[②]。2008年奥运会无疑是北京发展历程中的丰碑，是为中国、为世界和平发展而开启的“北京机会”，是开放后的北京迎来的一次世纪大考验。而这届奥运会以及北京城经受住了全

①此处数字参考首都经贸大学彭青云的硕士学位论文《在京外国人研究》(2010)。

②[美] 迈克尔·麦尔：《再会，老北京》，何雨珈译，上海译文出版社2013年版，第369页。此书曾获《华尔街日报》年度最佳亚洲图书。

世界的审视，被国际奥委会主席罗格称为“无与伦比的奥运会”，国际残奥委会主席克雷文也说这是“有史以来最伟大的一届残奥会”。

相比奥运盛事，2003 年的“非典”袭击就好像是一场为迎接奥运而对北京展开的适时考验。北京通过艰辛的努力通过了考核，并为接下来的奥运会储备了应对海外媒体的成功经验。随着 E 时代的到来，北京面临着更多的机遇和挑战。如何在与外界几乎零距离的同步发展中，展现古都新韵，这是后奥运时代北京的最大考题。

美国《财富》杂志 2011 年的评选结果显示，北京已经拥有了 30 家“世界 500 强企业”的全球总部，成为第二大“世界 500 强”总部之都。2015 年，北京在校高等教育外国留学生人数增加到 39017 人①。长期定居成为外国人在京的常态，并逐步形成了望京“韩国城”、五道口、使馆区等外国人的聚居地。这个时期，异域视野对北京的审视已不仅仅是流动的、短暂的、一时一地的，而是相对固定、长期、深入的体察。在诸多外来人士的笔下，21 世纪的北京更加鲜活，更加千姿百态，也更加矛盾与复杂。

## 一、2000—2008 年：再次成为焦点

### （一）非典考验——病毒与媒体的双重挑战

加博列拉在其《当代女“马可·波罗”的中国日志》中记录了“在 Sars 的日子”。“大概在 4 月下半月，北京病例开始急剧增加，大家都呆在家里，只在购买日用品的时候，戴着那‘闻名’的口罩出门。”

①2011 年数据参考《大城北京》（外文出版社 2013 年版）第 52 页，2015 年数据参考《北京统计年鉴 2016》（中国统计出版社 2016 年版）。

“焦虑在蔓延，特别是五一前后，日均报告新增100例以上病例：我记得那时候我去了一趟圆明园，寂静无比，尽管这并不让人讨厌……有一座皇家园林属于自己的，是不是很了不起？因为不能串门，北京人尽情使用手机交换祝福信息、单位里的Sars最新近况，互相鼓气，讲笑话。”“在政府采取的一系列预防措施的保证和鼓励下，人们开始恢复信心，又逐渐恢复骑车出行的老习惯。不建议乘坐公共交通和出租车，于是自行车销售一路飙升，还有私家车的销售，人们又恢复了在公园锻炼、清早在马路上散步的习惯。”5月份后，气温逐渐升高，日照增强，Sars病毒的滋生和传播得到了有效抑制。加博列拉描绘了那些从隔离区走出来的人们的喜悦。“迎接他们的是胡同、宿舍还有学校里的邻居献上的鲜花，他们的脸上是重获自由和摆脱危险的喜悦。Sars真正改变了人生的意义！”[①]

当时在北京大学读博的马来西亚留学生潘碧华[②]也亲身经历了这场抗击“非典”的战役。她在马来西亚《南洋商报》每周副刊上描述自己的感受道：“因为非典，北京革面洗心，商场、旅游地点、公共交通、街道都变得很干净，到处弥漫着消毒水的味道，北京民间和商家自动自发全城派免费纸巾，提醒居民不随地吐痰”，“经过非典，民间对自己的居住环境有了自觉的爱护，不再自扫门前雪，也是民心净化的好现象”。非典仿佛一面显微镜，暴露出许多长久不受重视的民生问题。它还改变了北京人的生活和观念，提升了北京人的社会责任感和

①［意］博尼诺·加博列拉：《当代女“马可·波罗”的中国日志》，裘丽宁译，中国国际广播出版社2011年版，第288—289页。

②潘碧华现为马来亚大学中文系主任，2002—2004年间在北京大学师从袁行霈先生攻读中国古代文学博士学位。其读博期间在《南洋商报》发表的文章后结集出版，题为《在北大看中国》。

公众参与度①。

在 2003 年乍暖还寒的春天，除了面临 Sars 病毒的考验，北京还接受了相伴而生的媒体挑战。5 月的前两个星期，国内外的新闻媒体展开了对非典铺天盖地的报道。不同于国内新闻对与非典勇敢搏斗的突出报道，西方媒体凸显的是对非典的恐惧。5 月 2 日，英国《经济学家》给毛泽东的脸上罩上了一个大口罩，封面标题触目惊心——萨斯病毒：会成为中国的切尔诺贝利吗？文章甚至将病毒的流行与中国政治制度相关联。5 月 5 日，美国《时代》周刊的封面是一面被肺部阴影遮挡的五星红旗，封面标题为“萨斯国家：这个传染病正在改变中国”。5 月 10 日，《远东经济评论》的封面是一张非典病毒侵蚀人体细胞的黑白照片，封面标题是“中国病毒”，其政治涵义显而易见。西方媒体的反应与 1989 年政治风波爆发时如出一辙。这种泛意识形态的报道显然是不客观的，但能引起强大的新闻效应②。

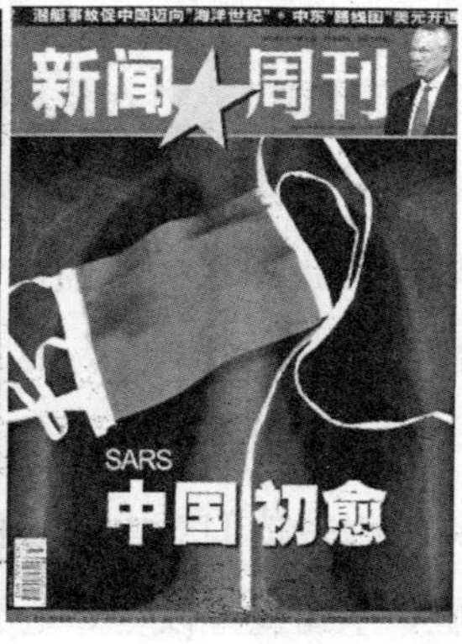


《中国新闻周刊》2003 年第 16 期封面　《中国新闻周刊》2003 年第 17 期封面

①［马来西亚］潘碧华：《在北大看中国》，兰州大学出版社 2005 年版，第 201、202 页。

②李希光：《恐惧来自何方？关于非典报道的媒体批判》，《新民周刊》2003 年第 21 期。

外媒的负面报道引起轰动与国内报道的不透明有很大关系。中华人民共和国成立以来，政府的惯例是不通报负面消息以稳定民心，新闻媒体也以宣传正面信息为主。在信息发达的21世纪，在外国媒体的冲击下，依旧如此显然会造成严重后果。2003年二三月份，政府对广东出现的Sars疫情并未重视，造成感染扩大，一时谣言四起。4月份，随着卫生部部长和北京市市长被撤职，信息越来越公开、透明。北京市政府主动、及时公布Sars疫情进展，积极应对Sars之外的媒体挑战。5月5日，北京的《中国新闻周刊》也将天安门毛泽东的巨幅画像作为封面人物，并以“北京之痛”为封面标题。5月19日，虽然非典大势已去，但第17期的《中国新闻周刊》仍发表《北京暂舒一口气》、《北京拉网》、《Sars打击下的中关村》等多篇文章反思这场战役的得与失。在美国主导的全球化传播中，北京媒体终于发出了自己的有力声音，以应对西方媒体的挑战。

（二）北京欢迎你——外国媒体的北京奥运报道

为了能够了解到奥运会项目专员对北京奥运会的印象，加博列拉联系到了北京奥运会和残奥会媒体技术项目负责人淡欣。淡欣认为，北京奥运会最大的意义在于成为中国和外国互相理解的一个契机，让外国人看到一个真实的中国，使“老外”们不再对中国社会的发展失望，也不再继续保持他们对中国的偏见。同时，正是因为和这些“老外”们的接触，中国也得以更好地了解西方的历史、文化以及西方人的思想意识①。

奥运前夕，诸多西方媒体对北京能否成功举办奥运会仍存在很多

①[意] 博尼诺·加博列拉：《当代女“马可·波罗”的中国日志》，裘丽宁译，中国国际广播出版社2011年版，第263—265页。

质疑，空气污染问题是关注的焦点。2007 年 8 月 26 日，美国《纽约时报》上的《北京的空气给奥运会提出了问题》一文指出："如果明年北京举办奥运会时北京的空气污染仍十分严重的话，对于马拉松运动员和其他耐力项目的运动员来说，条件将是非常糟糕的。"《华盛顿邮报》对一些国家推迟到北京的现象给予了报道，如 2008 年 1 月 24 日的《奥林匹克代表团为北京的被污染的空气做准备》一文指出："美国长跑运动员打算戴口罩。荷兰自行车运动员将在韩国训练。由于担心空气污染对成绩造成影响，奥林匹克运动员正采取'极端措施'，为北京的夏季奥运会做准备。许多国家的代表团正在邻近国家建立训练基地，打算在最后一刻飞往中国以最少地暴露在他们所说的有害环境中。"8 月 7 日，《华盛顿邮报》还报道了 4 位在首都国际机场戴防污染口罩的美国自行车运动员向中国民众道歉的新闻①。应该说，《纽约时报》和《华盛顿时报》对北京奥运会的关注点在西方媒体中颇具代表性，西方国家纷纷对北京奥运会投来或质疑或担忧的目光。

2008 年 8 月 8 日，当璀璨的焰火点亮北京的夜空，全世界的目光都凝聚在了这座古老而又现代的城市上。海外媒体对北京奥运会的开幕式表演交口称赞。英国广播公司（BBC）电视一台和欧洲体育台对北京奥运会开幕式进行了实况转播。BBC 主持人休·爱德华兹在开幕式实况转播中评论说，开幕式充分显示了中国人的自信和战略思维。欧洲体育台主持人在开幕式转播中说，北京奥运会的规模超出想象，它简洁、超常、令人惊叹。这场传统艺术与现代科技的光影表演，让外国媒体完全忘记了之前围绕着北京奥运的种种争议。英国 BBC 电台

①张颖：《美国主流报刊中的北京社会形象》，时事出版社 2015 年版，第 79、164、166 页。

甚至给出了8分的评价，并做出解释道："满分是10分的话，北京是8分。这并不意味着不完美，而是在中国人眼中，8是最完美的数字。全世界从未见过这么宏伟和充满人类智慧的开幕式，2008年的奥运会如此令人难以忘记。"①

奥运会开幕式

奥运会开幕式点燃火炬
（图片来源：百度图片）

①参见《外国人眼中的北京奥运会开幕式》，http：//group. mtime. com/crazy4movie/discussion/266990/。

北京的热情和友好也引起了西方媒体的关注。意大利《共和国报》说：“‘有朋自远方来，不亦乐乎’，这是中国向全世界发出的真诚邀请，即使面对很多并没有表现出友好的外国人，中国人仍旧伸出了双手。这就是今晚的北京带给世界的信息——这才是真正的世界和平。所有的争议，都在这个夜晚烟消云散。”① 韩国主流媒体《朝鲜日报》曾对北京奥运会志愿者作了长篇报道，文章中将大学生志愿者称为“鸟巢一代”。《纽约时报》则说：“中国的奥运志愿者向世人传达出了当代中国的形象：年轻、爱国、有激情并充满自豪感。”②

如果说开幕式带来了一场视觉盛宴的话，那么闭幕式就是奥运精神的狂欢。比赛中的紧张情绪在这里得到了充分的释放，成败已无所谓，跨越国界与民族的沟通才是北京奥运会最重要的成就。北京奥运会向全世界递交了一份令人满意的答卷。奥运会的胜利举办，使北京继亚运会后，再次成为全世界的焦点，并赢得了世界的感谢、尊重和认可。2008 年 8 月 16 日的《华盛顿邮报》指出，奥运会将使北京成为世界的中心。“现在每个人都在想北京，从普通人到明星。富有的中国人一直在举行迷人的招待会。举办奥运会期间，北京正陶醉在慷慨地展示资本主义和重商主义之中。作为中国的政治中心，北京一直落在财政中心上海的后面。现在北京是世界的中心。”③

---

①《外国人眼中的北京奥运会开幕式》，http：//group. mtime. com/crazy4movie/discussion/266990/。

②腾讯新闻《2008，中国志愿者感动世界》，http：//news. qq. com/a/20081205/002500. htm。

③张颖：《美国主流报刊中的北京社会形象》，时事出版社 2015 年版，第 132 页。

## 二、后奥运时代——北京文化的多维展示

### （一）会呼吸的痛——北京空气带来的困扰

初到北京的外来者，多对空气中的味道难以忍受。“那些细小的、粉状的、泥沙样的、灰白的、弥漫着的、挥之不去的北京粉尘，悄然潜落，无处不在，甚至金枪鱼罐头里面也有它们的踪影。”① 澳大利亚人塔尼亚·麦卡特尼随丈夫在北京生活了近4年，她记录了过山车一般、充满挑战的北京经历。

“如果用一种颜色来形容北京，那就是土黄色；用一种气味来形容，就是煤烟味。”“昨天，北京遭遇了几十年来最严重的一次沙尘暴。整整一天，眼睛都感到刺痛，鼻涕直流，嗓子发痒。尽管我们采取了措施，尘土飞扬的天空还是把家具、衣服、书、整个屋子都蒙上了薄薄一层赭色灰尘。所有东西都得洗，一切都有待整理。我诅咒风神埃尔罗斯。”②

奥运前后，北京在改善空气污染等方面采取了一系列措施。对此，外国媒体基本上都给予了客观评价。“去年夏天，北京尽力削减一些污染严重的工厂的排放量。……奥运会期间实行的限制措施部分持续下来。”③ 2009年10月17日的《纽约时报》指出，北京的空气质量在逐

①[澳] 塔尼亚·麦卡特尼：《北京太太——一次通往中国的奇妙之旅》，阚怀未、姚婧雯译，上海三联书店2016年版，第41页。

②[法] 文森特·海因：《云之东——一位法国作家的中国日记》，李焰明译，中国大百科全书出版社2014年版，第81、87页。此书记录了法国作家文森特·海因2005—2008年在中国工作、生活的经历。

③《华盛顿邮报》2009年4月5日报道，转引自张颖：《美国主流报刊中的北京社会形象》，时事出版社2015年版，第146页。

步改善，但是战争远没有胜利[①]。进入21世纪的第二个10年，雾霾超过肆虐的沙尘，成为北京空气新的困扰。北京市政府决定公布空气中PM2.5的含量。《纽约时报》对此加以追踪报道。2012年1月20日的《华盛顿邮报》描述了北京有雾霾的日子，“北京的一些航班被迫取消或者延误。由于能见度低，交通进一步堵塞，一些高速公路被关闭。父母让他们的孩子留在家里。居民竞相购买空气净化器和口罩。美国大使馆用装在楼顶的监视器检测空气质量，并且每小时都在推特账户Beijing Air上公布监测的结果。过去的几天，美国大使馆多次宣布北京的空气是‘危险的’”。“从技术上说，空气中的物质是‘细微颗粒’，被美国环境保护局定义为来自汽车、发电厂的灰尘、烟灰和烟。首都的北部和西部都有山脉，所以，只有强风才能将雾霾吹到东部。”[②]

雾霾不仅是国外媒体关注的焦点，也让在京的外国人不堪其扰。20世纪90年代初，宋勋千被外派到北京设立韩国现代汽车公司中国代表处时，曾因北京生活贫苦而领取丰厚的“艰苦地区补助”。如今，一些外资企业开始支付在京外籍雇员“危险津贴”。英国《金融时报》把北京的雾霾天气形容为“空气末日”。雾霾使后奥运时代的北京国际形象大打折扣。虽然国内的巨大商机以及北京文化生活的丰富多彩仍吸引着大量外国人前来，但也的确导致许多人望而却步，甚至北京居民中也有许多逃离北京的现象。雾霾北京为外国人、外地人所诟病，是身处其中者难以言说的痛，让人感觉到狄更斯小说《荒凉山庄》描述伦敦雾那种“沁入人心深处的黑暗”。

雾霾的影响是多方面和深远的。为有效治理空气污染问题，中央

---

①张颖：《美国主流报刊中的北京社会形象》，时事出版社2015年版，第83页。

②张颖：《美国主流报刊中的北京社会形象》，时事出版社2015年版，第147页。

和北京市两级政府采取了一系列措施，如工业结构调整、改善农村清洁能源、车辆限行、推广能源汽车等。2017年年初，“跨年雾霾”再度侵袭北京，这次雾霾历时更长，范围更广。1月7日，北京市政府召集了由环保人士、网络大V、媒体代表、普通市民等参加的座谈会。会上，北京市代市长蔡奇汇报了近几年的治霾战略，指出全市PM2.5年均浓度和重污染天数同比都有所下降。但如何根治雾霾？如何解决数据与实际感受之间的反差？参会代表纷纷出谋划策。北京市政府、民间组织及社会力量为治霾所做出的努力得到了外国人的肯定，但摆脱“雾都”恶名、打造绿色生态宜居城市，北京尚有很长一段路要走。

（二）古都的“再见”与“再现”——时代变迁中的得与失

2005年8月，迈克尔·麦尔搬进连接大栅栏和琉璃厂东街的老胡同——杨梅竹斜街[①]的一个大杂院并一住近3年，亲眼见证了奥运前夕大栅栏周边地区的变迁。

令迈克尔·麦尔“一见钟情”的北京，在其笔下充满矛盾。“这种时光停滞的错觉让人心中十分舒畅。教室里没有时钟，而窗外的景色就好像时间不会流逝一样。一片青砖碧瓦的斜屋顶静谧安详，而学校四层楼的教学楼就成了这一带最高的建筑。从教室看出去，学生们能一眼看到我住的四合院，书店，派出所，还有附近清真寺铺着碧绿瓷砖的塔状尖顶，我们能看到前门城楼上的飞角檐梁，以及人民大会堂顶上一排迎风招展的红旗。纵横交错的斜街和胡同两边种满了白杨、三角叶杨和松树；四合院里则常见柿子树、枣树、李子树、樱桃树、山楂树和胡桃树。即使是在微凉的早秋，俯身望去，也是一片灰色屋

①杨梅竹斜街是前门地区的四条斜街之一，是清末和民国时期京城最重要的出版商业街。

顶与绿色树叶交织成的海洋。”迈克尔・麦尔在杨梅竹斜街仿佛寻找到了旧时光，然而“那只‘无形大手’可能随时降临，将一切化为瓦砾场”，“看得更远一些，就会发现，我们所居住的地方成了一座不断缩小的孤岛，现代化的写字楼和公寓楼正逐渐取代胡同的位置，从各个方向蚕食这个老社区”①。

迈克尔・麦尔以旁观者的身份记录着胡同深处的生活和胡同居民在北京这次拆迁洪流中的命运走向。他笔下的北京胡同洋溢着鲜活的气息，但这种“接地气儿”的市井生活即将随着拆迁而消失。正如译者何雨珈所言，迈克尔・麦尔的《再会，老北京》是一封写给老北京的忧伤情书。走在前门大街一栋老楼拆迁现场，迈克尔・麦尔看到一块广告板上写着一个口号——“再现古都”。再次路过时，口号被人悄悄改成了令人心中一痛的“再见古都”。另一位曾有过胡同生活经历的加博列拉在其《当代女“马可・波罗”的中国日志》中也叹息地写道：“永别了，我的胡同。”

胡同不完全代表古都北京，但胡同中有着抹不去的城市历史记忆。正如铁凝在《永远有多远》中所言，“北京若是一片树叶，胡同便是这树叶上蜿蜒密布的叶脉。要是你在阳光下观察这树叶，会发现它是那么晶莹透亮”②。在叶脉里穿行，才能深切感受到整座城的生命。在北京这场 800 年一次的再建与重生的循环中，我们缺乏的是乔孔蒂所说的城市建设中“对人类历史记忆的敏感性”。2000 至 2002 年，北京拆除的危旧房总计 443 万平方米，相当于前 10 年的总和。2003 至 2005 年，旧城内的胡同已从 1571 条减至 1353 条，两年内共减少 218 条，

①［美］迈克尔・麦尔：《再会，老北京》，何雨珈译，上海译文出版社 2013 年版，第 21、22 页。此处的学校指迈克尔・麦尔作为志愿者执教的炭儿胡同小学。

②铁凝：《秀色》，河南文艺出版社 2014 年版，第 1 页。

年均减少 109 条[①]。随着天际线的日新月异和胡同四合院的悄然消失，北京高歌猛进的城市改造是否需要更加呵护历史？在追求现代化、国际化的过程中，如何保有或展现城市独有韵味，走出千篇一律的大都市想象？这成为北京城市发展中必须面临的抉择。

21 世纪以来，北京在保存古都面貌方面并非毫无建树。2005 年版的总体规划无疑是对过去半个多世纪以来北京在老城上建新城所积累的问题的一次重大战略调整。规划明确规定：重点保护旧城，坚持对旧城的整体保护，停止大拆大建。这种努力也得到了外来目光的关注。“即便如此，北京在忙于拆迁胡同社区的同时，也在加速修复一些老建筑。”“钟楼和鼓楼都进行了修复，中轴线最南端的塔楼也缩减规模进行了重建。工人们讲，旧城已经被填平为街道的菖蒲河重新开挖，把储藏全国游行庆祝装饰品的仓库清空，沿河修建起了菖蒲河公园。旧城后海边的古老商业胡同烟袋斜街上，简陋衰朽的刺眼危房被拆除了。西鼓楼大街进行了修缮，但并未进行拓宽，这也使得大街上历史悠久的洋槐树可以继续洒下浓荫。”究竟什么东西值得保护？迈克尔·麦尔提出了自己的隐忧——“更为举步维艰的是说服局外人来保护一种无形的社会机构”[②]。看着即将改造完成的前门大街，他感觉是“虚假的电影布景”，尽管也有匠心独运的设计，比如鸟笼状的街灯，比如每座楼上挂着的原来建筑的黑白照片及过去的门牌号。真正让他念念不忘的是尚未拆迁的胡同，“这里仍有着一种古老的味道，各种旧时的营生照常进行。胡同里的旅社、商店、餐馆、澡堂和网吧吸引着游客与住

①数据内容引自王军：《拾年》，生活·读书·新知三联书店 2012 年版，第 11、36 页。

②[美] 迈克尔·麦尔：《再会，老北京》，何雨珈译，上海译文出版社 2013 年版，第 130、131 页。

户，熙来攘往，好不热闹”。“我并非想念那些摇摇欲坠的建筑，而是想念贯穿于胡同之中，鲜活而又濒临消亡的生活方式。”①

前门大街大拆大建的得与失，受到很多文化名人的关注。著名作家邓友梅就提出要以前门为鉴，更深层次地认识保护城市记忆的重要性，做到城市发展与文化保护传承的双赢。稍后的南锣鼓巷改造，应该说是保存北京古都风貌较为成功的案例，但熙熙攘攘的人群、浓重的商业氛围遮掩了真正的北京味儿。从2016年4月25日起，南锣鼓巷宣布暂停接待旅游团队并主动取消了3A景区称号，希望借此寻回一些巷道的宁静。

在迈克尔·麦尔离开杨梅竹斜街5年后，西城区政府开始对其实施腾退改造，虽然只有短短的496米，斜街仍是“大栅栏更新计划”的重点项目。不同于以往改造模式的是，此次改造对原有居民实施自愿腾退政策，1700户居民中只迁出529户，对选择留下的1171户实施“平移试点”，即将部分分散居住的合并到炭儿胡同的一处院落内居住，将空余出的地方用来建公共厨房、厕所、便民菜站等生活设施以改善居住环境。另外，专门辟出20多座院落引进一些文化创意机构，带动旅游和商业，并且修复了部分历史建筑，如青云阁（清末民初北京四大商场之首）、模范书局等。斜街31号的模范书局带着民国时期“生”报社、“彝宝斋南文具店”旧址等诸多历史记忆，在改造过程中保留了胡同里的文化氛围。书局老板是酷爱古刻字雕版的诗人姜寻，书局所售图书在阅读的同时亦可收藏。这种有机更新的模式相比前门大街、南锣鼓巷，可谓对历史街区一种较为理想化的保护，不再徒有其形，

①［美］迈克尔·麦尔：《再会，老北京》，何雨珈译，上海译文出版社2013年版，第22、365、350页。

而是能看到街巷的原有肌理，最大限度地呈现了胡同的市井气，留存了城市的灵魂。

模范书局

杨梅竹斜街的人家

北京古都风貌的再现同样不乏“老外”们的努力。1996 年，走进孔庙附近一条胡同的日本人岩本公夫被一对门墩深深吸引。自此，他开始了对门墩资料的整理和研究，并自费出版了《北京门墩》一书，对北京门墩的历史、造型与纹饰的寓意及艺术价值进行了深入的研究，北京门墩开始进入国内研究者的视野。日本人阿南史代在 20 多年的时间里，调查研究北京的历史遗迹、古老村落。当发现多数遗迹渐已消失时，她将注意力转移到了生命力更久远的古树上，开始遍访北京的古树名木，并出版了《树之声》、《寻访北京的古迹：古树・雄石・宝水》等书。在阿南史代的视野中，胡同消失了，熟悉的路被拓宽了，那些诉说着过往兴衰的老槐树却依然点缀着今日的风景。

近几年，疏解非首都功能、推进京津冀协同发展的有力尝试，无疑是北京发展进程中一项利在当代、功在千秋的举措。自中华人民共和国成立以来，北京被赋予了太多功能，在有限的土地面积上进行无限制的叠加，这座历史名城早已不堪重负。正如梁思成在 20 世纪 60

年代所预言的，“城市是一门科学，它像人体一样有经络、脉搏、肌理，如果你不科学地对待它，它会生病的。北京城作为一个现代化的首都，它还没有长大，所以它还不会得心脏病、动脉硬化、高血压等病。它现在只会得些孩子得的伤风感冒。可是世界上很多城市都长大了，我们不应该走别人走错的路，现在没有人相信城市是一门科学，但是一些发达国家的经验是有案可查的。早晚有一天你们会看到北京的交通、工业污染、人口等等会有很大的问题”①。疏解非首都功能、促进核心功能提升，是对当年梁思成先生这番话的反思，是对北京“都”与“城”关系的重新认识，是舍中求得、以减促增的断腕改革，是北京从“集聚资源求增长”向“疏解功能谋发展”的转型。通过功能的疏解，相信未来的北京会更加身强体壮，步入均衡、协同发展的新阶段。

（三）做个北京客——在北京的不同体验

美国人白立文在其《大城北京》中列出了在北京必做的 8 件事：第一，细品京腔京韵——韵味十足的老舍茶馆是来访的国家领导人和其他知名人物时常造访的地方，在这里可以欣赏到令人陶醉的表演；第二，品茶；第三，努力砍价；第四，与心灵的对话——去神圣的殿堂雍和宫参观；第五，参观国家大剧院；第六，购买老式的宣传品；第七，登上长城；第八，品味现代化的动力——去参观 798 艺术区②。在白立文向北京的外来客们强力推荐的 8 件事中，既有传统北京的体验又有现代艺术的展示，既有视觉享受又有味觉诱惑。

北京的饮食，以其得天独厚的首都优势汇聚八方，包罗万象。这

①王军：《拾年》，生活·读书·新知三联书店 2012 年版，第 29 页。

②[美] 白立文：《大城北京》，耿芳译，外文出版社 2013 年版，第 166 页。

一点也得到了外国人的喜爱。在北京已居住 20 年、以经营餐厅为业的韩国人宋勋千在其《北京记忆》中写道："北京是美食爱好者的天堂，是汇聚天下美食的地方。北京不仅有各地的美食，还有世界各国的美食"，"中国的地方料理各具特色，包括北京菜、川菜、粤菜、鲁菜等。要想吃到味美价廉的中国各地料理，就去位于各省政府北京办事处大楼的餐厅"①。

作为"廊房二条的老街坊"，迈克尔·麦尔最爱光顾的餐馆专做褡裢火烧，"那是一种油炸的饺子，形似过去装硬币的长方形零钱袋，两端'缝'紧方便装馅儿"。夏天，迈克尔·麦尔喜欢吃韩国冷面。在室内呼吸都有可能凝结成冰的冬日里，"最受欢迎的舒服吃食则是热腾腾的涮锅"。他的涮锅体验更是美妙至极——"涮锅升腾的烟雾蒙上餐馆的窗户，将食物围绕在一片温暖的云雾中，简直让人不亦乐乎，忘记今夕何夕"②。

对于得知即将前往北京就心惊胆战的塔尼亚·麦卡特尼而言，初到北京的挑战之一就是饮食。然而，3 年半之后，"我们的味觉——像是味觉的大陆漂移，渐渐从澳大利亚漂向中国。我们的口味已经变成……中国的了？""对我们而言，gong bao 鸡丁、北京烤鸭以及冰糖葫芦简直无与伦比——全是孩子们的最爱。此外，我们还渴望葱油饼、卤水豆腐以及热气腾腾的火锅，锅内翻滚着的藕片、煮肉片以及金针菇。这一切，连同小巧的 baozi（包子）和 bing（鸡蛋饼），已然成为

①[韩] 宋勋千：《北京记忆——一个韩国家庭在中国的 20 年》，世界图书出版公司 2015 年版，第 191、192 页。

②[美] 迈克尔·麦尔：《再会，老北京》，何雨珈译，上海译文出版社 2013 年版，第 75 页。

我们生活的一部分。”① 尽管仍然享用家乡美食，麦卡特尼太太一家却开始入乡随俗，以北京当地饮食为主，并随着时节的更替，沉浸于中国的地方风味，心中甚至还有了淡淡的隐忧——“当我们回到澳大利亚，又该如何应对对另一种饮食的强烈怀念呢？那是对中国风味的强烈怀念”。

北京鲜明的四季也深深吸引着北京客们。从常年皆夏的热带国家来到四季分明的北京，季节的转换、气候的变化令马来西亚留学生潘碧华惊叹不已。“以前读过古代文学作品对景观的描述，在冬天的第一场飘雪、春花的怒放、夏荷点点以及秋天的萧瑟中得到了心旷神怡的印证。有时行走在未名湖畔，见杨柳低垂、湖波荡漾，行人三三两两，只觉得天地间的灵修都在这里了。我何其幸运，能够在这里随意徜徉。”②

“冬天，除了寒冷外，对于我来说，是北京最好的季节。老年人和年轻人可以晒太阳，从事新的娱乐活动，在百年柳树点缀下的北海冰冻湖面上滑着冰车。”③ 虽然住在冰窖一般冷的胡同里苦不堪言，冬日的北京仍是迈克尔·麦尔的最爱。“我喜欢在前海滑冰，那样可以将钟楼和鼓楼尽收眼底。”“在这里的每个冬天，我都和同一群北京本地人打冰球。我们只在圣诞节与标志农历年开始的春节之间那个月见面，在冰上一场鏖战。这是另一种北京式友谊，没有人情世故的压力，也

---

①［澳］塔尼亚·麦卡特尼：《北京太太——一次通往中国的奇妙之旅》，阚怀未、姚婧雯译，上海三联书店2016年版，第417页。书中即有拼音。

②［马来西亚］潘碧华：《在北大看中国》，兰州大学出版社2005年版，第1、2页。

③［意］阿德里亚诺·马达罗：《一个意大利记者眼中的北京（1976—2008）》，陆辛译，人民出版社2008版，第166页。

不用讲究什么礼尚往来。”①

“这东西传到我孙子手里肯定是古董。”白立文见到了刚从潘家园淘宝回来、抱着花瓶的法国小伙亚克。亚克在什刹海大金丝胡同12号的“北京人家”已经居住了快一个月。“这是一套非常传统的四合院，青砖黛瓦的平房，树影婆娑的小院，再加上缸里的小鱼，很有些世外桃源的感觉。”亚克到北京是为了学习汉语，他住在“北京人家”，每天和房东聊天，早上在什刹海散步，和老人们说说话，体验着真正的“京味儿”②。

这样的北京吸引着越来越多的北京客“却将异乡作故乡”。在北京的常住人口当中，外籍人士日益增多。白立文介绍了来自以色列却自称“北京人”的高玲（Gal Ziberboim）。高玲2008年从北京语言大学毕业后，应聘到北京广播电视台外语广播主持节目。在她的眼里，“北京很特别，它不像欧洲、北美或其他地域的任何一个城市。比如上海就和香港有相似的地方，广州和深圳甚至相邻的东南亚的一些城市有相似的地方，可北京就是北京，只是北京，她真的与众不同”③。古老与现代交织，这是当下北京的独特之处。在北京，距离传统的东西永远不会太远，前卫的因素亦随处可见。不同的时代留下不同的痕迹，变迁乃时代使然，风情却是历史永恒。

21世纪的北京城市面貌可谓日新月异，并向着现代化、国际化的方向迅速迈进。在这场后现代世界的现代化追赶过程中，在日益全球化的大背景下，一方面，北京以其无所不容的姿态令异国他乡的“老

①[美] 迈克尔·麦尔：《再会，老北京》，何雨珈译，上海译文出版社2013年版，第75、76页。

②[美] 白立文：《大城北京》，耿芳译，外文出版社2013年版，第82页。

③[美] 白立文：《大城北京》，耿芳译，外文出版社2013年版，第36页。

外”们流连忘返；另一方面，其快速发展中新旧交错的矛盾与烦恼又促使这些异域视野保持一定距离的审视，有埋怨，有担忧，有困惑，有不舍。无论如何，21世纪以来的北京国际形象中注入了更多、更深的情感因素。“我对北京的感觉，一个词可以概括，那就是：一见钟情。”①“北京真是令人迷恋的地方。很多人说，身在北京时，你会有很多埋怨，一旦离开北京，你便会时时想起北京的人与物。我想我会怀念北京，一如许多曾经在北京居住过的人。”②

这种情感投入迥异于古代、近代外国人“如梦一般闲散舒适”的大都或北平体验，也有别于20世纪八九十年代改革开放初期“调节西方生活”的隔岸观花，或“不战而胜”的官方意识思维形态，更多的是一种带有体温的贴近。外国人开始近距离地融入北京，感受城市中的喜乐悲苦，并且因为身处异乡的缘故，面对差异时更为敏感，更能用全新的目光去审视我们所习焉不察的事物。这种带有情感并保持冷静距离的视角，在某种程度上和作家兼民间文化保护主义者冯骥才的“两脚论”不谋而合。“真正了解一个地方，必须要‘一脚在里，一脚在外’。如果两脚都在外面，你传播的有可能都是不实之词。如果两脚都在里面，你也许就不能纵观全局。”③

或许，初来时心惊胆战、告别时已自诩为“北京太太”的塔尼亚·麦卡特尼的告别辞是21世纪北京国际形象比较理想的总结吧！“我会怀念，胡同深处，身着背心的老人们摇着蒲扇，脸上刻着不为人知

①[美] 迈克尔·麦尔：《再会，老北京》，何雨珈译，上海译文出版社2013年版，第13页。

②[马来西亚] 潘碧华：《在北大看中国》，兰州大学出版社2005年版，第346页。

③[美] 迈克尔·麦尔：《再会，老北京》，何雨珈译，上海译文出版社2013年版，第212页。

的岁月及其喜怒哀乐。我会怀念，竹制的婴儿车里，胖胖的光头宝宝们穿着开裆裤，家族的命根宝贝或隐或现。我会怀念，小巷中，摊贩轻缓柔和的叫卖声飘上高楼。我还会怀念令人上瘾的街边小吃、北京的超级饺子、堆满新鲜农产品的市场，以及踩着三轮车进城卖坚果、瓜子、水果以及瓷器的乡村农民。”“并非一帆风顺。与你一起的日子也曾令人沮丧、令人恼怒而且充满挑战。但是，这种经历也开阔了我的心胸，助我认识你的文化与精神，让我学会宽容与理解，也许还培养了一点儿耐心。所以，中国，我要感谢你。”①

①［澳］塔尼亚·麦卡特尼：《北京太太——一次通往中国的奇妙之旅》，阚怀未、姚婧雯译，上海三联书店2016年版，第490、491页。

# 第五章

# 『海外』华人作家与北京国际形象建构

## 第一节　“海外”华人作家的北京体验和想象概述

需要特别说明的是，本章所谓的“海外”华人作家，乃是“中国台港澳暨海外华人作家”的一种简略表述而已。“海外”这一语词在不同的历史时期有着不同的具体含义。早在中国古代典籍《尔雅·释地》中，就有“九夷、八狄、七戎、六蛮，谓之四海”的说法，那时的“四海”不仅包括“中国”，还囊括了“夷”、“狄”、“戎”、“蛮”等中国以外的地方，几乎涵盖了古人视野所及的整个世界。照此逻辑推断下去，“海外”则是指比“夷”、“蛮”等荒远之地还要偏僻遥远的“世界之外”，所以才有了“四海之内皆兄弟”、“海内存知己，天涯若比邻”一类说法。但“海外”因为处在遥远的世界边缘之外，则不可能会有兄弟和朋友。近现代中国社会由于受到西方文化的影响，常常将“海外”与“境外”乃至“国外”相提并论，但事实上它们不能完全等同。例如在20世纪五六十年代，那时的人们如果有“海外”关系，常常被视为政治污点和道德禁忌。而那时的“海外关系”，是包括中国台港澳地区的亲属关系的。改革开放以后，逐渐消除了“海外”与“海内”之间的紧张对立关系。随着中国香港、澳门的顺利回归及海峡两岸之间沟通交流的便捷，它们早已由原来的“海外”转化为了“海内”，于是才有了“中国台港澳暨海外”的固定语词。笔者完全认同这一说法只是出于行文的方便，同时也试图强调一下因各种原因流散到中国台港澳乃至世界各地的广大华人作家之间的交流沟通乃至整合，以及他们与中国内地之间有所区隔的那种“既内且外”、“亦内亦外”

的文化心理空间的独特意义和作用。而这又与华夏民族尤其是近现代中国的文化流散、家国离散息息相关。

倘若将近现代中国社会比喻为一部渐次展开的历史画卷，那么，北京在这宏大的历史画卷中，无疑占据着显著乃至中心的位置。一个个翻天覆地、惊天动地的重大历史事件，一幕幕精彩绝伦的历史活剧，先后在这里上演并迅速波及全国乃至海外。北京几乎浓缩了中国各地的主要社会历史特征和文化政治景观，它既是古代中国与现代中国的一个象征，也是当代中国国家形象的集中体现，更是国际社会观察中国的关键性“视窗”。“以北京观察中国”往往成为外国使节、外国游客或普通民众的不二选择，“以北京想象中国”也已然是中西文人和海内外华人作家惯用的“思维定式”。他们通过各种记述、回忆和想象建构的那个历史的或文化心理的“内在北京”形象，甚至比现实中的北京城还要丰富多彩、神秘伟大、魅力无穷。

尽管如此，早期的中国海外移民主要出自粤、闽、浙等南方沿海地区，他们的故国情怀和家国想象，往往围绕着自己的一方故土家园展开，与雄踞北方的国都北京似乎不相干。真正对北京“感兴趣”并通过作品对其加以表现的，主要是那些充满“家国大义”情怀或在北京有具体生活经验，尤其是经历了沧桑离乱、社会变迁的上层文人和精英知识分子，而且主要集中在19世纪末期以来的近现代社会。自19世纪中期开始，发生在北京的每一次重大事变——英法联军火烧圆明园、八国联军对北京的侵略、清帝逊位和袁世凯在北京就任中华民国大总统、卢沟桥事变和全面抗日战争的开始、1949年中华人民共和国成立并定都北京等等，都导致了大批文人雅士和海内外知识分子大规模的离散与聚合。正是在一次次的“南下”与“（现实的或想象的）北上”中，海内外无数文人作家留下了大量“出北京记”、“回北京记”、

“过北京记”和“念北京记”，集中折射出近现代文人在流亡与回首、放逐与回归，乃至理想与现实之间的复杂纠结。20 世纪，不少中国台港澳暨海外文人作家，敏锐意识到了“北京”的文学富矿特质并加以开掘。他们常常以“小说家言”的形式，借着北京“说古道今”，将这座城市的兴衰变迁、普通市民的命运起伏和整个国家民族的艰难转型融为一体，把血雨腥风的政治斗争和招人耳目的“宫廷秘闻”混为一谈，其中不乏道听途说、“添油加醋”的夸大和虚构，却在虚虚实实之间以“北京记忆”书写着独具特色的“中国记忆”，以“北京叙事”讲述着最为经典的“中国故事”。无论是林语堂的《京华烟云》、林海音的《城南旧事》，还是梁羽生的《龙虎斗京华》、高阳的《八大胡同》和《小凤仙》、李敖的《北京法源寺》，以及近年才进入国内读者视野的熊式一的《天桥》、柳存仁的《大都》等等，无不在“想象北京”与“想象中国”、“传奇北京”与“审美中国”之间达成一种特殊的关联，由此形成了现代中国文学史上一道靓丽且绵延不绝的“风景线”，建构了一个博大精深、美轮美奂的艺术世界。

纵观 20 世纪“海外”华人作家的北京书写、北京记忆和北京想象，既与社会时代的沧桑剧变息息相关，又具有鲜明的时代特征，时代性和历史性特征非常突出。笔者认为可大致划分为晚清民初、抗战时期、20 世纪四五十年代、“文化大革命”前后以及中国大陆改革开放的社会主义新时期等几个明显的历史阶段。下面分别论述之。

## 一、晚清民初的海内外文人流离与北京记忆

清末民初是中国社会最沉重的时代，也是中华民族内忧外患、危机四伏的特殊时代。此时的有识之士纷纷诉求于西学，希冀从中获得

强国富民之道。有人则从祖国的“边陲”地区涌向当时中国的政治文化中心——北京，试图力挽狂澜于“大厦之将倾”，在皇城根儿施展自己的政治抱负。而当他们眼睁睁地看着自己的努力纷纷化为泡影之后，又不得不选择远离京城，或为躲避灾祸，或者奔赴异国他乡，进一步探寻救国救民之新径。其中的代表人物，包括近代著名改革家和社会活动家容闳，台湾著名作家许南英、张我军等等。容闳于 1828 年 11 月 17 日出生于广东省香山县南屏乡一个贫苦的耕渔家庭，自小受到良好的西学教育。1863 年，容闳在老朋友的推荐下见到了“中兴名臣”曾国藩。曾国藩为了引进西方科技，授予容闳五品官衔，并让他到海外置办新型机器。这既成就了容闳引进西方科技教育理念的理想，也促成了曾国藩的西洋机械厂的建成。1872 年夏末，北京翰林陈兰彬和容闳共同主持并带领中国的第一批官费留学生赴美留学。这些留美学生的情况由委员向北京与李鸿章汇报。最后一批留学生于 1875 年秋天到达美国。这些留美幼童到美国后，系统学习了美国的语言、科学、思想、艺术、礼俗等西方知识，为后来中美文化交流和祖国的科技发展做出了不可磨灭的贡献。容闳于 1909 年用英文创作的《西学东渐记》，从阐述其教育经历始，至戊戌变法失败终，涵盖了半个多世纪的人世沧桑与中国的重大历史事件。其中关于北京的书写侧重于他所参见的曾国藩、丁日昌、李鸿章、张之洞等晚清的政要人物，以及受曾国藩之命为祖国购买新式机器并实现其西学教育计划，还有努力通过北京政要们来达成使腐败的晚清转为富强、独立、自主的新型政府的愿望。至于北京这座城市留给他的印象，基本上是以负面为主：

> 北京可以说是一座极为宽阔的大城市，高级官员的住所互相之间距离很远，到处走访，唯一的交通工具就是骡车。这是一种极笨重的运输工具，紧靠车身下是一根没有弹簧的车轴，轴的两

端是两个沉重的车轮。车走起来，颠簸摇晃不止。这些车辆行走缓慢，再加上北京的道路年久失修，坑洼不平，可以想象当年旅行是什么滋味！路上的尘土和刺鼻的气味令人感到可怕。灰尘完全是粪便磨成的，漆黑如墨。成千上万的骡车把这些骡粪研磨成极细的粉末。这些黑东西到处飞扬，眼睛耳朵都充满了黑尘土，而且深深渗透到皮肤的毛孔里，使人无法一次洗净。为了防御尘土，颈项、头上和双手都必须带上风帽手套等等。水是咸的，不容易洗净污浊，使住在北京的人感到格外不舒服①。

作为一名南方人，长期生活在气候湿润的广东，来到时常尘沙飞扬的北京，产生不适感自然是正常的。总的来看，历史先行者容闳的北京之行和记述，始终充满一种“有心报国，无力回天”的辛酸。后来他虽入美国籍，却至死有一颗“中国心”。相对而言，又有什么比许南英在甲午前多次“进京赶考”，甲午后先是从中国台湾逃离到大陆内地，后又流落到苏门答腊，却在“（被）放逐出都”与“出国”途中的频频“望京”，更令人感叹呢？许南英是晚清民初时期著名的台湾诗人，与同时代的台湾乡绅丘逢甲齐名，是现代著名作家许地山的父亲。北京之于许南英，是赋予其政治身份与名声的政治权力机构所在地。他出生于1855年，为清光绪五年（1879）秀才、光绪十一年（1885）举人，后到北京进行会试。对于许南英来说，千里迢迢从祖国的边界到祖国的中心北京参加会试，只希望清政府授予其名声与身份就满足了。所以，到北京参加会试的他只是为了得其名而已。但刚直的性格使他两次未被录取，他深感悲愤但态度坚强。其诗歌《被放出都》曰：

①容闳：《西学东渐记》，王蓁译，中国人民大学出版社2011年版，第123—124页。

扪心自觉此心平，自古文章有定评。不信再来犹有望，依然两度未成名！计偕远道悲翁子，对策伤时笑贾生。甚欲邯郸寻梦去，人间无枕可通灵①！

许南英1885年中举人之后，于光绪丙戌年（1886）初到京城参加会试，因直陈时弊而落榜，心中愤感不平，以贾生自喻受人忌恨，感叹其忧国忧民的美德得不到赏识。诗人虽然愤怒但仍怀抱希望。许南英3次赴京参加会试，最后一次于光绪十六年（1890）中恩科进士，成为台湾历史上第25位进士。他的这一经历在许地山的《窥园先生诗传》中也有提及："光绪丙戌初到北京会试，因对策陈述国家危机所在，文章过于伤感，考官不敢录取。乙丑年再赴试，又因评论政治得失被放。隔年，中恩科会魁，授兵部车驾清吏司主事职。先生的志向不在做官，只望成了名，可以在本乡服役。他对于台湾的风物知道很多，绅民对他也很有信仰，二十月间他便回籍服役。"经过三次努力，许南英才圆他的人生理想，而这一理想的实现是北京清政府赋予他的。有了北京清廷的御旨，他在乡里做实事才有说服力，才能在传统社会里得到认可。1894年春，许南英被聘为台湾通志局协修，负责编撰台湾通志中的台南部分。他在乡里服役的安稳日子，却在中日战争中化为泡影。

从追求功名到回乡服役，从甲午战争后到大陆担任地方官员，再从大陆两次到大苏门答腊，都体现了许南英的流离特征与对家国的情感。所有这些都记录在其《窥园留草》诗集里。可以说，该诗集既是对国家时事的描述，也是诗人自身经历的记录。所以，该诗集具有史

①许南英撰，许赞堃编，黄典权点校：《窥园留草》，台湾龙文出版社股份有限公司1962年版，第20页。

诗的特征，是诗人时代意识的体现。许南英之于北京的关系是一种政治与身份的诉求，同时也是一种改革与革命的要求，更是一种对国家强大、繁荣的期盼。

## 二、抗战时期“南迁”文人的北京情怀

抗战时期是海内外华人作家关于北京的各种记述和记忆达到“高峰”的又一历史时期。北平的沦陷虽不如当时的首都南京被攻陷时那样惨烈，但无数被迫从北平流落到大后方乃至海外的文人作家的“望北”，与中国历史上屡屡出现的“江山北望”遥相呼应。其中，林语堂的《京华烟云》堪称这类作品中的翘楚之作，将它与老舍的《四世同堂》，尤其是写于美国的第三部《饥荒》加以比较，一定很有意义。熊式一的《天桥》涉及北京的文字虽不多，但细读文本却不难发现，“北京”是贯穿全书的“灵魂”，主人公李大同之前对北京的向往和到北京后的死里逃生，几乎浓缩了一代先进中国知识分子对清政府由幻想到绝望、由“改良”到“革命”的心路历程。抗战爆发后由北京逃离到香港的许地山等人对内地及北京的关注，不仅与其父许南英几近一辙，也在香港“南迁作家”中颇具代表性。许地山刚出生不久，就爆发了甲午战争。其父许南英身为晚清进士，不甘心做亡国奴，同台湾有识之士丘逢甲等及其部下奋力反抗日军，但由于清政府的腐败无能最终导致反抗失败。襁褓中的许地山随家人逃离故土台湾台南府城延平郡

王（郑成功）祠边的窥园内渡大陆[①]。父亲许南英在台湾失守后亦逃回大陆。性格刚烈的他对晚清的仕途已不抱希望，一度流离到东南亚，但由于生活所迫，又不得不回到宦途之中，辗转流离于广东、福建、东南亚等地任职。许地山自幼便在这种游离的家庭中成长，伴随着国家的动乱，过着颠沛流离的生活。在许地山 18 岁时（1912），刚正不阿的父亲在民初时期的官场上显得不合时宜，辞职赋闲于家。此时的许地山，为承担家里的部分经济负担而在福建省立第二师范学校担任教员，翌年受聘于佛教圣地缅甸仰光的中华学校。许地山在缅甸教学时曾漫游东南亚各地，与当地的佛教有较深的接触。许地山于 1915 年 12 月回国，先后在福建漳州华英中学、福建省立第二师范学校执教，并入闽南基督教会，开始了对基督教与佛教教义的研究。这一经历对许地山的创作影响颇深。

1917 年，许地山考入燕京大学文学院，在学习文学的同时也研习宗教，1920 年获文学学士学位后留校任教，1922 年获燕京大学神学学士学位。上学期间，许地山积极参与“五四”新文化运动，参加反帝反封建游行示威活动。1919 年 11 月，许地山与瞿秋白、郑振铎、耿济之等人联合主办《新社会》旬刊，积极宣传现代革命与新文学，同时积极从事文学创作[②]。1920 年底，许地山与郑振铎、沈雁冰、叶圣陶、

---

①许地山在《我的童年》里写道：“父亲没与我们同走。他带着国防兵在山里，刘永福又要他去守安平。……我到现在还仿佛地记忆着我是被人抱着在街上走，看见满街上人拥挤得很，这是最初印在我脑子里的经验。”（见许地山：《空山雨灵：许地山随笔》，北京大学出版社 2009 年版，第 248 页。）这是许地山才“十八个月”时随家人逃离台湾到达广东揭阳的记忆。

②此时，许地山发表了《“五一”与“五四”》、《“五七”纪念与人类》、《女子底服饰》、《社会科学的研究方法》、《十九世纪两大社会学的女子观》、《强奸》等随笔杂感文章。

周作人等一起筹备“文学研究会”，提倡为人生的文学与平民文学。其作品《创作的“三宝”和鉴赏的“四依”》、《论“反新式风花雪月”》、《老鸦咀》是对创作的探讨，而《“小俄罗斯”的兵》、《公理战争》、《一封公开的信》、《蔡孑民先生的著述》、《中国美术家的责任》、《信仰的哀伤》、《爱的痛苦》、《无法投递之邮件续》、《劳动的究竟》、《我们要什么样的宗教》、《宗教的妇女观》、《造成伟大民族的条件》等是“文学研究会”关注与思考现实人生的作品。他的第一篇小说《命命鸟》(1921) 和之后的《商人妇》、《换巢鸾凤》、《黄昏后》、《缀网劳蛛》等是以中国南方和东南亚为背景的小说，反映出作者的人生经历与宗教印迹。而他的《空山雨灵》(1922) 是新文学最早成册的散文集子，共收入 40 余篇随笔杂感。阿英称“许地山的《空山雨灵》和冰心的《往事》在《小说月报》的发表，是给小品文的运动，以不少推动的力”①。

许地山以北京叙事为背景的小说有《在费总理底客厅里》、《三博士》、《街头巷尾之伦理》、《人非人》、《解放者》、《春桃》等，逼真、细腻地描述了他在北京生活时所观察和感知到的民国时期的老北京的社会百态。其中，最典型的代表莫过于小说《春桃》。这部小说一经发表就受到许多人的关注，并且流传甚广。主人公春桃“捡烂纸换取灯儿”的营生方式，极具北京贫民生计职业的普遍性。这是现代作家很少关注的题材，而许地山的观察却细致入微，体现出作者对北京下层人民的关怀。因此，有学者称许地山“基于他的落华生式的感情内容，对于朴实的劳动人民有相当深的了解和爱好”②。

---

①阿英：《许地山选集·落华生小品序》，海峡文艺出版社 1985 年版，第 746 页。

②杨刚：《许地山选集·序》，上海开明书店 1951 年版。

1935 年，许地山从大陆流离到香港教书。1937 年 7 月 7 日卢沟桥事变发生后，许地山对日本帝国主义的旧恨（日本侵台使其逃离家园之恨）、新仇（他曾因宗教考察经常路过卢沟桥，如今却被日本占领）可想而知。许地山认为“因为无勇，无信，不仁，不义的侵略，是不能站住底”①。所以，当国家陷入民族危机之时，他积极地投入抗日宣传之中，从书斋中走出来，在香港各地的集会上发表演讲，为流亡青年讲学。1938 年，“中华全国文艺界抗敌协会”在汉口成立，而流亡到香港的文化界人士与开明人士亦在香港成立“中华全国文艺界抗敌协会香港会员通讯处”，许地山被选为常务理事兼总务。许地山积极开展抗日工作，做了许多演讲，并发表了不少以北平七七事变为题材的抗日文章。1939 年，他发表《“七七”感言》，谴责日本，向民众宣传抗战。写于 1940 年的小说《铁鱼的鳃》、散文《今天》、独幕剧《女国士》等篇什阐明了其抗日的坚定意志与决心。小说《铁鱼的鳃》于 1941 年 2 月发表在香港《大风》半月刊上，“郁达夫特地在自己主编的新加坡《华侨周报》上转载，并说‘像这样坚实细致的小说，不但是在中国小说界不可多得，就是求之于一九四〇年的英美短篇小说界，也很少有可以和他比并的作品’”②。1941 年，当中国抗日进入中期时，许地山又以北平的五四运动与七七事变为题材来发表演讲，宣传抗日。其中，《青年节对青年的讲话》、《忆卢沟桥》等名篇是许地山从中国的现状出发，以宗教历史文化的角度表达对国家的热爱、北京的忧思，期盼中国民众的觉醒和团结，同时希望祖国能尽早独立并富强起来。这是作者关注国家时事的主要表现，也是其回望北京的一种书写方式。

---

①许地山：《中国思想中对于战争的态度》，见许地山：《杂感集》，商务印书馆 1946 年版，第 37 页。

②许地山：《许地山文集》，北京新华出版社 1998 年版，第 1061 页。

有着深切的北京经验并从大陆流离到海外的作家，在抗战前后还有林语堂、熊式一、黎锦扬等，以及从台湾来北京定居，又先后离开北京回到台湾的张我军、钟理和等。其中，林语堂、熊式一在欧美虽然用英语写作，但在宣传中国优秀文化的领域成就斐然，在欧美各界拥有众多的读者；张我军、钟理和的创作则显示出个人生存与国家命运息息相关。

## 三、20世纪四五十年代迁台（港）文人的北京回望

1949年国民党退守台湾后，两岸对峙，一度处于隔绝状态。从20世纪50年代开始，先后有梁实秋、林海音、唐鲁孙、郭立诚、夏元瑜、白铁铮、台静农、小民、喜乐等大陆迁台作家，陆续创作了一系列回忆北京的小说或非虚构文字。尤其是随着国民党“反攻大陆”希望的破灭，这些作家返回故乡的希望越来越渺茫，乡愁情结也越来越强烈。在此期间，台湾经济开始腾飞。在迈向现代工业化的过程中，作家们如何调整自己以适应当下的时代和环境，是他们不得不考虑的问题。他们不约而同地回忆起老北平的风俗百相，试图用文学的手段将记忆中的故乡加以强化。其实，这也是作家在精神上与故乡保持联系的唯一的方法，诚可谓“精神还乡”。而台湾旅外作家笔下的北京则呈现出不同的面貌。这批旅外作家不再关注老北平，相反，在国际上失根的体验和放逐感，使他们认识到国家的富强、统一才是他们消解这种国际公民放逐感的根本。所以，陈若曦、於梨华、聂华苓、庄因、李黎等台湾旅外作家，无暇顾及老北平的丰富内涵，而时刻关心新北京的建设，渴望新北京（新北京所代表的新中国）的繁荣发展。然而，他们很快意识到，祖国的落后和重新兴盛强大，均与他们毫无关系，

因为他们已经是“嫁出去的女儿”，成为了祖国的客人。祖国热情地招待他们，只不过是让他们见证祖国正在创造着的辉煌历史。李敖、张北海等新一代台湾作家，虽然出生于北京，但是，很早就离开了北京，印象中的北京已经模模糊糊。他们借助于文献资料，在书本知识与想象中构筑自己的北京梦。他们笔下的北京承载着丰富的历史信息，城市与居民都在历史的转变过程中表现出稳定的形态和特性，展示了北京城特有的魅力。在这些作品中，最值得一提的当属林海音的《城南旧事》。

《城南旧事》创作于20世纪50年代，1960年最初在台湾正式结集出版。作者林海音是台湾著名作家，素有“台湾文学的祖母”之称，笔名英子等。整部作品可以视为几个短篇的连缀，其中的每个故事都能独立成章，但彼此之间又以主人公小英子的观察视角和情感流动贯穿起来，使之成为不可分割的艺术整体。作为一部长篇自传体小说，《城南旧事》包含不少作家个人生活的鲜明烙印，但它毕竟是一部以虚构为主的小说。或许正是得益于这种虚实交错、“真假难辨”的叙事策略，使这部作品一方面逼真、具体地刻画了一个个富有典型意义的社会生活细节，一方面又像一个“永远回不去了的美丽梦境”，充满了神奇的梦幻色彩。翻开这本书，读者将随着英子那童稚的目光，品味20世纪二三十年代老北京几户普通人家的悲欢喜乐，还将领略到一种如诗如画、如歌如泣却又平淡从容、优雅精致的语言之美、形象之美、意境之美，也会为弥漫其中的童真善良和人性温暖而感动不已，感叹不已。

20世纪20年代至40年代的北京，与动荡不安的整个中华民族一起，经历了太多的风云变幻和沧桑巨变。多少国家大事、政治角力先后在这里发生，多少震惊中外的“动乱”或事件首先在这里发动并波及全国乃至世界。但《城南旧事》里的北京却基本上没有直接触及这些重大事件和时代变迁。准确地说，作家记忆并刻意塑造的老北京形象，是寻常百姓眼中的北京，是平民化的北京，是市井化与生活化的北京，是动荡和变迁中“恒常不变”的北京。而这样一个老北京形象的建构，又与北京的某一特定区域——南城不可分割。作家在小说后记中坦承道：“童年在北平的那段生活，多半居住在城之南——旧日京华的所在地。父亲好动到搬家。绿衣的邮差是报告哪里有好房的主要人物。我们住过的椿树胡同，新帘子胡同，虎坊桥，梁家园，尽是城南风光。”

熟悉北京历史的人想必清楚，老北京城的地理分布和空间造型是与政治权力密切挂钩的。现今保存下来的明清北京城，是在元大都的基础上重新建造起来的。处于京城最中心的是宫城，也就是今天作为故宫博物院的紫禁城；宫城之外则包裹着周长十八里有余的皇城，整个皇城都是为皇家服务的；皇城之外才是所谓的“内城”，或称大城北京。明代嘉靖年间曾计划在内城之外再修筑一道“外城”城墙，但终因财力人力所限，仅仅将城南的部分“外城”修建而成便匆匆停工了。但由此却使大量平民和贫民在“南城”或“城南”聚集，这里也就逐渐形成了老北京的商业和娱乐中心。明末清初，占领北京的清政府还曾将大批居住在“内城”的汉人富户、士大夫家族驱赶到南城，使这里的商业化、平民化和市井化特征进一步加强，“南城北京”遂成为最能体现“旧京繁华”的地区所在。

在这部小说中，读者可以跟随小英子那欢快轻盈的脚步“走街串巷”，深入到南城老北京的街头巷尾、胡同人家，寻访到老北京市民的日常生态与心态。从骡马市的佛照楼，到椿树胡同的井窝子；从绒线胡同、兵部洼、中街、西交民巷、东交民巷，到笔直宽阔的哈德门大街；从让人流连忘返的城南游艺园、“京华印书馆”大楼、“三贝子花园”，到人声鼎沸的虎坊桥大街……作家如数家珍地述说着这一个个熟悉的地名，掩藏不住的是对北京这座心灵故乡的乡愁与乡思。这里尽管没有故宫金銮殿的金碧辉煌，没有天安门城楼或前门城楼的高大庄严，却处处洋溢着老北京浓郁的生活气息，闪现着北京普通人家的日常色彩。作者在一次次回望童年的记述中，也在一次次神游北京，梦回故乡。令她念念不忘、难以释怀的，当然还有那站在胡同口，对着人家院子里的老槐树发呆的心智失常的年轻姑娘秀贞；还有像一片彩云一样从井窝子旁飘到她身边的、穿着红棉袄的童年玩伴妞儿；还有站在“美国同仁医院的门口”，焦急不安地向路人打听自己女儿下落的保姆宋妈；还有在“西交民巷的中国银行门口”摆摊子卖“驴打滚儿”的小贩……儿时的怅惋怀念与老北京的风土人情，就这样在作家笔下水乳交融地流泻而出，娓娓道来。虽然我们从小说中看不到惊天动地的大事件的背影，看不到改天换地的大变革的征兆，但谁又能否认这个胡同深处的北京、寻常百姓的北京，才是真正的北京，才是真正的中国呢？

时光飞逝，斗转星移，一个世纪以来的北京经过了无数次的“除旧布新”，对不少人来说或许已是“面目全非”。《城南旧事》中提到的那个“顺义县牛栏山冯村”，今天或许已经由老北京的郊县变成了新北京的城区。不知宋妈的子孙们在庆幸自己不再是“乡下人”之余，会否有些失落？当年那些满大街随处可见的、曾体现着“最北京”之特色的骆驼队，如今早已荡然无存。今天的小朋友恐怕再也不能在城市街头看到卧在冬阳底下、安静地咀嚼着草料的“大鼻孔里冒着热气”的骆驼了；连那动不动就扬起脖子发出一声高叫的小毛驴，也几乎碰不到了。好在像极了“驴粪球”的北京小吃“驴打滚儿”，还经常出现在北京的餐桌上。只是小英子爱吃的“八珍梅”和英子妈喜爱的“搽脸的鸭蛋粉”，如今又在哪里呢？

无论经历怎样的时代变迁、动荡，博大精深的文化传统总会被自觉不自觉地承传下来。尽管有的“非物质文化遗产”已经走进历史博物馆，只存活在人们的记忆中，但萦绕在人们心头且挥之不去的，却是代代相传的日常生活习性和文化审美心理，以及民族性格的传承、民族精神的发扬光大。连小英子这位当年“老北京的小女孩”，也已步其先母后尘，成了一名标准的“中国的女儿”、“中国的妻子”和“中国的母亲”。作家以纯正地道的“京味儿”语言，刻意渲染的那个诗意化的“城南”老北京形象，则将永远被后来的人们反复回望和品味，并成为绚烂多姿的“（老）中国形象”的生动写照。

## 四、20世纪90年代以来“海外”华人作家的北京书写

经过了20世纪70年代末的“拨乱反正”和80年代高亢激扬的思想解放，90年代以来的中国社会开始进入改革开放进一步深化和平稳发展的历史时期。作为国际化大都市的北京在全方位开放和对外交流领域，更是取得了飞跃性的发展。1990年北京亚运会和2008年北京奥运会的成功举办，在当代北京的城市发展史和对外交流史上，绝对是标志性的重大事件。海内外华人之间的文化交流与互动不仅日益频繁，彼此之间的壁垒也正在逐渐消除，关于北京的诸多文化识见也开始逐渐“合流”。

海外华人作家既有对当下北京的复杂观感和立体描述，更有对随着岁月流逝而渐行渐远之“老北京”的深切怀念和想象。而这又与20世纪90年代以来逐渐在大陆兴起的“文化怀旧”思潮融为一体。可以

说，海内外华人作家不约而同地将一种无比留恋的目光投向了那个已经逝去或行将逝去的“老北京”。而早在20世纪六七十年代，就有梁实秋、唐鲁孙、小民等“北京迁台”作家，在台湾撰写并发表了大量回忆自己幼年在故乡北京“衣食住行”的文字，绘声绘色抑或“添油加醋”地描述了“当年”老北京的风采神韵。著名历史小说家高阳则以清末民初剧变中的北京为叙事背景，创作了《清宫外史》、《慈禧全传》、《李鸿章》、《清末四公子》、《小凤仙》、《八大胡同》等通俗历史小说，借助于半真半假、亦真亦假的夸张化叙述方式，将传奇化的历史、传奇化的民国与传奇化的（老）北京近乎天衣无缝地融汇在了一起。

1994年，一部根据旅美作家曹桂林同名小说改编的电视连续剧《北京人在纽约》，在中国境内各大电视台上映并蹿红，在华夏大地掀起了一轮前所未有的“美国热”。但电视剧中男、女主人公的“北京人”之形象特征，及其背后隐含的北京文化形象，却显然被广大观众忽略了。同样不该被忽略的还有人们所津津乐道的贯穿在该作品中的所谓中西文化冲突之主题，主要是通过“北京”与“纽约”这两个大都市体现出来的。就在这一年，台湾著名女作家龙应台在台北出版了她的小说集《看世纪末向你走来》，收入了《北京派出所》、《故乡异乡》等多篇以北京为叙事题材的作品，直言不讳且淋漓尽致地表达了一位足迹踏遍西方各国的“海外游子”对于“新都”抑或“红色首都”北京的复杂感受——亲近与隔膜、陌生与熟悉、（理想）愿景与现实的无奈等等。

另一位台湾著名作家李敖则在1991年出版了长篇历史小说《北京法源寺》。该书也成为他社会影响最大的小说作品。对于这部以北京城近代历史为表现对象的作品，李敖有着明确的追求和定位。他说：

“《北京法源寺》以具象的、至今屹立的古庙为纵线，以抽象的、烟消云散的历朝各代的史事人物为横剖，举凡重要的主题：生死、鬼神、僧俗、出入、仕隐、朝野、家国、君臣、忠奸、夷夏、中外、强弱、群己、人我、公私、情理、常变、去留、因果、经济（经世济民）等等，都在论述之列。这种强烈表达思想的小说，内容丰富自是罕见的。”[①] 毫不夸张地说，李敖在这部小说中思考的主题包括了中国近代历史发展过程中的所有疑难关系和冲突。这些问题曾经困扰了多少世人！李敖不避困难，针对这些历史分流中的一个个关节点（也是纽结点），仔细地分析局中人必然却又无奈的选择。要想完成这种分析，李敖无可选择地将这种重任放到了时代英雄身上，准确地说，是放到了史书中所记载的风云人物身上。李敖直言不讳地说，《北京法源寺》所描写的重点是“大丈夫型的人物”，“写男性的豪侠、男性的忠义、男性的决绝、男性的悲壮”[②]。这部“阳刚的作品”，以“强烈表达思想”为主，突出英雄的观念、思想对于时代的影响力，在某种程度上表明了作者受到中国士人“借思想文化以解决问题”[③] 的传统思维的影响。然而，李敖在欣赏英雄以思想观念影响和拯救世人的同时，更陶醉于英雄身上所体现出的“侠”的精神。

侠的精神在小说中并非表现为单一形态，不仅有大刀王五、通臂

---

①李敖：《我写〈北京法源寺〉》，见李敖：《北京法源寺》，台湾文星书店有限公司 1991 年版，第 363 页。

②李敖：《我写〈北京法源寺〉》，见李敖：《北京法源寺》，台湾文星书店有限公司 1991 年版，第 364 页。

③对于“借思想文化以解决问题”这个传统思维，林毓生曾经做过精辟的论述。他在《中国意识的危机》中考察“五四”时期现代中国第一、二代知识分子“借思想文化以解决问题”的反传统策略时指出，这种思维特征的根源就在于他们继承了传统士人一元论和唯智论的思想模式。详见林毓生：《中国意识的危机——“五四”时期激烈的反传统主义》，穆善培译，贵州人民出版社 1986 年版。

猿胡七这种粗犷豪迈、敢作敢为的江湖大侠，也有谭嗣同这种任侠放荡、文武兼备的侠义书生，更有康有为、谭嗣同肝胆相照、一心为国的儒士大侠。这三类人分别代表着侠义精神的三个不同方面。无疑，作者倾心的是第三种侠义精神——拯救世人于水深火热之中，怀抱兼济天下雄心的士的入世精神。在李敖看来，这种士的积极入世精神同样也是一种内在的英雄侠义精神。而北京由于长期是国都的原因，担当着为这些英雄施展手脚提供主要舞台的重任。法源寺则是舞台幕后一个始终默默无声的注目者，将历史舞台上的每一幕都深深地印在自己的脑海里。时光荏苒而逝，舞台上的英雄人物你方唱罢我登场，在热闹喧哗或许也是不合时宜的时间里唱起自己的主角戏，无论是悲剧还是喜剧，英雄本身的价值已经体现在唱戏的一刹那。而北京担当着浮现历史舞台以及让英雄唱戏的功能，尽管它只会产生在虚构性的文学文本里。

李敖很清楚这一点。他说："所有地面上活动的，都化为尘土、都已躺下；剩下的，只有那静止的古刹，在寒风中、在北国里，悲怆的伫立着。""我们一代一代都倾倒了，只有你伫立。不过，我们乐见你的伫立，我们一代一代把中国人民的血泪寄存在你那里。"① 历史风云变幻，飞快流逝，而历史的见证者——北京法源寺承担着唤醒历史的功能、证明历史的功能。城与历史的关系在这里得到了淋漓尽致的表现。作者凭借着对北京城（本篇小说中主要是北京法源寺）的考据、调查，在作品中浮现出城的历史风貌，一举两得地达到了书写的目的：其一，回忆故城，沟通自己过去、现在、未来的精神联系；其二，回忆历史，沟通两地过去的内在联系。

---

①李敖：《北京法源寺》，台湾文星书店有限公司1991年版，第359页。

在《北京法源寺》中，叙述者为了给英雄们创造良好的演出舞台，尽管他自己的历史观念非常明确，并且常常在小说的字里行间流露出来，甚至在结尾处明确地告诉读者——“但是，比起短暂的人生来，你是长远的、永恒的。你带我们走进历史，也走出历史，只有从你的‘法海真源’里，我们才看到中国的‘血海真源’”①，仍尽可能地保持客观中立的立场，不干涉英雄们的思想、意识。叙述者满足于为英雄设置一个辩论的会场和施展自己才华的舞台的幕后主持人角色，让英雄们相互辩论、对话，发表自己的观点。“不是众多的性格和命运同属于一个统一的客观世界，按照作者的统一意识一一展开，而恰恰是众多地位平等的意识及其各自的世界结合为某种事件的统一体，但又互不融合。”② 众多具有独立意识的客体展开唇枪舌剑，在对话中检验自己思想、观念的正确程度。值得注意的是，对话、辩论的双方最终仍旧坚持自己的意见，互不妥协，别人的意识丝毫影响不到自己，英雄的独立个性、世界观、意识自始至终没有发生根本性的变动（或许除了梁启超）。这就更证明了叙述者让他们辩论、对话的企图——纯粹地让历史上先后出现的几种救国道路、拯世方案对话，显示历史发展的种种可能性以及现状的不可避免性。

在永不停演的历史舞台上，袁崇焕、康有为、谭嗣同、梁启超、袁世凯、孙中山，甚至大刀王五等，各自扮演着自己的角色，无论是悲剧还是闹剧。在这里，北京成为英雄们演出的历史舞台，特定时代的气氛成为历史舞台特有的布景。李敖笔下的北京不像林海音、梁实秋那样充满浓厚的生活气息、文化气息，作者陶醉于其中而不能自拔；

---

①李敖：《北京法源寺》，台湾文星书店有限公司1991年版，第358页。

②巴赫金：《托思妥耶夫斯基诗学问题》，见巴赫金：《巴赫金文论选》，中国社会科学出版社1996年版，第3页。

也不像陈若曦、於梨华那样虚化为国家这样的政治性符号，与新中国同义。李敖笔下的北京被赋予了浓厚的历史气息，北京就是历史英雄表演的时代舞台，北京城里的一切都可能成为舞台演出的见证者（如北京的法源寺）。在这一点上，李敖与旅美华人作家张北海有着惊人的一致。

从作家与北京的关系来看，离散作家的北京书写大体可分为两种类型。一是基于真实的北京经验，再现当年的北京记忆。这类作家往往曾在北京长期居住，后因政治原因而不得不离开家乡。唐鲁孙、梁实秋、林海音等可以归为书写记忆北京的作家。还有一类作家，或是幼时离京没有形成完整的北京记忆，或是根本没有任何北京经验，他们往往通过第二手资料，塑造自己想象的北京，如李碧华《霸王别姬》里的北京书写。从文化认同的角度来看，记忆对于个体获得完整的历史意识从而修复某种文化断层是十分重要的。“个人及其长者的记忆，以及对那些已被遗忘或闻所未闻的事件的历史学发现，都满足了人的一种愿望，即了解过去，把现在的自我置入一个具有时间深度的境遇。”①

张北海的《侠隐》借用武侠小说的类型化叙事，一方面表现出传统侠客在现代文明中的特殊处境，并且结合1937年的北平这一特殊背景为传统侠客赋予了现代的内涵；另一方面，借传统侠客与现代社会的对比，表现出张北海本人对现代性这一延续百年的潮流的个体性反思。总的来看，张北海通过自己的“北京怀旧”，以想象的方式重塑“北京经验”。这一举动不仅具有当下性，而且还是其完成个体“精神

①［美］爱德华·希尔斯：《论传统》，傅铿、吕乐译，上海人民出版社2009年版，第56页。

返乡”的主要手段。从张北海的经历来看，在离开北京之时他并没有形成一个完整的北京记忆。生于1936年的张北海，抗战爆发后就随家人迁往重庆，抗战结束后在北京短暂居住，又于1949年去了台湾。所以，北京对于张北海来说是比较模糊的。用他自己的话来说，“五岁之前还有点印象的只是吃，至于‘市容’，也只是跟着大人逛街的一些景观”。也许正是这样的经历使张北海并没有选择散文这一在海外华人北京书写中较为常见的文体，而选择了以虚构的方式重新进入20世纪30年代的北京。

当记忆无法为北京经验的获得提供充分条件时，基于一定材料的想象往往会代替记忆，同样使主体走上精神返乡之路。张北海的《侠隐》正是建立在详细的历史资料之上的。“张北海希望在故事里再现的真实不拘于人、事，还要有老北京真实的原貌。动笔前两年，他整理了一份民国二十四年，也就是1935年的‘北平街道图’，收集了几百本关于老北京的参考资料，其中一半是英文著作，里面甚至还有英国人在当时写的旅游攻略。依照这些文本，张北海在笔下用当时北平日常的衣食住行、街容巷貌构建出了当日的政治、经济、文化。”① 正是这种基于史料的合理虚构与想象，使得张北海既能恰如其分地展现出20世纪30年代北京的风云动荡，也能够在书写北京的基础上寄托自己的“侠义”情怀。

正如王德威所言，“张北海所依赖的，不是悼亡的情绪，而是文字的再现力量。除了怀旧，他更要创造他的理想城市。在这里，回忆与虚构相互借镜，印象与想象合二为一”②。随着离散海外的老北京们逐

---

①孙若茜：《张北海和他的〈侠隐〉》，《三联生活周刊》2015年第45期。

②王德威：《北京梦华录：北京人到台湾》，见王德威：《如此繁华》，上海书店出版社2006年版，第49页。

渐逝去，张北海的北京想象为以后的北京书写提供了一个参照，即不仅仅以古今对比的方式展现传统北京的消逝，而是通过想象来重塑已经逝去的“北京经验”。

在此，对北京经验的强调是与现代人的生存状态相对的。早在1933年，针对第一次世界大战的灾难，本雅明就指出现代社会“经验贫乏”。然而在信息化时代的今天，人类面对的不再是经验的贫乏，而是所谓“经验的轰炸”：国际国内新闻、各式娱乐头条、手机里的各类推送……在一个“信息爆炸”的时代，“现代人的日常生活再也没有可以转化为经验的东西了”[①]。在这种“丰富的贫乏”中，“平庸”也就成为一种日常。与此同时，信息化时代的一大特质就是将一切存在迅速的“知识化”，与“经验化”相对。“知识化”是一种不及物的、数据库式的存在方式，它的实效性使得主体可以迅速地占有某一事物，而经验则注重主体切身经历的重要性。

在这样的时代背景下，“北京”在海外华人精神深处的文化原型便面临着“知识化”的危机。当社会上的“怀旧”思潮与商品市场的逻辑相结合，基于城市空间的“怀旧”很容易沦为资本市场的附属。以上海为例，“民国上海”一直被塑造成“东方巴黎”的国际化都市形象，而对老上海的“怀旧”仍然是以回味当时的上层精英生活为主。这一点，我们在陈丹燕的“上海散文”中可以明显地看出。陈丹燕的“上海怀旧”一方面侧重将老上海的所谓“资产阶级”生活方式与当下的城市功能相结合，另一方面则注重表现一种“咖啡馆”式的生活方式。可以说，陈丹燕笔下的上海完全是一种平面的、绝对的空间，似

①［意］吉奥乔·阿甘本：《幼年与历史——经验的毁灭》，尹星译，河南大学出版社2016年版，第2页。

乎只有都市的上海而没有革命的和殖民的上海。这种绝对化的城市书写方式，并没有为读者提供可以转化为经验的文本空间，它本质上更像是一种“知识”生产，而这种生产模式与市场化的商品生产本质上是同构的。

相比之下，张北海在史料基础上进行的“北京想象”却展示出了巨大的城市文化空间和文本想象空间。张北海笔下的北京城是一种“清明上河图”式的展示，是全方位、立体化的时代展示。更重要的是，《侠隐》的文本为读者提供了可以转化为经验的开放性的文本空间，“经验”在此并非是确实可以转化为实体体验的具体行为，而是读者也参与到了张北海的“北京想象”当中。其中，最为明显的是主人公李天然的形象发展。在国家危机面前，传统侠客向民族英雄的身份转化在很多读者看来是自然而然的，但小说末尾，张北海却将这一转变悬置起来，并没有给出一个明晰的答案。可以说，这既与读者的期待背道而驰，同时也给了读者巨大的思考空间。

对于长期离散海外的张北海和众多华人知识分子，其面临的最大生存困境便是由地理空间上的离散而引发的文化精神意义上的疏离。在当下这个碎片化的后现代性文化背景中，作为一个完整主体的“人”已经不复存在。对海外知识分子来说，文化的断裂和主体的断裂构成了他们生存的巨大困境。后现代主义认为，主体是不断被建构的。对于海外华人知识分子来说，缓解认同焦虑便成为在异域环境中缓解主体危机的主要手法。而“‘怀旧’原本是为了宣泄由变动（时间、空间）而造成的身份认同混乱而进行的自我调适”①。因此，“怀旧”便

①刘俊：《从“单纯的怀旧”到“动能的怀旧”——论〈台北人〉和〈纽约客〉中的怀旧、都市与身份建构》，《南方文坛》2017 年第 3 期。

成为个体在断裂的历史中获得完整时间感的主要手段。其实，怀旧作为一个文学主题古已有之，但在现代性的视阈下，它不仅仅是一种时间意义上的追忆行为，而是在精神地理学上关于历史的连续性、主体的统一性的认同行为。

张北海的北京“怀旧”通过复活北京经验的方式，不仅在时间上再现了旧北京的风貌，而且在小说中借助李天然这一现代社会的侠客形象，将异域环境下的自我主体置于“传统北京”这一在海外华人知识分子中极具象征的精神地理空间中，弥合了长期漂泊的裂痕。此外，在“人与城”这一关系背后，张北海更想要表现的应该是北京这一“文化空间”对于离散主体的“精神返乡”意义。在具体的叙事过程中，正如有论者指出的，张北海“以大量的笔墨呈现战前的盛况而将战后的破败一笔带过，将想象空间无限留存给读者”①。张北海在最大程度上保留了北京作为一个“文化空间”的完整性，从而保证了经验主体在“返乡”过程中不至于因历史的断裂而产生身份的焦虑。

张北海在联合国任职，个性潇洒，最早以书写纽约的随笔成名，他笔下的纽约更成为众多海外华人对纽约的第一印象。虽然张北海长期生活在西方文化中，但也许正是东西方文化的巨大差异，才造成了他对老北京的钟情。这也恰恰说明传统中华文脉在海外华人知识分子群体中所起到的巨大向心力作用。

## 五、“老北京”：历时性与共时性的交织

文学中的中国城市形象，无疑以北京、上海最为典型。上海以前

---

①李亚萍：《论小说〈侠隐〉的北京叙事》，《小说评论》2014 年第 4 期。

只是一个小渔村，村民以打鱼为生。1856 年上海开埠，在不到一百年的时间内，迅速发展成为现代大都市，号称“东方巴黎”。上海有着浓厚的殖民色彩。外滩林林总总的欧式建筑，商店橱柜里琳琅满目的奇珍异品、金银首饰，富有异国情调的咖啡馆、酒吧、歌舞厅，都展现着现代化进程中都市刺激、浮华的世俗生活。在现代感十足的都市生活中，敏感的作家体验到的是物质的追逐、人情的冷漠、性欲的放纵。上海是冒险家的乐园。这形象地说明了上海在人们心中的形象：荒淫奢侈、纵情声色、缥缈虚幻、金钱至上。生活在这座城市里，必须要有拉斯提涅与巴黎城搏斗的胆识与勇气，否则，就是人间的地狱。“上海，造在地狱上面的天堂!”这是 20 世纪 30 年代一批作家对于上海的感受。大都市在向资本主义工业文明前进的过程中，表现出极大的消费倾向和物欲主义，也使生存其间的居民日益唯利是图、斤斤计较、追逐私利。人与人之间传统的舍生取义、拔刀相助的热情荡然无存，甚至母子、夫妻这种最牢固的亲情、血缘关系也在金钱的冲击下，露出其野蛮、自私、卑鄙的一面，唯一可以信赖的就是金钱。这是现代中国的上海给作家的感觉。作家在作品中表现上海的时候，关注的是城市现代性发展中人的生存状态，包括普通市民日常生活中的庸常世态。

北京，则给人另一番感觉。据说，北京建城于周武王灭商时期，至今已经有 3 千多年的历史了。从 13 世纪到现在，北京始终是国家政治、经济、文化的中心——首都（虽然偶尔有些间断）。长期的京城体验、历代朝廷的大力倡导、南北移民的同城聚居，形成了北京城特有的皇城建筑与文化。城市内有数不清的文物古迹、王宫豪宅，辉煌的建筑比比皆是；棋盘方格化的街道布局，井然有序；紫禁城等皇家建筑，显出尊贵、天之骄子的宏伟气魄；普通的胡同、四合院则体现了家庭伦理秩序、和谐享受的儒家法则。最为人称道的是京城居民的生活艺术：满汉融合，讲究礼仪规矩、尊卑有序、温文尔雅以及赏花玩鸟、品茗谈诗。生活就是艺术，艺术就是生活，两者完美地结合起来。老舍《四世同堂》里小顺儿妈的“甭管天下怎么乱，咱们北平人绝不能忘了礼节”[①] 真实地展示了北京人在任何情况下都将礼节放在首位的心理。环境气候宜人、城市地理条件优裕、居民亦生活亦艺术的存在方式，无疑对于中国知识分子而言，有着很大的吸引力。中国传统知识分子诗酒不离身，两者融为一体从而达到“士”的最高境界。其中，诗代表着艺术，酒代表着生活享受。两者的完美结合是千百年来文人追求的理想人生境界。所以，对于北京，无数的文人学者都表现出强烈的认同感。如周作人在四合院里惬意地喝着茶，品味着北京的淳朴人情；时而漫步街头，浏览城市街头老字号商店的招牌，陶醉其中——“我在西四牌楼以南走过，望见异馥斋的丈许高的独木招牌，不禁神往，因为这不但表示他是义和团以前的老店，那模糊阴暗的字迹又引起我一种焚香静坐的安闲而丰腴的生活的幻想”[②]。与其说周作人欣赏老字号商店的招牌，毋宁说他认同老字号商店人情味与商业性兼备所体现出来的生活亦艺术、艺术亦生活的那种人生境界。郁达夫在历数自己以往居住或者停留过的中国城市后，满怀深情地回忆北京道：“在北京以外的各地——除了在自己幼年的故乡以外——去一住，谁也会得重新想起北京，再希望回去，隐隐地对北京害起剧烈

①老舍：《四世同堂》，《老舍全集》第四卷，人民文学出版社 1999 年版，第 64 页。

②周作人：《北京的茶食》，见周作人：《雨天的书》，北新书局 1935 年版，第 68 页。

得怀乡病来。”① 对于并非自己出生地的北京，竟然害起怀乡病来，不是郁达夫一个人的念头，许多现当代作家都有这种“第二故乡”② 的感觉，如师陀、庐隐、林海音等。

造成这种状况的原因，很大程度上是由于北京城市乡土形态的特征引起了从传统社会里走过来的现代作家的共鸣。北京在情感上不像上海那样，会带给人一种震撼、变动、充满不真实色彩的感觉，恍如生活在梦境里。北京巍峨的城门楼、绵延的城墙，居民有规律的作息，四季亘古不变的循环交替，使习惯于静态生活、悠游恬淡的中国知识分子，很容易产生“家”的感觉。生活于其中，就如同生活在乡土田园形态的家乡。所以，现代作家们描述北京城时，总是强调其乡土性特征。郁达夫曾经说，北京是一座“具城市之外形，而又富有乡村的景象之田园都市”③。林语堂亦说过：“北京的魅力不仅体现于金碧辉煌的皇朝宫殿，还体现于宁静得有时令人难以置信的乡村田园景象。”④ 乡土形态的田园城市，在局势动荡、战争频仍，尤其是传统制度和文化陷入危机，社会似乎不可避免地向西式的所谓“现代性”工业文明迈进的时代里，更显出其自身和谐静穆、悠远恬淡的亲和力。这一切，对于现代作家来说，是多么的熟悉和向往啊！因此，他们孜孜不倦地念叨着北京，在文学作品中尽情抒发对于北京的“故乡”情

①郁达夫：《北平的四季》(1936年5月)，原载《宇宙风》1936年7月1日第20期。

②如来自福建的庐隐曾说“北京是我的第二故乡”；林海音在《英子的乡恋》里说“我的第二故乡是北平”；而师陀在《〈马兰〉小引》中也表达类似的想法道：“在临死之前，必须找机会再去一趟（北京），否则他要不能安心合上眼了。”参阅赵园：《北京：城与人》，北京大学出版社2002年版，第4、5页。

③郁达夫：《住所的话》，原载1935年7月1日《文学》第5卷第1号。

④林语堂：《辉煌的北京》，赵沛林、张钧等译，陕西师范大学出版社2003年版，第5页。

感，执着地表现北京人传统的一面——尊卑有序、温文尔雅、注重人情味。而对于京城内正在出现的“现代性”的萌芽，作家们不是视若无睹，就是怅然叹息，充满牧歌情调。

中国台港澳暨海外华人往往表现出一种浓郁的“北平”情结。历史上的“北平”一词，最早来自战国时期燕国的右北平郡，其年代要比“北京”更为久远。国民党北伐战争胜利后将国都“南迁”，北京改称“北平”。短短的十年（1928—1937）间，失去了国都光环的“北平”却在文化和教育领域发挥其“关键优势”，一度被当时的西方媒体称为“中国的波士顿”。正如台湾青年学者许慧琦所说，“在近代中国城市追求源生于西方的现代性过程中，北京的表现颇有别于其他商埠城市：在国都阶段，心态保守的中央政权，多少起了压抑西化、追求时髦的作用，传统文化仍居社会主流；到故都时期，北平把传统文化当成繁荣城市的宝贵资产，在追求与拥抱西方进步物质文化的同时，却在价值观与城市意象上保留中国文化的精神。有意思的是，这种充分开发传统精髓，以重新定位城市，赋予城市新生命的努力，只有当北京成为故都之后，才获得充分展现”①。不再担当首都功能的北平，反而平添一种文化、历史的独特气质，其文化中心和教育中心的地位进一步强化。“故都北平以整理与发展该市最足自傲的古迹遗址、园林名胜及文教事业，与南京中央的理念遥相呼应，展露异于充分西化的上海城市风格之面貌。”② 此类观点在大陆学界也获得了一定共鸣。

近年来关于京味文化、京味文学的讨论颇为热烈，何谓“京味”

①许慧琦：《故都新貌——迁都后到抗战前的北平城市消费（1928－1937）》，台湾学生书局2008年版，第25页。

②许慧琦：《故都新貌——迁都后到抗战前的北平城市消费（1928－1937）》，台湾学生书局2008年版，第13页。

和“京味文学”？著名文化学者王一川认为，京味文学乃是一种“能让人回瞥到故都北京城衰颓时散溢出的流兴的文学”①。这一表述或许有些晦涩拗口，却准确地概括了京味文化和京味文学最为本质的文化心理特征：在时空定位上，“京味”属于“故都北京”这一特定的历史地理范畴；在美学形态上，京味作家和艺术家们以自己的文化体验和艺术想象，反复表现着现实生活中正走向衰颓或消失的古（故）都北京的文化历史神韵，折射出新与旧、古与今之间的复杂冲突和融汇渗透。“回瞥”体验凸显出的是现代中国文人在时代剧变中的茫然失措和文化心理认同上的纠结和困惑。而这种纠结和困惑绝不仅限于作为“地域文化景观”的“京味文学”和“京味文化”的单一个案之内，它其实是贯穿于整个现代中国文坛的共同现象，是大多数现代中国文人的共同体验和共同“心结”。恰如王一川所说，“置身在新的现代世界格局中的中国人，面对这个陌生的环境，会产生无家可归式的生存焦虑，于是不得不回头将安身立命的希望投寄到自身的深厚的古典传统上”②。中国社会自晚清以降爆发了三千年未有之变局，古老民族被强行拖入西方主导的现代世界格局，急剧而仓促的变革一度造成了传统与现代之间的断裂，并常常使国人陷入一种“我是谁”、“（精神）家园何在”、“何处是（心灵的）故乡”的迷惘和困惑中。而这样一种自我文化身份的追寻，在经历了一次次“四散流离”的中国台港澳暨海外华人作家那里，表现得更为突出，也更为“自觉”。对于“后知后觉”的内地文人作家而言，他们将“老北京”视为文化原型的尝试和实践，无疑具有丰富的启示意义。

---

①王一川：《京味文学及其演变》，见王一川主编：《京味文学第三代》，北京大学出版社 2006 年版，第 8 页。

②王一川：《文学理论》，四川人民出版社 2003 年版，第 272 页。

## 第二节　一个典型案例：林语堂的北京书写

在“五四”前后的那一代现代经典作家中，林语堂可称为屈指可数的、足迹踏遍欧美的“世界级”旅行家之一。但见过众多“世面”的林语堂，一生中最钟情的地方却非北京莫属。他不仅以北京为主要叙事背景创作了《京华烟云》、《风声鹤唳》、《红牡丹》等长篇小说，还在大量的散文、杂记中反复表现对老北京的温情回忆和浪漫想象。晚年的林语堂更特意撰写了一部地方志式的著作《辉煌的北京》，以北京为想象主体，尽情宣泄自己浓得化不开的“故国情思”。林语堂对古老北京的“情有独钟”，在中国台港澳暨海外华人作家中颇具典型意义。他笔下的北京俨然是一座具有梦幻色彩的“文化乌托邦”，成为华夏文明最为直观生动的象征。这一老北京形象的构造既与林语堂那“先天”般的跨文化视角息息相关，又鲜明地体现了他对古老的“文化中国”之梦的追寻。

### 一、“京”、“海”相映下的“阶梯”与“港湾”

林语堂，1895 年出生于福建漳州，小学和中学都在厦门就读，1912 年考入上海圣约翰大学。1916 年，他从上海圣约翰大学毕业，即到北京清华大学教书，直到 1919 年获得赴美留学的机会而离开北京。1923 年，林语堂回国，被聘为北京大学教授，又重新回到北京。1926

年，因“三·一八”惨案而遭北洋政府通缉，他被迫离京南下，此后辗转漂泊南方各地，定居上海，直到1936年全家移居美国，再也没有回过北京。算起来，林语堂在北京居住的时间前后加起来不足6年。而上海这座当时中国最为开放与西化的“摩登都市”，对林语堂而言，显然要比北京更有意义。他不仅在上海读完了大学，度过了一生中最“风华正茂”的岁月，接受了当时中国最好的英文教育，而且正是在上海，他充分利用“十里洋场”社会的消费娱乐环境创办了《论语》、《人间世》等杂志，大力提倡“幽默小品”。尽管因此与依旧沉浸于“激扬文字”的鲁迅等人分道扬镳，他却找到了一条真正适合自己的人生道路。正是在上海期间，林语堂结识了他人生中最重要的“伯乐”之一，美国女作家赛珍珠。受邀以英文写作《吾国吾民》等著作并在美国出版后轰动一时，林语堂也由此名噪中外。而此前编写的一系列以上海滩青少年为读者对象的“简明英文读本”，也在商业上大获成功，促成了林语堂由“小康”向“富豪”的转变。可以说，林语堂是一个不折不扣的“海派”文人。上海不仅奠定了他人生的基础，也是他走向“腾达”的不可或缺的“滑翔板”。与他在北京时期屡屡遭遇人生的“滑铁卢”，甚至被迫由北京逃离不同，林语堂在光怪陆离的上海洋场社会更显得如鱼得水。但林语堂本人对上海似乎并不太“领情”，他谈到上海的文字不仅少之又少，而且以负面评价为主：

> 上海是可怕的，非常可怕。上海的可怕，在它那东西方的下流的奇怪混合，在它那赤裸裸而无遮盖的金钱崇拜，在它那空虚、平凡与低级趣味。上海的可怕，在它那不自然的女人，非人的劳力，乏生气的报纸，没资本的银行，以及无国家观念的人。上海是可怕的，可怕在它的伟大或卑弱，可怕在它的眼泪、苦楚与堕落，可怕在它那高耸在黄浦江畔的宏伟而不可动摇的石砌大厦，

以及靠着垃圾桶里的残余以苟延生命的贫民棚屋①。

上海这座高度殖民地化的摩登都市在林语堂眼中几乎是东西方文化末流的“奇怪混合”，变成了物欲横流、金钱至上、道德蜕化的代名词，充满上等人的奢华腐朽和下层贫民的苦楚眼泪。与之形成鲜明对照的，则是他对北京的一往情深和频频回望。一提到北京，林语堂似乎马上就给人以闭上眼睛作“沉醉”状的印象，沉浸到美好的回忆和浪漫的想象中不能自拔。而古老的北京也总能唤醒他的浪漫情愫和诗性情怀，激发他那如泉如诗的炫丽笔触。

打一个不恰当的比喻：上海对于林语堂就像是一个现实生活中不可或缺的“跳板”或“阶梯”，北京则是他难以忘怀并朝思暮想的心灵港湾。“跳板”或者“阶梯”充其量是不得不利用的“工具”，尽管这工具极其珍贵甚至是不可替代的，但在丧失使用价值之后，弃之并不令人感到多么可惜；而“港湾”却不同，其价值并不在实用，只在于文化心理上的“念想”，随着时光的流逝，对自己“心灵港湾”的怀念之情也就愈深，其梦幻般的唯美色彩也愈浓，甚至具有了精神家园般的“唯一”特征。在林语堂这里，如果说上海代表了世俗乃至肉体“沉沦”的一面，北京则体现着“灵魂”或“理想”的另一面。林语堂在北京与上海之间的不同“人生抉择”和对这两座城市截然相反的认知态度，极为鲜明地折射出处于东西方文化夹缝中的那一代现代中国知识分子在文化心理认同方面的复杂纠葛。

纵观近代以来的中国社会，上海与北京分别代表了两种截然不同的城市形态，并形成了特色各异又相映成趣的“京”、“海”两派文化

①林语堂：《上海颂》，见《林语堂文集·爱与讽刺》，群言出版社 2011 年版，第 63 页。

传统。上海从一个名不见经传的小渔村，发展为现代化的商业大都市，归根结底离不开西方殖民者“开埠”以来大量西方文明的输入。上海，乃至后来的香港，与其说是中华本土文明的产物，不如说是以海洋文化为标志的西方现代文明孕育的结果。这类城市的原型可追溯到古希腊城邦，然后在英国伦敦和美国纽约那里发展为“集大成”的代表，后又随着西方殖民者的开拓和西方文明的扩张而在亚太地区四处“散播”：从日本东京到新加坡，以及中国的上海、香港、天津、广州、青岛等城市，莫不与此相关。它们一方面凭借得天独厚的地理位置成为海陆贸易的中心，“面朝大海，春暖花开”，从而生机勃勃地实现了经济领域的繁荣昌盛；一方面又夹杂着殖民地和半殖民地化的“洋化”与西化，乃至传统中国礼教纲常的废弛、道德的沦丧与市场经济下的物欲横流。因此，上海在高度“现代化”、“西方化”的同时，又不可避免地伴随着殖民地化的民族屈辱和文化转型的阵痛，从而相当典型地体现了包括中国在内的广大第三世界民族不得不面对的文化认同纠结与难以摆脱的历史宿命。相反，北京却代表了另一种城市形态：从“边远”的军事重镇发展为帝国的“大都”，又从“帝都”转变为现代意义的“国都”和摘掉“首都”帽子的“故都”，以及1949年后红色中国的“新都”，北京始终处于政治和文化权力的中心。作为一座“人造之城”，北京集中代表了传统中国的权力美学；作为一座“田园都市”，北京则体现了传统乡土中国的空间诗学理想。发生在这座城市的宫闱密斗和王朝兴替等沧桑变迁，更直观、生动地折射出中华民族的光荣与梦想、屈辱与梦魇、动荡骚乱与繁荣安宁。而当历史的硝烟逐渐散去，这一切就逐渐幻化为一个个关于古老中国和近代中国的审美传奇。正是在这一意义上，“北京”与“中国”、“老北京”与“老中国”最大限度地形成了一种近乎同构的、可以彼此置换的特殊隐喻关系，也为无数海内外华人作家提供了“以北京想象中国”的广阔空间。林语堂便是其中的一个典型代表。

## 二、“古都中国”的裂变与回望

在林语堂眼中，“北京代表了中国的一切——泱泱大国的行政中心，能够追溯到大约四千五百年前的伟大文化的精髓，世界上最源远流长、完整无缺的历史传统的顶峰，是东方辉煌文明栩栩如生的象征”①。透过这段不无夸耀意味的文字，既可以发现林语堂对古老中华文明不可抑止的热爱，也可以见出他对北京这一“中国的一切”之代表的迷恋。众所周知，林语堂特殊的家庭背景和教育经历以及在此基础上形成的独特文化心理人格，不仅决定了他开阔的文化视野，也导致了他“两脚踏中西文化，一心谈宇宙文章”的独特人生抉择。林语堂从小学、中学到大学一直接受西式教育，大学毕业来到北京之后，他才对未被西方文明“毒化”的本土中国社会和传统中国人的生活真正有所了解，并开始“恶补”古老中国的传统经典。而老北京浓厚的传统文化氛围和田园城市的空间造型，则最大限度地契合了林氏对古老“文化中国”的想象期待和审美预设。他对北京“一见钟情”也就“势所必然”了。

不无讽刺意味的是，北京作为现代人视野中的“古都”形象定位，离不开西方人的强行“进入”和跨文化视角的近距离观察。虽然早在13世纪，马可·波罗等人就在其游记中向西方介绍了东方帝都北京的繁华盛况，但那时的“大都”在西方人心目中更多地代表了超乎西方

①林语堂：《辉煌的北京》，陕西师范大学出版社2004年版，第197页。

的时尚和“先进”，与体现着悠久历史兼落后守旧的“古都”形象相距甚远。自18世纪开始，随着零星的西方使团相继抵达北京这一古老中国的心脏地带和“首善之区”，清朝的腐朽专制、外强中干也被“一览无余”，北京则变身为这个老大帝国封闭落后的象征。19世纪中期以后，以英国为首的西方列强凭借武力强行撞开了古老中国的大门，一座座通商口岸和城市“租界”被迫出现。然而，作为京师“禁地”的北京面向西方世界的开放，依然显得艰难曲折，由此引发的“外交争端”甚至必须通过战争才能解决，并导致了一系列不平等条约的签订乃至清王朝的覆亡。不过，或许正因为北京在对外开放中的“半遮半掩”和曲折反复，才使这座古老的都城更多地保留了传统中国的文化特色，其代表传统中国的“古都”特征也日益凸显。法国作家谢阁兰在给友人的信中，曾描述他到北京之后才惊喜地见识到一个“真正的中国”：“我的行程先是经过香港，英国式的，不是我要找的；然后是上海，美国味的，再就是顺着长江到汉口，以为可到了中国，但岸上的建筑仍然是早已眼熟的德国或英国或别的。最后我们上了开往北京的火车……北京才是中国，整个中华大地都凝聚在这里。”① 谢阁兰从香港“登陆”，在由南至北的行程中，一路所见皆是近代中国被迫半殖民地化和西化的迹象。他对“真正的中国”的找寻或许出自西方人对东方异国情调的向往，但他敏感地注意到了北京之于传统中国的“文化凝聚”力量——“整个中华大地都在这里”。林语堂对北京的观察视角和“角色定位”，与西方人谢阁兰之间的相辅相成关系是“触目可见”的。这不由得使我们想起唐弢先生多年前对林语堂的评价——他

①转引自宋伟杰：《既“远”且“近”的目光——林语堂、德龄公主、谢阁兰的北京叙事》，见陈平原、王德威编：《北京：都市想像与文化记忆》，北京大学出版社2005年版，第505页。

常常是用“西方的眼睛”来看中国人，看中国文化①。然而，林语堂毕竟与谢阁兰不同，作为一名中国人，他的血管里流淌着的是“既有自豪也有耻辱的中国血”。正如他在《吾国吾民》的《引言》中夫子自道的那样，“他苦心钻研了西方美好与璀璨的东西，但他还是回到东方来了”。在人到中年、接近40岁的时候，他的东方血液逐渐将他“战胜”，他从“舒伯特的旋律和勃拉姆斯的乐曲”中听到的却是“东方古老的民歌和田园诗的回声”；他穿上了与父亲相似的“中式长袍与便鞋”，感到自己的灵魂得到了真正的慰藉②。而美轮美奂的老北京城，正如一首优美而雄壮的“东方古老的民歌和田园诗”召唤着他，吸引着他，成为他理想的精神家园。正是在这一意义上，林语堂与那些到中国寻找“异国情调”的西方人迥然有别，并与他的本国同行“走到了一起”。

赵园曾指出，现代中国作家如郁达夫、周作人等人的北京体验和北京观感，简直“统一到令人吃惊”的程度，与他们那“芜杂”、“破碎”且不无矛盾的上海体验形成了鲜明反差。他们不约而同地放大了北京作为“乡土中国”的美好的一面③。赵园显然未充分考虑20世纪二三十年代的沈从文初到北京时的“乡下人”痛感，也未预见到20世纪90年代以来刘震云、刘庆邦、邱华栋等当代中国作家对北京的“不适”经验。但她洞察到北京特有的“乡土感”正是其吸引和召唤现代中国文人的力量源泉，却很有启发意义。林语堂对北京的观察和体验，同样与传统的“乡土中国”难以切割，但由于他交错、杂糅了东西方

①唐弢：《西方影响与民族风格》，人民文学出版社1989年版，第311页。

②林语堂：《中国人》（全译本），沈益洪、郝志东译，学林出版社1997年版，第26页。

③赵园：《北京：城与人》，北京大学出版社2014年版，第34页。

的多重视角，并在西方文化的影响下，比其他中国现代作家更自觉地萌生出一种“我族文明”意识，因此，他心中的北京形象不仅仅是传统“乡土中国”的集中体现，更是融汇了“乡土”与“城市”、“南方”与“北方”、“农耕文明”与“游牧文明”的整个中华文化母体的典型象征，成为整个华夏文明也即“文化中国”的浓缩和原型。他笔下的北京不仅“如一棵伟大的古树”，深深扎根在“乡土中国”的土壤，更“像一个伟大的老人”，“具有一个伟大的古老的性格”[①]。

林语堂习惯于将一种人格化的美好特征赋予北京城。他常常以“慈母”、“老祖母”、“老妇人”等人格化的意象形容北京，老北京在他眼中宛如一位伟大的母亲。这位老母亲对居住在自己怀抱中的广大儿女总是那么“温和而仁厚”，对儿女们的愿望“无不有求必应”，对儿女的任性则“无不宽容包含”[②]，这位老母亲还教会人们如何去创造一种“舒适、平和的生活”[③]。“母亲”等语词则常常令人自然地想起“故乡”、“祖国”、“故国”一类意象。可见，在林语堂这里，以“北京”想象“中国”不仅是一种根深蒂固的“文化无意识”，也成为一种有意为之的叙述策略。此种策略在他的长篇小说《京华烟云》中表现得最为淋漓尽致。宋伟杰认为“《京华烟云》以家族史讲述北京城及现代中国的历史变迁，而现代中国的纷纭变幻，却又在某种意义上，被空间化，凝固到巍然屹立的北京城，一个超级的大写‘能指’”[④]。

---

①林语堂：《动人的北京》，见《林语堂文集·爱与讽刺》，群言出版社 2011 年版，第 55—57 页。

②林语堂：《京华烟云》，张振玉译，江苏文艺出版社 2009 年版，第 129 页。

③林语堂：《辉煌的北京》，陕西师范大学出版社 2003 年版，第 10 页。

④宋伟杰：《既“远”且“近”的目光——林语堂、德龄公主、谢阁兰的北京叙事》，见陈平原、王德威编《北京：都市想像与文化记忆》，北京大学出版社 2005 年版，第 508 页。

事实的确如此。小说《京华烟云》以居住在老北京的姚、曾、牛三大家族30多年的兴衰变迁与悲欢离合为情节主线，从1901年义和团运动背景下姚氏一家离京南下的逃难写起，到1937年抗日战争全面爆发后，这一群“北京儿女”不得不再次逃离北京作为结尾，将30多年中国社会的风云变幻和沧桑历史贯穿其中。小说所呈现的20世纪上半叶的前30多年，正是中国社会由传统向现代艰难转型的特殊历史时期，也是近现代中国最为动荡不安的“乱世”年代。短短30多年间，在北京这块土地上发生了太多惊天动地的重大历史事件：辛亥革命的爆发和清帝退位结束了长达两千多年的封建帝制，此后虽有袁世凯称帝和张勋的复辟，然而十几年间“共和”的观念早已深入人心；接踵而至的北洋政府虽无力担负起“大一统”中央集权的历史使命，但面对西方列强的屈辱感和“同仇敌忾”的共同命运意识，却造就了“朝野一致”的现代国族观念；1919年的五四运动和1926年的“三·一八惨案”都是先发生在北京而后波及全国的政治性事件，并分别开启了新文化运动和北伐战争的历史新篇章；日本全面侵华战争的开始也以北京郊区的“卢沟桥事件”为标志。这一个个历史事件先后导致中国社会重新“洗牌”，北京及生活在北京这座城市中的人们，则始终处在社会动荡的历史漩涡中，被滚滚向前的时代列车所裹挟而无法左右自己的命运。作家将时代变迁与人物之间的悲欢离合、情感纠葛交织在一起，从而在使其笔下的人物命运充满一种沧桑历史感的同时，又使那宏大沧桑的历史叙述增添了不少“儿女情长”的血肉。

然而，林语堂的关注点并不在于历史的沧桑剧变，也不是人物在时代裂变中的命运起伏。他真正关注和着意表现的，乃是急剧变迁中“不变”的人生形态，是一次次“破旧立新”、“改朝换代”所难以触及、无法更改的沉淀于中国人心中的、恒定持久的人生理念。林语堂通过姚思安、姚木兰等“地道北京人”形象的塑造，特意宣扬了一种代表传统中国文化精髓的生活方式，向西方展示了一代又一代中国人既知天顺命又顽强不屈、百折不挠的民族精神。这样一种生活方式和人生理念，历经动荡和变迁却依然能“历久弥新”、“亘古常新”，存在于普通人家的日常生活之中。在林语堂笔下，急剧变迁的时代风云和家国动荡都终究不过是“过眼烟云”，普通人民的吃喝玩乐、婚嫁丧娶、生老病死以及不时的回首把玩，才构成了社会人生的真正底蕴。正因如此，所有的悲欢离合、恩怨情仇、命运起伏等都被涂上了一层“审美”的油彩而变得有滋有味，令人回味无穷。而北京城这个特定的文化历史和社会心理场域，使得这一社会人生的唯美意味更加浓烈与醇厚。

## 三、“京华人生”的品位与怀旧

在《京华烟云》中，林语堂对人物的刻画与对北京这座城市的回忆、描述和想象是融为一体的。“人”是“城”的产物，“城”是“人”的母亲，“人”与“城”相依为命，难分彼此。凸显于小说中的老北京城市形象，可以说如诗如画、如梦如幻，宛如人间仙境；生活在其中的人们则像一群雍容洒脱、安享富贵荣华的“仙人”，他们在北京这个“仙境”里怡然自得，乐天知命，尽情享受着充满诗意和情趣的世俗人生。“道家女儿”姚木兰作为一名土生土长的北京女孩，从小浸染于“北京城内丰富的生活”，并为之深深陶醉。这种生活教导她学会了“容忍宽大”、“亲切和蔼”、“温文尔雅”等一切优秀美好的品质。作者以富有诗意的语言，对木兰的成长环境如此描述与“揣摩”：“她是在黄琉璃瓦宫殿与紫绿琉璃瓦寺院的光彩气氛中长大的。她是在宽广的林荫路，长曲的胡同，繁华的街道，宁静如田园的地方长大的。”① 木兰的美丽聪慧、从容大度，是与老北京丰富多彩的文化魅力息息相关的。木兰从小就熟谙了北京的各种摇篮曲，从中领悟到“对人生聪敏微妙的看法”；她很早就了解北京的各种传说、秘闻以及民俗、迷信，并熟谙其“美好可爱之处”。林语堂通过大量细节表现了以姚木兰为代表的这群“北京儿女”在老北京这座田园都市中的日常生活的诗意和惬意，展示了其中层出不穷的精微和美妙处。

作家通过曼娘这一“乡下人”的视角，观察并品味着姚思安家这一书香门第的宅邸形貌，尤其是姚家书房的建筑格局——“书房有三间屋子。在北京一所屋子里，所谓一间屋子其大小都有一定的格局，靠东那一间有隔扇断开，是卧室，另两间用格子细工分开，这种房子的结构叫‘两明一暗’。正中那一间的后面，有一个硬屏风，有六七尺宽，挡住后门”②。紧接着，作家的叙述焦点集中在书房正中的那座屏风上，像电影中的特写镜头那样，对上面的图案详加描述道：“屏风上镶嵌着宋朝的宫殿图，阁楼飞脊，耸入云汉，山峦远列，秋雁横空，楼中宫女，头鬟，衣着低领，或坐而吹箫，或立画廊观鱼戏莲池。全部为半透明的白、绿、粉三色的精巧的图形，背影为晶亮的黑漆。这个屏风上是用紫水晶、玛瑙、电气石镶成宫女的衣裳，绿翡翠镶成荷叶，玫瑰红的宝石镶成莲花，用珍珠母镶成鱼，在水中闪耀。在屏风的右边是一大块淡黄色的冻石作为岸上蒲苇的穗子，借以表示正是深秋景色，而蒲苇低垂的姿态好像不胜秋风萧瑟的寒意。这一个屏风就仿佛人间世上的繁华梦。”③ 从屏风绘画中姿态各异的人物形象、背景

①林语堂：《京华烟云》，张振玉译，江苏文艺出版社 2009 年版，第 129 页。
②林语堂：《京华烟云》，张振玉译，江苏文艺出版社 2009 年版，第 103 页。
③林语堂：《京华烟云》，张振玉译，江苏文艺出版社 2009 年版，第 103 页。

中的楼阁宫殿与山峦云汉，到用以制作屏风的水晶、玛瑙、翡翠等材质，无不显示出作家对“屏风”所代表的古老中国传统艺术的喜爱，而林语堂对老北京“荣华富贵”之生活方式的艳羡、留恋和品味怀旧更跃然于纸上。“姚家房子的大门并不堂皇壮丽，但那只是里面精美豪华的掩饰而已。……曼娘这时才开始了解木兰之卓然不群与坚定自信的风度，是由于家庭所养成，如天花板，屋子木造部分，窗子帷帐，床罩被褥，古玩陈设架子，字画条幅，矮脚硬木桌子，件件足以证明他们生活的舒适安乐。”①

生活在“北京东城马大人胡同西口儿”的木兰姐妹，与从小居住在城南“四川会馆”的孔立夫的相识相爱并联姻，则可视为老北京城内“富贵人家”与普通子弟、“本土人家”与“外来人口”之间和谐共处、互相提携的具体例证。出身寒门的孔立夫幼年丧父，和母亲及年幼的妹妹相依为命，“在四川会馆里住着三间房子”。与姚思安家的富丽堂皇相比，位于南城的四川会馆则显得破落寒酸了许多——“门前有一片空地，有一条脏水沟”。尽管环境恶劣，孔立夫一家仍可居住在一座相对独立和封闭的院落里，由“院里经过一个小窄门进去，房子是传统式的两明一暗，就是两间不隔开，做客厅、书房、饭厅用，另外一间在一头儿，做寝室”。院子东边有两间厢房可做厨房和储藏室，院子中间则摆放着“一个孩子做的日晷仪”，那是孔立夫曾经的玩具，也是他动手实验和观察世界的工具；院子里铺着的“有的已经破碎”的古砖，则暗示了这座院落古老而斑驳的历史②。在这座最普通不过却“五脏俱全”的小四合院内，孔立夫既自足又自由地成长起来。他

①林语堂：《京华烟云》，张振玉译，江苏文艺出版社2009年版，第103页。
②林语堂：《京华烟云》，张振玉译，江苏文艺出版社2009年版，第164页。

享受着亲人的关爱与关怀，又受到北京城内丰厚无比的文化历史氛围的熏陶，成为这座“小庭院之内的圣人”①。老北京的生活既丰富多彩又常常给人以意想不到的惊喜。孔立夫虽然从小失去了父亲，却受到“京城名士”傅增湘先生的赏识和关照，并经由傅的介绍而结识了北京“土著富豪”姚思安。在某种意义上，傅和姚分别承担了青年孔立夫的“精神之父”和“（世俗）生活之父”，一个在学业和知识领域给他以引导和提携，一个在生活和物质上给他以照顾和帮助。孔立夫同时赢得了姚思安的两个女儿木兰和莫愁的芳心，一个是与他心心相印并在关键时刻舍身相助的红颜知己，一个成为他体贴细致、百依百顺且“像水母一样”黏附着他的妻子。——这当然可以见出创作主体那无法掩饰的自恋心理。其实，《京华烟云》中真正的中心人物既不是木兰，也非姚思安，而是从小生活在北京的“四川人”孔立夫。在这一人物身上更多地体现了作家本人的影子。而孔立夫这位外地来的“穷小子”竟然如此被北京上流社会所接纳，不也正反映了老北京那博大宽厚的胸怀吗？

一座城市的文化历史风貌，常常通过生活于其中的代表性人物体现出来，而北京向来是不缺少“名人”的地方。在《京华烟云》中，作家于姚木兰、孔立夫等虚构人物之外，还特意将民国前后的一些著名历史人物如辜鸿铭、傅增湘、齐白石、林琴南等“纳入”其中。这些人物都有一个共同的特征——不仅在文化观念上偏向于保守，更向往或代表着古老中国的唯美艺术传统。小说中虽然出现了不少追逐于时代前沿的“时尚人士”，其中既有背叛父母而走向革命的激进青年黛云，又有“说一口漂亮英文”且能写“《美女与煤球》一类赞美诗”的

①林语堂：《京华烟云》，张振玉译：江苏文艺出版社2009年版，第164页。

新潮诗人巴固，还有对西方的物质生活和享乐主义追逐不舍而穿着打扮像极了“洋鬼子”的纨绔子弟体仁，但他们大都成为被讽刺、被批判和被嘲弄的对象。相反，在那一群代表着中国文化艺术传统的“遗老遗少”的身上，却显然凝聚了作家更多同情和留恋的目光。而正是在清朝覆亡、民国初建的那段难得的自由奔放、新旧杂处的特殊时代氛围下，我们才能看到新文学运动的“好友”巴固与反对现代变革的林琴南等人，同样出现在“静宜园”那样一座著名的王府花园内，一边被“京城四婵娟”木兰、莫愁、红玉、曼娘等美少女环绕，一边高谈阔论并“和谐共处”。民国时期老北京城内名噪一时的“太太的客厅”，在小说中被作家颇为巧妙地转化为“小姐们的（后）花园”，成为众多名人雅士们“雅集”在一起畅谈社会人生和自由恋爱的场所。当然这一幕幕场景在作家笔下被赋予了浓重的浪漫唯美的古典色彩：且不说“处女寡妇”曼娘就像是一位“从中国古代小说上的插图里走下来”的古典美女，她与那个鼓吹女人缠足的辜鸿铭一样，都是那个剧烈动荡中的现代中国的标本式的“古物”；而“肺病少女”红玉的“红颜薄命”，作为一种舍身忘己、成全爱人的自我牺牲，她的言行更是古典中国之“情操美”的具体呈现。

呈现于《京华烟云》中的老北京人的生活世界，可以说是一个老爷和仆人彼此信赖、相依为命的世界，是少爷和丫鬟相亲相爱、互相挂念且难以割舍的世界，是穷人和富人、上等人物和下层贫民之间有着千丝万缕的联系并互相帮助、彼此扶持的世界。这个生活世界当然也不乏悲哀和悲剧，如体仁和银屏的爱情悲剧，如木兰的女儿阿满不幸夭折于“三·一八”惨案。但这些悲剧和生活中的“不和谐因素”并不影响美好生活的大局和主流，而它们随着岁月的流逝也都先后变成可供回味和赏玩的“艺术插曲”，在唤起人们不断缅想的同时，也为人们对生活的感悟增添了多重滋味，并使人们更清醒地认识到了现实人生的可贵与可恋。林语堂所描绘的这一幅“乱世中国”及“故都北京”中其乐融融的人生安乐图，与巴金等新文学作家对封建大家庭的“血泪控诉”可谓形成了鲜明的对照。虽然我们可以说林语堂放大和强化了生活中美好欢乐的一面，而淡化和有意回避了令人痛苦和悲哀的另一面，但谁又能否认这也是近现代中国社会的一种“本真”面目而且更符合大多数世俗人生的心灵感知？当时代的列车早已驶过剧变动荡的“乱世”，进入另一个重新“发现传统”的“新时代”时，林语堂当年的“文化怀乡”，他对渐行渐远的“老中国”的审美观照，也就有了更多令人刮目相看的参照意义。而林语堂之后的众多华文作家，也正是以“北京叙事”作为切入点，讲述了一个又一个最具典型意义的“中国故事”。如高阳的《慈禧全传》、《八大胡同》、《小凤仙》等历史小说，李敖的《北京法源寺》，李碧华的《霸王别姬》等作品，皆是将京城秘闻甚至宫闱秘史与乱世离情穿插在一起，通过对“北京形象”的刻画描摹，塑造出一个又一个充满梦幻同时又最具本质特征的“（老）中国形象”。他们笔下那如梦如幻的北京城，俨然已成为全球华人“老中国”之文化心理幻梦的一种具体体现。从文学史的角度看，林语堂的“开创”性贡献不容抹杀。

## 四、“艺术（化）北京”的现实与梦幻

将《辉煌的北京》一书与长篇小说《京华烟云》，以及林语堂的代表作《生活的艺术》加以对照阅读，会有很多有趣的发现。如果说《生活的艺术》是以老北京普通市民的日常生活方式为原型，向西方世界大力鼓吹中国式“生活的艺术”，为西方人建构（或者可以说虚构）

了一个艺术化、诗意化的东方生活理想；《京华烟云》和《辉煌的北京》则是这种生活理想的具体呈现，两部作品都体现了作者“以北京想象中国”的叙述策略。《辉煌的北京》出版于1961年，该书英文原题为 *Imperial Peking*：*Seven Centuries of China*，可直译为《北京帝国：七个世纪以来的中国》。作家从北京的地理风貌、风土人情、四季轮回、名胜古迹谈起，结合历史掌故、时代沿革，深入浅出地将宋、元以来的中国历史风貌进行了整体性的勾画，同时把传统中国的文化艺术精髓颇为传神地呈现在西方读者面前。该书中出现最多的3个关键词分别是“北京”、“中国”与“中国人”。作者在行文中总是把“北京”与“中国”连为一体加以描述，例如：“在北京和在中国许多别的城市一样，单看门脸儿，你无法断定一户人家的规模，因为门脸儿是故意修得让人上当的。”[①] 类似的话语在书中比比皆是，折射出林氏心中唯有北京才能“代表”中国的“文化无意识”。

《辉煌的北京》、《生活的艺术》等著作虽然属于“非虚构”作品，然而其中的梦幻、虚拟色彩却不亚于作为小说的《京华烟云》。老北京那梦幻般的艺术氛围，显然最大限度地契合了林语堂的浪漫情怀和梦幻想象。早在20世纪30年代，林语堂就在《动人的北京》一文中将老北京城形容为“一个国王的梦境”，它“有的是皇宫，贝子花园，百尺的大道，美术馆，中学，大学，医院，庙宇，宝塔，以及艺术品商店和旧书店的街道”[②]。在《辉煌的北京》一书中，林语堂更如数家珍地对老北京城的一个个建筑和园林美景详加描述，将记忆与虚拟融为一体，向西方读者塑造了一个神奇的“艺术北京”形象。林语堂更多

---

①林语堂：《辉煌的北京》，陕西师范大学出版社2004年版，第162页。

②林语堂：《动人的北京》，见《林语堂文集·爱与讽刺》，群言出版社2011年版，第55—57页。

是从一名艺术鉴赏家的审美视角出发来观察北京、回忆北京和“建构”北京的。他笔下的老北京可以用一个字概括——“美”。他眼中的老北京集空间与建筑之美、田园与园林之美、山水自然之美和日常生活的诗意之美于一体，美得富丽堂皇，美得惊艳无比。而这样一个美到极致，简直可以跟“地上天堂”相媲美的老北京形象，与其说是历史上曾经存在过的一种客观真实，不如说是林氏精心创造的一个至善至美的艺术幻境——“是艺术使北京成为一座宝石一样的城市，一座金碧辉煌的城市，是艺术安排了长长街道、高高门楼，为生活增添了魅力。不仅仅是建筑艺术，还有故宫博物院和琉璃厂的绘画艺术、雕塑艺术、陶瓷艺术、古董艺术、木版印刷的古书——所有这些使北京成为一座重要城市”①。

艺术化的北京首先体现在北京“独有”的宫廷林苑与皇家园林之中。“在艺术爱好者眼里，北京指的就是故宫博物院——正如人们所期望的那样，这里是中国艺术特别是绘画作品最大的汇集场所之一。”②林语堂特别注意到了皇室与中国艺术传统的深厚渊源。“故宫藏有这么丰富的实物资料，还要归因于与中国皇室有关的另一个伟大的中国传统——皇帝对艺术的庇护。纵观历史，在统治者对艺术和工艺的鼓励和支持方面，没有几个国家能够与中国相比。”③ 不过需要指出的是，正是那原本属于“帝王禁地”的紫禁城不再为皇帝私有，不再是让人“望而生畏”的皇帝专权的地方，它才能变得如此辉煌壮丽和安宁祥和，并摇身一变为“中华民族的珍贵文化遗产”，成为广大普通中国人心中的骄傲。进行了一系列“去禁忌”和“去政治化”的举措之后，

①林语堂：《辉煌的北京》，陕西师范大学出版社 2003 年版，第 87 页。
②林语堂：《辉煌的北京》，陕西师范大学出版社 2003 年版，第 200 页。
③林语堂：《辉煌的北京》，陕西师范大学出版社 2003 年版，第 200 页。

紫禁城和其他皇家园林开始向平民开放，成为“国家公共机构”，成为全体国民共有、共享的游览与休闲场所，它们所蕴含的文化历史和艺术魅力这才得以绽放四射；而当年的皇帝和王公贵族从各地搜罗来的那些书画名篇、珍宝奇玩，也重新回到民间并成为名副其实的“国宝”。正是经历了这一系列的“现代化转型”之后，才使北京真正成为代表传统中国的艺术文化中心，成为“唯美中国”的典型化身。

林语堂眼中的老北京就像一座“珠宝城”，既富丽堂皇又五光十色。他注意到众多宫殿和皇家园林不仅富含精妙的“着色”艺术，连那“紫色”的西山、玉泉的碧流、被烟熏黑了的老字号招牌，都充满着色彩和线条的美感，共同汇成了一个绚丽多姿的色彩海洋。再加上白天“那样蔚蓝的天色”，夜晚“那样美丽的月亮”①，老北京简直就是一个具有童话色彩的梦幻王国。而在这样一个绚丽无比的“珠宝城”中，分散在不同公园和寺院中的一座座宝塔，则像是镶嵌于城市各个角落的宝石一样，散发着璀璨夺目的艺术光芒。如同西方的教堂在西方建筑艺术中的地位一样，宝塔不仅在中国传统的寺庙建筑中具有至关重要的地位，也是中国风景不可或缺的重要标志，“它就像一个花瓶，孤零零矗立在那里，完全依赖线条与形态的安排来体现其造型之美”②。林语堂对散布于老北京各个角落的宝塔都一一道来，难掩对它们的赞叹和留恋：玉泉山的汉白玉塔“挺拔俊秀，俯视大地”，“在阳光下绚丽夺目”；同样耸立于玉泉山的另“一座绿色琉璃瓦镶面的古塔”，则像一颗“冠状宝石”一样辉煌灿烂；而天宁寺的宝塔则是整个京城最古老的建筑之一；此外，老北京“北城墙外的黄塔”、北海公园

---

①林语堂：《动人的北京》，见《林语堂文集·爱与讽刺》，群言出版社 2011 年版，第 57 页。

②林语堂：《辉煌的北京》，陕西师范大学出版社 2003 年版，第 125 页。

的白塔、碧云寺的佛塔等，在色彩、线条和气氛诸方面都体现了老中国的文化艺术精粹。

艺术精神既蕴含在老北京的城市规划和古老的建筑中，也于普通人的日常生活中无所不在。在林语堂笔下，老北京胡同里不时传出的小贩的叫卖声都极富艺术情趣。他们走街串巷，叫卖声“轻柔而低沉，远远地拖着长腔”。对很多老北京人来说，这种叫卖声甚至已经成为他们“休息和睡眠时不可或缺的声音”[①]。而除了老北京城林立的那些宏伟辉煌的宫殿和古老的寺庙，除了那些闻名遐迩的皇家公园和王孙庭院，最能体现老北京文化艺术精神的，乃是广大市民代代相传的生活理想和生活情趣，“它是许多世纪以来形成的不可名状的魅力。或许有一天，基于零碎的认识，人们认为那是一种生活方式”[②]。的确，“（老）北京”代表了一种生活方式，一种跨越了千年万代却依然能历久弥新的生活理念，成为“人类灵魂的一种独特创造”[③]。林语堂从那些悠闲地坐在老北京中央公园的露天茶园里，背靠着古城墙和皇城门，一边品茶一边懒洋洋地闲看着周围的世界，或者花两毛钱买一碗面条而怡然自乐的普通市民身上，强烈感受到了一种悠然闲适的生活态度。他认为悠闲既是一种对过去的认识，也是人们面对现实而在头脑中升华出的一种对生活的超然看法，它使生活蒙上了一层梦幻般的理想性质，而“中国文学、艺术的精华可能就是这样产生的”[④]。林语堂认为老北京人那悠然自得的生活态度，是与北京城安逸宁静、祥和知足的文化氛围完美地融合在一起的。而老北京的自然环境、艺术氛围与普

①林语堂：《辉煌的北京》，陕西师范大学出版社 2003 年版，第 17 页。
②林语堂：《辉煌的北京》，陕西师范大学出版社 2003 年版，第 11 页。
③林语堂：《辉煌的北京》，陕西师范大学出版社 2003 年版，第 11 页。
④林语堂：《辉煌的北京》，陕西师范大学出版社 2003 年版，第 22 页。

通人的生活理念又是如此协调，共同凝聚成一种醇厚仁慈、宽厚包容的文化艺术精神。“天空澄澈，令人心旷神怡。殿阁错落，飞檐宇脊纵横。黄包车夫们滔滔不绝地说着笑话，幸灾乐祸地拿人开心。宽厚作为北京的品格，融于其建筑风格及北京人的性情之中。”① 正因如此，深受传统习俗影响的老北京人总是那么幽默风趣、彬彬有礼，宽厚而有耐性。从20世纪三四十年代的老舍到80年代以后的当代“京味作家”笔下的老北京人形象，莫不具有此类相同、相似的人格特征。

不过，令林语堂如醉如痴的老北京人那种悠然自得、宽厚知足的生活方式，与其说是“自然状态下的现实存在”，不如说是“一种人们头脑中幻化出的生活”②。对此，林语堂倒是颇有自知之明。但他同时又认为人生是少不了幻象的，幻象不仅可以使艰难困苦的人生变得可以忍受，也使现实中的生活蒙上了一层梦幻般的色彩，平添了不少的情趣、快乐、诗意乃至希望。因此，一个真正睿智聪明的东方哲学家，其实是一个“张开着一只眼做梦的人，他用爱和可爱的讽刺来观察人生，他把玩世主张和温和的宽恕心混合起来……他闭着一只眼，张开一只眼看到了周围进行着许多事情和他自己的努力的无用，可是他仍旧保存着相当的现实感决心走完它”③，在这种“半睡半醒”之间尽情地将人生固有的乐趣享受殆尽。这一生活方式的高级形式乃是文人雅士们寻求心灵平衡并能自得其乐、知足常乐的“雅趣”和“雅乐”；其末流则是自欺欺人、得过且过的阿Q式的“精神胜利法”。鲁迅当年曾经对此给予尖锐的抨击和揭露。秉承鲁迅启蒙传统的老舍也在后来的《正红旗下》等作品中，生动写照了那样一群躺在自我麻醉、自我

①林语堂：《辉煌的北京》，陕西师范大学出版社2003年版，第5页。
②林语堂：《辉煌的北京》，陕西师范大学出版社2003年版，第22页。
③林语堂：《生活的艺术》，安徽文艺出版社1988年版，第3页。

欺蒙的假想中不能自拔，不敢正视现实、勇敢面对时代变革的老北京人形象。赵园认为老舍的作品将现代中国文人在面对北京（文化）这个“同一文化现象”时“理性与情感判断的错位”表现得淋漓尽致。她说：“你的确无法在浑然一体的北京文化感受中将其优长与缺陷离析开来，比如在倾心于这大城魅力所在的雍容与优雅时，摈弃其优雅雍容赖以维持的闲散慵懒。”① 但在林语堂这里，这种“理性与情感判断的错位”并不存在，相反却因为时空距离的遥远而使得那些被作家津津乐道的老北京人的生活方式平添了不少纯粹意义的审美性和梦幻般的理想色彩。

## 结语：林语堂跨文化传播中的北京

在近现代中国史上，林语堂作为中西方文化交流的“使者”身份格外引人注目，他终其一生都致力于中西文化之间的沟通、交流与传播。一方面，林氏紧随“五四”新文化先驱的步伐，不遗余力地将西方的自由、平等和个人主义价值观念介绍到现代中国社会，积极从事文化启蒙运动；另一方面，他又有着难得的中西文化比较意识，对中西文化传统的各自优劣特长给予了清醒的认知和颇为中肯的判断，不失时机地将传统中国的文化心理智慧“输入”西方主流社会。林语堂在中西跨文化传播中的丰富实践和经验得失，无疑对当今格外注重“海外传播”的两岸文坛，都具有丰富的启示意义。而林语堂通过文字和想象建构的老北京形象，则可视为“他本人文化普遍主义或普遍主

①赵园：《北京：城与人》，北京大学出版社 2014 年版，第 89 页。

义式‘文化翻译’的具体产物”[①]。与他在汉文英译的过程中始终坚持“读者至上”的翻译策略相同，林语堂在对老北京城市形象进行“跨文化翻译”时，心中念叨的也始终是那些对中国文化了解甚少却充满好奇，且不无浪漫憧憬的西方读者。他在将老北京尽情美化和“雅化”的同时，最大限度地迎合了西方人对老北京“奇观化”的想象期待。老北京自然而然地成为了林氏“想象（老）中国”的一种方法，他笔下的“文化北京”也成为古老“文化中国”的一个原型和缩影。

广义的跨文化传播既可发生在一国之内的不同族群、不同区域和不同文化共同体之间，也可发生在不同的国家、民族之间。本文所说的跨文化传播不仅主要指后一种，而且指中西文化之间的交流与传播。站到跨文化传播的角度，北京文化和北京人之“生活的艺术”的四海流传，自然也可以说是中华文化在海外传播的一项重要内容。而这样一种高度成熟的文明形态和人生哲学，从历史上看又经历了一个从“乡土”流向“城市”，从“地方”（边缘）流向“首都（北京）”，又从“北京”流向“西方”的漫长演变与播迁历程。林语堂以老北京人的生活方式和北京文化为原型，向西方大力宣讲古老中国的“生活的艺术”，在文化批判者眼中更像是一个“在西方他者面前，自得其乐，不无自恋色彩的自我美化与自我展示（炫示），这是对东方式快感及其快感原则的精彩表演”[②]。

自从夏志清先生指责林语堂陷入“享乐主义的死胡同”以来，持

---

①宋伟杰：《既“远”且“近”的目光——林语堂、德龄公主、谢阁兰的北京叙事》，见陈平原、王德威编《北京：都市想像与文化记忆》，北京大学出版社2005年版，第506、510页。

②宋伟杰：《既“远”且“近”的目光——林语堂、德龄公主、谢阁兰的北京叙事》，见陈平原、王德威编《北京：都市想像与文化记忆》，北京大学出版社2005年版，第511页。

相同或相似观点的学者不在少数。不能否认，过于沉溺在世俗生活之中，必然会丧失对超验的精神世界的追求，甚至会导致物欲的泛滥和心灵的堕落；但一味地倾心于超越世俗的上帝，则又很可能丧失真正的自我和对现实人生的美感体验。林语堂以自己最为醉心的中国道家哲学为基础，向西方读者极力推销一种率性自由、从心所欲不逾矩的传统中国的人文主义理念，认为“此正足于美国赶忙人对症下药”①，当然有其一厢情愿的主观幻想成分；他对老北京城的回忆叙述，自然也是主观性的虚拟想象多过了现实主义的描摹刻画。如果有人将林语堂的虚拟想象完全当成了现实，如西方著名汉学家马悦然先生那样竟然天真地因为无法寻找到“林语堂笔下的北京”而“哭出眼泪”②，岂不是恰恰中了林语堂的叙述“诡计”？且不说老北京城在过去一个多世纪里经历了多少沧桑剧变、“大拆大建”，如今也同样日新月异地“旧貌换新颜”，单是林语堂所处的那样一个“乱世中国”时代，代表“新中国”的新生力量对“旧中国”的破旧立新、“改天换地”也早已势在必然。林语堂显然敏锐地意识到了这一点，他对“老中国”和“老北京”的频频回望，其实更多是一种“文化怀旧”。只是与历代文人面对“残垣断壁”和“残基废址”生发出一种感时伤怀的悲哀不同，坚守快乐主义原则或者说陷进“享乐主义死胡同”的林语堂，从这种文化怀旧中获得的主要是一种审美愉悦。虽然我们完全可以据此指责林语堂的过于“肤浅”和“世俗”，然而谁又能否认这种林语堂深深陶醉并积极宣扬的化悲哀为审美、化悲剧为喜剧的人生理念和生活态度，正是中华民族乃是全球华人历经动荡和离乱，却能生生不息、四海播迁的

---

①林语堂：《关于〈吾国吾民〉》，《宇宙风》1937年10月第四十九期。

②［瑞典］马悦然：《想念林语堂先生》，见《超越与前进——从林语堂研究看文化的相融/相涵研讨会论文集》，台北林语堂故居，2007年，第6页。

最重要的法宝之一呢？蕴涵其中的恰恰是华夏文明最持久深厚的“基因密码”呢？而那个存活于文字中的“纸上中国”及“虚拟北京”，或许才概括并体现着华夏文明最真实和最本质的一面呢？正因如此，在虚拟与真实、清醒与梦幻、肤浅与深刻、大俗与大雅之间，岂不又常常存在着某种奇特的吊诡？

20世纪60年代初，林语堂从来到“新北京”的西方人士那里，得知五六十年代的北京居民正投入一场“消灭麻雀”的狂热运动中，他在发出“可怜的麻雀”一类喟叹后，又乐观、坚定地说：“我确信那些无辜的麻雀总有一天会再一次快活地唧唧歌唱，在农田里，在北京的胡同里，就像在过去的老北京一样。”① 他还颇有意味地指出：“一个城市绝不是某个人的创造。多少代人通过自己的生活方式和创造成就给这个城市留下宝贵遗产，并把自己的性格融于整个城市。朝代兴替，江山易主，可北京老百姓的生活依然如故。”② 这些当然不是什么深刻的高论，也不是富有启发意义的创新之见，然而他一再阐发的“城市永在”而多少城市的“主人”们都将转瞬即逝、成为城市的匆匆过客的老生常谈，却很快被一一“应验”，直至今天仍给人“历久弥新”的感觉。他一方面重复着“中国人令人最先提及的特性便是对土地的依恋，北方人尤其如此”③ 一类常识，一方面又颇为冷峻地指出“定都在北京的中国皇帝，不管是本土的还是外族的，他们总是很清楚地意识到他们所继承过来的传统。从北京的宫殿和他们身受中国丰赡艺术的包围来看，他们点数着被他们征服的土地，这些土地反过来又征服

①林语堂：《辉煌的北京》，陕西师范大学出版社2003年版，第81页。
②林语堂：《辉煌的北京》，陕西师范大学出版社2003年版，第5页。
③林语堂：《辉煌的北京》，陕西师范大学出版社2003年版，第179页。

了他们"[①]。同样，林语堂在激进变革的年代，较早意识到了文化保守主义的意义和价值；在对封建大家庭血泪控诉的时代，他却"背道而驰"地表现着传统家庭的"和谐"与"安乐"；在以批判国民劣根性为主导的文化启蒙时代，他却别具慧眼地意识到了东西方之间的"文化独特性"。当年的"守旧落伍"和不合时宜，在被称之为"新世纪"(21世纪）的今天，却又给人以"先知先觉"的历史印象。而林语堂也是最早将北京定位为"世界城市"的现代文人之一。他说："北京曾经是世界上最大的开放性的都城之一，它吸引着来自世界各地的人们。巴黎和北京被公认为世界上两个最美的城市，有些人认为北京比巴黎更美。几乎所有到过北京的人都会渐渐喜欢上它。它的难以抵御的魅力恰如其难以理解和描绘的奥秘。"[②] 今天的北京正在努力打造一座超越古今中外的"世界城市"，然而这座城市却又时时被不堪重负的大城市病所缠绕。那么，重温一下林语堂当年对老北京的怀旧记忆和审美梦想，或许会产生一种别样的情感吧！

---

①林语堂：《辉煌的北京》，陕西师范大学出版社2003年版，第222页。

②林语堂：《辉煌的北京》，陕西师范大学出版社2003年版，第3页。

# 后　记

本书从选题策划到最终完成，是几位师生朋友通力合作的结果。具体分工为：沈庆利撰写第一、五章；周增光撰写第二、三章；黄翠华撰写第四章第一、二节；王炳欣撰写第四章第三、四节。其中，第四章第一节中的“埃德加·斯诺眼中的北京”部分，由王栋完成，沈庆利稍作调整并修正；第五章第一节“‘海外’华人作家的北京体验和想象概述”，由沈庆利在其博士生叶枝梅博士论文相关内容的基础上压缩修正完成。在此特别向两位参加者致以谢意。全书章节结构由沈庆利拟定。

在课题完成和成书过程中，北京师范大学文学院刘勇教授，北京文化发展研究院的沈湘平、杨志、石峰等诸位同仁师友，给予了大力支持和帮助，在此一并表示感谢。

最后，感谢北京师范大学北京文化发展研究院对本书的大力支持。

沈庆利

2022 年 3 月 20 日